江苏省高校哲学社会科学研究项目成果
项目编号：2012SJB880069
苏州大学“211工程”学科建设经费资助出版

职前教师实践性知识发展研究

李利 著

苏州大学出版社
Soochow University Press

图书在版编目(CIP)数据

职前教师实践性知识发展研究 / 李利著. —苏州：苏州大学出版社，2015.1
ISBN 978-7-5672-1204-6

Ⅰ. ①职… Ⅱ. ①李… Ⅲ. ①高等师范院校－师资培养－研究 Ⅳ. ①G655.1

中国版本图书馆 CIP 数据核字(2015)第 009028 号

书　　名	**职前教师实践性知识发展研究**
著　　者	李　利
责任编辑	刘一霖
出版发行	苏州大学出版社 (苏州市十梓街 1 号　215006)
印　　刷	苏州工业园区美柯乐制版印务有限责任公司
开　　本	700 mm×1 000 mm　1/16
印　　张	11.5
字　　数	213 千
版　　次	2015 年 1 月第 1 版 2015 年 1 月第 1 次印刷
书　　号	ISBN 978-7-5672-1204-6
定　　价	28.00 元

苏州大学版图书若有印装错误，本社负责调换
苏州大学出版社营销部　电话：0512－65225020
苏州大学出版社网址　http://www.sudapress.com

目　录

Contents

第一章 导 言

1.1 问题的提出

一、教师专业化教育引发的思考

对于职前教师教育者而言,有一个问题就像“钱学森之问”不断地叩问着我们:“为什么师范生学了教育学、心理学、学科教学论等大量的理论知识后却还是不会教书?”另一方面,很多成功的教师在谈论自己的工作时,会强调自己的教学实践经验,会谈到自己的直觉的教学行为反应,却很少将其归因于学习教育学理论。职前教育是否真是在做无用功?显然,对这一问题的无解,会给教师的专业化教育带来极大的危机。美国的教师教育中存在的专业主义与解制主义之争就是一个例子。所谓专业主义,即把教师这一职业看成是一种专业,从业者必须拥有专门的知识和专门的从业技能,从业前需接受严格的培训,并要通过专门的考测获取专业证书。因此,专业主义的培养模式是通过教育学院对未来教师进行包括学科知识、教育学知识以及教学技能等的培训。而解制主义则强烈要求“解除传统教育或者专业化取向的教师教育对教师培养和生成的各种制度性制约”,其理由是,“教师所知道的专业知识基础并不仅仅是教师才掌握的,不过是一种共通的认识,任何一个愿意思考自身求学经验的人都可以掌握”,“教师会在实际教学中学会如何教学”。[1]分析这两种“主义”之争,其焦点在于对教师专业的知识基础的分歧。显然,解制主义者更愿意相信教师在实际教学中所获得的实践性知识对教师专业实践的重要性,而这样的知识是可以通过对自身求学经验的反省和在实践教学中去逐步求得的。而传统的专业主义者则更关注所谓的科学的学术理论知识在专业教育中的重要性,并严格遵循从理论到实践的教育路径。因此,专业主义与解制主义之争,归根到底,反映了教师专业教育中最基本的紧张关系:理论与实践的“紧张关系”。

---

〔1〕 梁深.美国教师教育中的专业主义与解制主义之争[J].上海教育科研,2010(1):16－19.

国外研究表明,专业学院的毕业生要想在工作场所获得成功,关键需要胜任力和态度,有胜任力的专业人员往往体现出能把技术知识与适当的价值和态度联系起来。由此可见,专业教育的成功与否是体现在专业从业人员在工作场所的实践表现上的。因此,以促进专业人员的"实践改进"为目的,专业教育中如何处理"理论"与"实践"的关系,成为一个不可逾越的基本论题。

20世纪以来,受教育科学化推进的影响,对教育实践的认识一直遵循着"理论实践化"要求。所谓理论,即被广泛认可的用于指导教师专业工作的核心知识。这一知识,是经由教育研究者对复杂的教育现象的抽象、整理而得出的脱离了具体情境、反映了更一般性认识的概念、原理和技术。而教师的教育实践就体现在对该专业领域的科学知识和专业技术的熟练掌握。基于此,教师教育围绕的核心是将此类知识教给教师,使其得以更好地应用于实践。在这里,教师被赋予了教育理论知识的"消费者"角色,而教师的实践则被赋予了"消费教育理论知识"的意蕴,其全部含义就是教育学、心理学的知识与技术的合理应用。因此,教师的角色等同于"技术员",人们将教师专业性置于专业领域的科学知识与专业技术的熟练程度上,进而形成了"技术熟练者"的专业发展范式。

对这一范式提出批判的首推美国实用主义心理学家詹姆士。在1898年出版的《面向教师的心理学讲话》中,詹姆士严厉批判了心理学片面地、"居高临下"地向教师灌输"法则"与"方式",使教育实践从属于教育科学,使教师从属于研究者的权力关系。[1]他认为,教师的工作是以"不确定性"为特征的复杂的实践,"教学的艺术应当在课堂中凭借创意与具体经验来形成",而不应屈从于所谓的"科学心理学",将这种"不确定性"转变为"确定性"。詹姆士的这一批判,拉开了人们重新审视教育实践的序幕。

20世纪70年代,麻省理工学院的哲学家舍恩等对专家实践性知识的研究,为人们重新审视教育实践提供了新的范式。舍恩出于对传统的专业教育中"特定"的认识论——"一种培养选择性地忽略实践能力和专业艺术性的知识观点"[2]的质疑,提出了基于实践认识论的新的路径。在这种实践认识论中,理论不是从外部控制实践过程的基础,而是作为实践主体的思考与行为的"框架"(frame)在活动内部发挥作用的。这一观点也诠释了专家在其实践中解决问题的过程:对问题解决的行动过程中的直觉认识不断地进行反思,不断地重建当下所要解决的问题,在这样一种迭代循环中,直至问题被解决。

〔1〕 佐藤学.课程与教师[M].钟启泉,译.北京:教育科学出版社,2003.
〔2〕 舍恩.反映的实践者——专业工作者如何在行动中思考[M].夏林清,译.北京:教育科学出版社,2006.

舍恩的实践性认识论使得对教育实践的关注开始从“理论的实践化”向“实践中的理论”转换。

在这样的背景下,人们对教师专业性进行了重新的认识。教师工作的最大特点是不确定性(混沌性),复杂的教育实践情境要求教师随时做出灵活的应对。这才是真正的教师“专业化”的体现。教师的这一应对反映出一种独特的知识形态——实践性知识。显然,对这一工作的胜任,需要的不是唯教育理论指挥棒适从的机械的教师行为,而是教师主体激发的主动的教育实践。因此,教师专业发展更应该激发教师的主体发展意识,使其在真实的教育实践的行动、反思中去寻求专业成长。学术界也由此把实践性知识视为教师专业发展的知识基础。

遵循着这一理念,教师专业发展形成了“实践—反思”范式。这一范式更为关心“教师实际知道什么”,提倡通过教师对教学实践的反思,促使教师对于自己、自己的专业活动直至相关物或事有更为深入的“理解”,发现其中的意义。也就是说,教师专业发展是以其实践性知识为保障的。

新的教师专业发展范式呈现出以下特点:

1. 教师发展主体地位的确立

教师专业发展范式的转变是以教师角色由教育知识的“消费者”向“生产者”的转变为基础的。教师的“知识创生”主体地位的确立,实际上是对教师进行教学研究的一种倡导。正如佐藤学所批评的,以官僚性专业化为背景的“教学研究”的历史,助长了教育知识的理论专家的专有特权,使教师的自律性衰退,把教师的成长限于技术熟练的领域。而以教师为主体的“实践性研究”,再生了教学研究,并且具有这样的政治意义:以教师的“实践性见识”的形成为轴心,结构性地转换专业化的过程,为恢复教师的自律性开拓道路。

2. 立足于教师最鲜活的教育实践

教师每天所经历的教育实践滋养着教师的实践性知识的生成。因此,教师专业发展最好的场景不是远离教师工作情景的培训,而是就在其丰富的工作情景中。这样,教育实践同时也具备了研究的内涵,即以实践性经验的创造与反思为基础,以改进教学为目的进行实践性问题的解决。

3. 重视“教师发展共同体”

教师专业发展不是单纯依靠“个体”完成的。就其发展的“场域”而言,它是处于一定的“教师发展共同体”之中的。因此,基于一个共同体的“教师文化”对于教师专业发展至关重要。

二、对当前职前教师教育的反思

与教师专业发展的实践范式形成巨大反差的是,作为教师教育体系起点的职前教育却依然遵循传统模式运行着。在众多的诟病中，“理论的空洞、实践的匮乏”成为焦点。有学者认为，当前的职前教师教育“已大大落后于基础教育，成为整个教育体系中最为薄弱的一个部分，无论是课程设置、教学方法还是培养模式都存在明显的缺陷，过分强调理论知识，以授受为主，以课堂为中心”，这一切都成为共识，结果是初任教师质量堪忧。且不说传统的教育类课程（教育学、心理学、教育技术学、学科教学论）的地位无法撼动，教学模式固若金汤，就连唯一一个体现教育实践性的教育实习类课程也空顶着“高度重视”的帽子而渐渐流于形式，传统的“2＋8”（两周教育见习加八周教育实习）组合的教育实习效果堪忧。“知而后行”的教学培养模式并没有真正帮助职前教师完成理论知识到实践性知识生成的自然迁移，反而引发了被国外研究者称为“转折性休克”（transition shock）或“现实冲击”（reality shock）[1]的现象，即新教师在执教第一年由于无法面对复杂的教学实践工作、价值冲突而产生的工作态度的急剧变化等“教育学痛苦”，继而导致在职前教师教育阶段所形成的许多教育观念被实践经验“一扫而光”。这样的教师教育能留给师范生什么？笔者曾经在一个很热闹的教师论坛上发帖询问：“职前教育让你收获了什么？”然而，应者寥寥。是什么让我们的老师们面对职前教育的话题集体失语了呢？也许，对大多数人而言，在对职前教师教育让他们获得教师工作心存感激的同时，他们也经历了教师工作初期那种“内心空空”的痛苦，也许正是这样一种矛盾让他们欲言又止。就在笔者准备开始论文写作的时候，一则新闻引起了我的注意：《教师教育标准正酝酿出台，多数教师或不合格》。此新闻一出，舆论哗然。我们的教师离专业化还有多远？如果大多数的教师不合格，我们的教育会怎样？不可否认，目前的中小学教师“不读书、不研究、不合作”的现象并非个别，然而，究其缘由，这样的现状又是如何导致的呢？如果入职前的教育还遵循着“授受为主，课堂中心”的旧有模式，如果在入职前的教育无法滋养出教师作为专业所需的知识基础的萌芽，这样的板子无论如何都是不能打在教师们的身上的。

职前教师培养模式改革势在必行。从提升职前教师实践能力出发，职前教师教育也确实在探讨着相应的解决路径，如旨在加强职前教师教育实践体验的各种模式：针对农村教师师资匮乏的“顶岗实习”方案，依托类似于美国教师发展学校的与师范教育机构合作的伙伴学校加强教育见习、实习比重的见习实习分散模式[2]及全程教育实习模式等。但是这些举措如果没有从根

〔1〕 白益民.教师的自我更新：背景、机制与建议[J].华东师范大学学报：教育科学版，2002(4)：28－38.

〔2〕 2003年开始在首都师范大学实施，将见习与实习贯穿于师范生4年的本科教育活动中。

本上理顺职前教师教育理论与实践的关系，在当今的教育大背景下，仅仅寄托于中小学的在职教师师资来培养职前教师，可能太过理想化，其可行性也令人质疑。显然，职前教师教育面临着理论与实践的基本的价值取向的选择，在教师专业发展的实践范式导向下，职前教师实践性知识培养无疑成为实践取向的职前教师教育改革的重要方向。就教师的专业发展而言，一个良好起点的重要性毋庸置疑。在职前教育阶段注重师范生实践性知识的培养，不仅可以提升师范生的实践能力，帮助他们顺利入职，更重要的是，伴随着自我发展意识的增强，他们将更愿意立足自身教育实践，在反思中成长，从而增强其职业发展的潜力。那么，以实践性知识发展为根本价值取向，职前教师教育可以做些什么？本课题的提出正是基于这样的思考，我们无意在宏大叙事的背景下对职前教师教育改革做出阐述，而更倾向于结合具体的职前教师教育课程与教学改革，以提升职前教师实践性知识为目的，构建相应的可行的路径。

1.2 国内外相关研究

针对本课题的研究，我们将文献梳理的重点置于教师实践性知识研究以及职前教师培养，尤其是实践性知识养成的研究。

一、国外的研究

（一）教师实践性知识研究第一人：艾尔贝兹

作为教师实践性知识研究第一人，学者艾尔贝兹(Elbaz)通过对一位教学经验丰富的教师进行的跟踪研究，揭示了教师实践性知识的存在。艾尔贝兹首次用“知识”来指称一直被视为模糊的、不确切的经验层面的教师对教学实践的理解，赋予了教师作为实践者的知识生产者和使用者的角色，为教师专业性的研究开辟了一个崭新的独特的视角。她的研究涵盖了教师实践性知识定义、内容、结构和研究方法等方面，为后续的研究提供了较为完整的框架。

艾尔贝兹将教师实践性知识视为教师对教学情境反应的一个函数。她将其界定为“教师以其个人的价值、信念统整他所有的专业理论知识，并且依照实际情境为导向的知识”[1]。从这一定义上我们看出，艾尔贝兹非常强调教师实践性知识的整合性、实践性和情境性。所谓整合性，即从内容上看，这一知识涵盖了学生、课堂、学校、社会环境、所教学科、儿童成长、学校和社会

[1] Elbaz. Teaching Thinking: a Study of Practical Knowledge[M]. Lodon: Croom Helm, 1983.

教育等方面,同时,这些内容又是由教师个人的价值和信念所统整的。由此,信念成为教师实践性知识的核心。实践性和情境性则体现在实践性知识总是与教师个体的具体实践相关联,是通过教育实践中的教师与情境互动的问题解决活动体现出来的。她创造性地将实践性知识根据其包摄程度的不同,分为意象(image)、实践原则(practical principle)、实践规则(rule of practical)三个层次。尤其是意象这一专业术语的使用,作为信念的隐喻式表征形式,成为后来研究者对教师实践性知识表达研究的一个重要窗口。在教师实践性知识的研究方法选择上,艾尔贝兹选择了案例研究的方法,研究的结论基本上是通过对一位教师的访谈,基于访谈资料的分析、整理而得出的。我国学者陈向明在评价艾尔贝兹所做的开创性研究中,指出其研究之不足在于"偏于静态呈现,缺乏对实践性知识生成和发展过程的动态描述"[1]。从某种意义上来说,正是方法的使用造成了其研究的不足,毕竟,实践性知识的实践性决定了它与知识使用场景的不可分离,因此,基于教学现场的观察是必不可少的。

(二)后继者:康纳利与克兰迪宁

继艾尔贝兹之后,加拿大学者康纳利(Connelly)和克兰迪宁(Clandinin)对教师实践性知识进行了更为深入的研究。他们对教师实践性知识研究的早期成果集中在其对加拿大多伦多的一所小学进行的为期三年、旨在探索教师个人实践知识对学校改革影响的研究报告《教师个人实践知识对委员会政策影响的角色》(The role of teacher's personal practical knowledge in effecting board policy)中。在该研究报告的第三卷中[2],他们对"教师个人实践知识"(teacher's personal practical knowledge)概念做了较为详尽的解读。首先,他们界定了自己所做的研究是针对教师在教学实践中的"行动知识"(knowing action)的。对于这类知识,核心的特征是"个人化",表现在"教师的实践行为源自他们的个性和个人的生活经历"。换言之,教师个体的知识和经历对教师行为的影响要远胜于政策指导和课程要求。同时,他们也指出,强调其"个人知识"的特征,要避免两种误解:① 知识的"个人化"并不意味着其远离社会和个体生活的环境。突出"个人化",仅仅是为了强调除了社会文化传统的延续之外,个体因素对每个教师个性的影响。在后续的研究中,康纳利和克兰迪宁更强调教师的此类知识是教师与其周遭环境(教师的专业生

[1] 陈向明. 对教师实践性知识构成要素的探讨[J]. 教育研究. 2009(10):66—73.

[2] Connelly, F. Michael, Clandinin, D. Jean(1984). The role of teacher's personal practical knowledge in effecting board policy. Eric[EB/OL]. [2011-12-25] http://eric.ed.gov/pdfs/ED271537.pdf.

活场景)互动的结果。② 强调“个人化”,并不意味着“所谓的私人拥有,或者成为个体的隐私”。事实上,教师个体实践性知识虽然隐秘,但是可以通过个人的行动或某些情况下的对话与交流得以表现。由此可见,康纳利和克兰迪宁对教师实践性知识的解读有一个基本的视角,那就是对时间维度的强调。在他们看来,教师个人知识(personal knowledge)是源于过去,存在于现在并指向未来的。从这个意义上看,“强调知识的个人化,意味着知识参与或者渗透进人的塑造中”。

顺应教师实践性知识的“个人化”特征,两位研究者创造性地以教师个人叙事对教师实践性知识进行了研究。他们认为,对教师知识“个人化”的强调,确定了对教师研究必须将其作为一个整体的人的前提。正是从整体性的要求出发,叙事的方法应运而生。“当我们把生活作为一个整体来思考时,我们倾向于以叙事的方式来思考。”[1] 叙事作为一种方法,其目的是提升经验的意义。同时因为叙事为理解教育情境提供了一条“道德的、情感的、审美的”路径,所以也就需要用与此相适应的语言去理解叙事。遵循着这一路线,康纳利和克兰迪宁提出了作为理解教师教育叙事特有的语言,这就是“意象(image)、个人哲学(personal philosophy)、规则(rules)、实践原则(practical principles)、节奏(rhythms)、隐喻(metaphors)和叙事主题(narrative unity)”[2]。这些也就成为教师实践性知识作为一种“身体语言”(embodied language)所特有的句法和语义,成为教师实践性知识的表征形式。

基于以上思路,在研究范式上,康纳利和克兰迪宁的研究都呈现出一种“基于经验的、传记形式的、历史角度的,而非理论、分析框架和线索结构”[3]的形态。例如《街角中学的实践性知识》(Practical knowledge at bay street school)中,作者以学校有关种族政策方面的改革为视角,通过对一所公立学校校长在应对教育改革政策的情境下的一系列行为、活动(例如一次应对学校内的人际危机)的观察、记录,揭示了这位校长的经历、教育哲学、领导风格与其职业行为之间的关系,特别提出了“个人哲学”的概念。他们认为,个人哲学作为教师在教学情境中思考自身的方式,是教师实践性知识的一种重要形式。

在《个人实践性知识:教师班级意象的研究》中,康纳利和克兰迪宁运用

〔1〕 F. 康纳利,D. 克兰迪宁. 教师成为课程研究者——经验叙事[M]. 刘良华、邝红军,译. 杭州:浙江教育出版社,2004.

〔2〕 同〔1〕。

〔3〕 Connelly, F. Michael,Clandinin,D. Jean(1982). Practical knowledge at bay street school. Eric [EB/OL]. [2011-12-25]http://eric.ed.gov/pdfs/ED222978.pdf.

“意象”作为分析工具，通过对教师斯蒂芬妮的参与式观察、访谈，对她的个人实践性知识进行挖掘。他们发现斯蒂芬妮的一系列教育实践都可以用“似家的课堂”这样的意象来解释。而这一意象则源于教师的专业经验、专业训练、自己受教育的经历和个人的生活经历等。由此，作为一种实践性知识的表征方式，“意象”以整体化的视角将斯蒂芬妮的个人经历、职业经历与她的课堂实践连接起来。这一研究不仅解释了教师实践性知识的来源问题，更重要的是以“意象”为突破口，诠释了教师实践性知识作为一种内隐知识，是与教师的思考和行为相连接的纽带。

作为教师实践性知识领域的重要研究者，康纳利和克兰迪宁的贡献不仅在于他们对教师实践性知识表征的全新演绎，或者他们对教育叙事研究方法的深入拓展，更重要的是他们从为教师“赋权”的角度，赋予了教师在课堂实践中的个人知识的合法性，提升了教师作为一种特殊的知识拥有者的地位，并且将他们的研究成果更进一步地运用在教师教育领域，为教师自我探索、挖掘自己的实践性知识提出了新的路径。在《教师成为课程研究者——经验叙事》一书中，他们提出将经验叙事作为一种教师进行自我认知，进而理解课程，实现自下而上的教学改革，从而提升自己的专业发展的另类路径。该书认为，对课程的理解不能仅仅强调所谓的课程影响因素，如目标、学习结果、材料、学生等，而更应该从与“经验”“情境”相联系的视角来审视这些影响因素，即课程是“诸情境中的经验”[1]，所以，课程问题的核心是作为教师对自己的理解。教师教育要帮助教师通过自我理解来理解课程。具体而言可以通过教师的经验叙事，在课程的情境中，思考自我的过去、现在和未来，并通过运用实践性的表征(个人哲学、意象、规则等)，去寻找叙事的意义，挖掘、提升自己的实践性知识。这为教师的专业发展提供了一条全新的路径，也为我们当前的教师教育改革打开了一扇窗。

(三) 后续研究：领域的拓展

来自荷兰莱顿大学的艾肯·赞廷(Anneke Zanting)、尼克·温鲁普(Nico Verloop)及梅杰(Meijer)等人成为又一支研究教师实践性知识的重要团队。他们从学校改革、教师的知识基础、师范生教育以及学科教学等视角进一步拓展了教师实践性知识的研究领域。

以温鲁普为首的荷兰团队对教师实践性知识的研究始于他们对教学的

〔1〕 F. 康纳利，D. 克兰迪宁. 教师成为课程研究者——经验叙事[M]. 刘良华、邝红军，译. 杭州：浙江教育出版社，2004.

知识基础的关注。在《教师知识和教学的知识基础》[1]一文中,他们表达了这样的观点:教师知识(教师的实践性知识)需要和正式的命题知识一起被纳入教学的知识基础中。传统的教师教育中,我们所选用的是教育研究者总结出的“被证明为行之有效”的方法,但是事实证明,这些带有处方性质的“给教师的知识”(knowledge for teachers)并不能带来教师的专业发展。因此,文章提出,教学的知识基础是“一切与专业有关的洞察力,他们与教师的行为有着内在的联系”。教师知识(教师实践性知识)也就被赋予了教学的知识基础的地位。

然而,教师知识作为一种个人知识、实践知识,是否能够承担起作为教学的知识基础这一角色?毕竟,实践是多变的、复杂的,个人、实践这些定语都不可避免地使这样一种知识带有随意和盲目。这就带来了另一个重要问题:作为一种个人实践知识,教师教育应如何进行?为了回答这一问题,温鲁普他们首先确定,作为一种知识基础,“教师知识主要不是用作处方,而是帮助教师在思维过程中提高他们的实践观(practical arguments)”。并且他们通过研究表明,“虽然教师知识与个人经历和环境有着密切的关系,但是有一些基本的东西为所有的教师或大部分教师所共有”。[2]也就是说,即便是最具个体性的教师实践性知识,在某一群体中还是有着相当的共性的。梅杰等人从学科视角所做的实践性知识类型学的研究就是对此最好的注解。

《探究语言教师进行阅读理解教学的实践性知识》(Exploring language teacher's practical knowledge about teaching reading comprehension)一文通过概念图绘制和结构式访谈相结合的方法,对语言教师在 16 至 18 岁学生的阅读理解教学中的实践性知识进行了详细的研究。[3]研究发现:有关阅读理解的实践性知识的内容包含六大类:学科知识、学生知识、关于学生学习和理解的知识、关于教学目的的知识、课程知识、教学技巧知识。在此基础上,通过探讨不同的教师个体是如何组织这几类知识,有无共性等方面,对实践性知识的结构进行了聚类分析。依据学科知识、学生知识和关于学生学习和理解的知识在个体化构成中的组合,区分了三种不同的类型(pattern),分别是:以学科知识为主导、以学生知识为主导和各类知识平衡作用三种类型。文中对教师实践性知识的类型学分析启示我们,对同学科的教师而言,教师实践

---

〔1〕 尼克·温鲁普,简·范德瑞尔,鲍林·梅杰. 教师知识和教学的知识基础[J]. 北京大学教育评论,2008,6(1):21—38.

〔2〕 同〔1〕。

〔3〕 Paulien C. Meijer, Nico Verloop, Douwe Beijaard. Exploring langugae teachers' practical knowledge about teaching reading comprehension[J]. Teaching and Teacher Education, 1999, 15: 59—84.

性知识在千差万别的个体差异背后也隐藏着某种共性(shared content),而对这些共性的有效分享,将有助于新手教师的培养。

从全面的教学知识基础出发,荷兰团队将教师实践性知识的研究领域拓展到了教师教育中,他们更为关注在学习的情境中教师知识的形成方式。在《明晰实践性知识:指导教师的角色拓展》(Explicating practical knowledge: an extension of mentor teacher's roles)一文中,艾肯·赞廷研究了指导教师如何通过解释自己的实践性知识,帮助学生教师更好地学习教学的问题。[1] 他认为,作为学生教师最重要的知识来源,指导教师的知识共享对学生教师有着重要的意义。但是,由于受实践性知识本身的内隐性和情境关联性的限制,指导老师要清晰表达自己的实践性知识实属不易。因此,作者提出了拓展指导教师的角色,即他们不仅是教学行为的指导者、示范者,还应该成为反思性教练和共同研究者,在与学生教师的多重互动中明晰自己的实践性知识,通过知识共享,提高学生教师的实践性知识。具体路径包括在学生教师面前示范专家的反思过程(反思性教练),与学生教师共同合作,计划、实施、分析课例(共同研究者),激发学生教师的探究意识,鼓励学生教师质疑自己的课(共同研究者)等。同时,文中也指出,在教师实践性知识研究中所采用的方法也可以被利用到教师教育中来,例如访谈、概念图、刺激回忆访谈等。只需针对相应的情境和教学实践做出适当的调整,这些方法就可以为学生教师所掌握,从而帮助他们更好地理解指导教师的实践性知识。

二、国内相关研究

我国对教师实践性知识的研究始于 20 世纪 90 年代中后期。进入 21 世纪后,教师实践性知识逐渐成为教育研究的一个热点话题。纵观十多年的研究,早期的研究多是以教师实践性知识这一概念本身为研究对象所进行的包含定义与内涵本质、结构要素分析在内的基于逻辑推演的理论研究。近几年,研究者则从不同的角度,立足于实证,对教师实践性知识进行了更为具体和细致的实证研究。总结如下:

(一) 教师实践性知识理论研究

教师的实践性知识受到学界的重视,首先源自学者们对教师专业化问题的反思。在教师的专业发展中,知识无疑处在核心的位置。然而以往对教师知识的研究,多是在“过程—结果”的研究范式下展开的,更多关注的是与学

〔1〕 Anneke Zanting, Nico Verloop, Jan D. Vermunt. Explicating practical knowledge: an extension of mentor teacher's roles[J]. European Journal of Teacher Education, 1998, 21: 11－28.

生成绩提高有关的具有统计意义的"给教师的知识"。伴随着基础教育改革的不断深入,"给教师的知识"并不能如我们所愿,对教育改革表现出强大的支持作用。研究者逐渐发现,教师的发展在很大程度上取决于教师拥有什么知识、如何使用这些知识以及教师是如何获得这些知识的。[1] 显然,这一知识与传统的理论知识相比,不仅在"大脑中"(in the mind),更在"身体中"(in the body),在实践中。教师实践性知识就这样进入了研究者的视野。

研究首先要解决的是教师实践性知识作为"知识"的合法性问题。石中英(2001)认为:"人类有目的的实践行为都是受知识支配的,或者说,是由知识所建构的。""教师的教育教学实践活动本身并不缺乏教育知识的基础,那是另外一些性质和存在方式方面都不同的教育知识。"[2] 在《缄默知识与师范教育》一文中,他从缄默知识的视角出发,对教育知识与行为脱节这一困扰教育改革和师范教育的基本问题做出了深入的分析,挖掘了其教育认识论根源,为实践性知识的研究提供了有力的理论依据。陈向明(2009)对这一问题进行了更为深入的研究。她从知识论的视角,对教师实践性知识作为一种特殊的知识类型进行了论证。从知识论界定知识构成的三个条件——信念、真、证实出发,她依据"融贯论"对"真"的证实,对教师实践性知识的"真实性"证明进行了解释。即教师的实践性知识"不是(或者说不仅仅是)客观实在,而是由人的直觉信念所形成,是由在场者某个信念系统中各个部分之间相互蕴含、推论和解释而成"[3]。进而,通过解读亚里士多德的实践哲学、杜威的实用主义,她得出结论:在以实践改进为取向的研究中,"有用性",而不是纯学术研究所追求的"真实性",成为衡量研究成果质量的重要标准。这一研究以"有用性"丰富了对"知识之真"的理解,为教师实践性知识的研究奠定了基础。

在早期的理论研究中,众多研究者集中在一般意义上探讨了教师实践性知识的概念内涵、特征、构成要素和形成机制等问题。

1. 教师实践性知识的定义与特征研究

虽然从不同的视角,但研究者对"教师实践性知识是什么"的回答都不可避免地强调了其与传统的"理论知识"的核心区别:源自实践,通过实践,为了实践。因此定义的呈现与实践特征的强调是纠缠在一起的。在被广泛引用的论文《实践性知识:教师专业发展的知识基础》中,陈向明(2003)将教师知识分为理论性知识和实践性知识两大类。对于实践性知识,她的界定是:"教师真正信奉的,并在其教育教学实践中实际使用和(或)表现出来的对教育教

[1] 陈向明. 对教师实践性知识构成要素的探讨[J]. 教育研究,2009(10):66-73.
[2] 石中英. 缄默知识与师范教育[J]. 高等师范教育研究,2001,13(3):36-40.
[3] 陈向明. 教师实践性知识研究的知识论基础[J]. 教育学报. 2009(2):47-55.

学的认识。"[1]不同的学者也从不同的视角强化了他们对这种"实践性"的认识。① 与理论性知识的去情境性相对应的是实践性知识的情境性。比如叶澜(2001)就将其定义为"教师关于课堂情境和在课堂上如何处理所遇到的困境的知识","它更能集中反映课堂教学的复杂性和互动性的特征"。[2]而万文涛则从自动化应用的角度突出了教师实践性知识的情境敏感度。他认为,教师实践性知识是"教师拥有的,与课堂情境紧密相连的,高度系统化的,加工到自动化程度的,在教学实践活动中随时能够调用的知识"[3]。② 与理论性知识的公共性相对应的是实践性知识的个人性。如钟启泉(2004)从教师体验的层面界定教师实践性知识——"教师作为实践者和洞察自身的实践和经验之中的'意蕴'的活动"[4]。这一定义以对实践性知识生成之"洞察意蕴"机制的强调突出了其个人性的特征。鞠玉翠(2003)则将这样一种知识称为"教师个人实践理论",并从观念的角度强调了其个人性。"教师个人实践理论,其含义基本等同于教师个人所持有的教育观念",并且强调是"教师真正奉行的,在教育实践中体现出来的教育观念"。蔡亚平(2005)则从隐性知识的角度诠释了教师实践性知识的个体性。"教师实践性知识是在教育教学实践活动中形成的并实际产生影响的对教育教学的认识,它包括那些非正式的、难以表达的教学技能、技巧与经验,还包括个人的直觉、灵感、洞察力、价值观和心智模式等,大多表现为高度个人化的隐性知识。"[5]

显然,虽然各有侧重,但学者们对所谓的教师实践性知识达成了三个方面的共识,即与教学情境密切相关,与个人生活经历和专业经历密切相关,在教学实践行动中得以表现。基于对教师实践性知识的情境性、个体性和实践性的拓展,学者们对教师实践性知识的特征进行了进一步的研究。钟启泉对实践性知识的特征做出了如下概括:依存于情境的经验、案例知识形式、以问题的解决为中心、隐性知识和个体性知识[6]。陈向明(2003)提出实践性知识具有默会性、可反思性、实践感和行动性等特征,其中实践感本身还包括紧迫性、条件性、模糊性和总体性四个特征[7]。与学者们对实践性知识与理论知识截然二分的区别不同,何晓芳则辩证地将实践性知识视为个体性与公共

---

〔1〕 陈向明. 实践性知识:教师专业发展的知识基础[J]. 北京大学教育评论. 2003(1):104-112.
〔2〕 叶澜. 教师角色与教师发展新探[M]. 北京:教育科学出版社,2001.
〔3〕 万文涛. 教师实践性知识论纲[J]. 中小学教师培训,2006(6):7-11.
〔4〕 钟启泉. "实践性知识"问答录[J]. 全球教育展望. 2004,33(4):3-6.
〔5〕 蔡亚平. 论教师实践性知识的失语与建构[J]. 教育理论与实践. 2005,(11):16.
〔6〕 钟启泉. 教师"专业化":理念、制度、课题[J]. 教育研究. 2001(12):12-16.
〔7〕 同〔1〕。

性、情境性与普适性、不精确性与可证实性的统一[1]。陈静静(2011)则创造性地突破了教师实践性知识完全"个体性"的研究假设,提出了实践性知识具有家族相似性(文化相似性)、整体层次性、复杂矛盾性和时效性等特征。[2]

2. 教师实践性知识的构成要素研究

内容构成研究是教师实践性知识研究的基础。学者们从不同的视角,对教师实践性知识的内容构成进行了研究。如陈向明(2003)将教师实践性知识看作是由教师的教育信念、教师的自我知识、人际知识、情境知识、策略性知识、批判反思知识所构成。[3] 姜美玲(2006)则以艾尔贝兹的分类为基础,并借鉴了舒尔曼(Shulman)和格罗斯曼(Grossman)的教师知识分类,将教师实践性知识分为学科内容知识、学科教学法知识、一般教学法知识、课程知识、学习者知识、环境知识和教师自我知识。[4] 从这些分类中可以看出,关于教师实践性知识的知识概念突破了传统的知识范畴,它涵盖了教师信念、价值观、惯例、直觉等。但是内容构成研究是对教师实践性知识进行的简单的、静态的构成分析,在进一步的研究中,学者们逐渐发现,教师实践性知识的以上诸多成分构成并不是平面的,它们之间存在着一种复杂的构成关系。如吴泠(2006)将教师实践性知识分为教育理念知识、自我知识、策略类知识和反思的知识,并且认为这四类知识以教育理念知识为中心,形成了一种动态平衡和开放结构。[5] 陈向明则更进一步细化了这一结构,提出了教师实践性知识在结构上至少要具备四个要素:教师主体、问题情境、行动中反思、信念,并且认为这四个要素之间是一个相互联系的整体,必须以"打包"的形式呈现。[6]张立忠、熊梅(2010)等借鉴了阿基里斯的实践理论,将教师实践性知识区分为"信奉的实践性知识"和"使用的实践性知识"。信奉的实践性知识主要指教师经过实践所信奉的教育信念,它处在教育公共知识与使用的实践性知识的中间地带,对使用的实践性知识起到了过滤和引导的作用。而对于使用的实践性知识,两位学者通过借鉴认知结构理论,阐述了以经验形式表征在长时记忆中的实践性知识是如何在具体的问题情境中被调用,并在实践中表现出来的。[7] 由此可见,对教师实践性知识的构成研究从最初的静态分

[1] 何晓芳,张贵新. 解析教师实践性知识:内涵及其特性的考察[J]. 教师教育研究,2006(5):40—41.

[2] 陈静静. 教师实践性知识论:中日比较研究[M]. 上海:华东师范大学出版社,2011.

[3] 陈向明. 实践性知识:教师专业发展的知识基础[J]. 北京大学教育评论. 2003,1(1):104—112.

[4] 姜美玲. 教师实践性知识研究[D]. 华东师范大学博士学位论文. 2006.

[5] 吴泠. 教师实践性知识的涵义[J]. 现代教育论丛,2006(6):41—43.

[6] 陈向明. 对教师实践性知识构成要素的探讨[J]. 教育研究,2009(10):66—73.

[7] 张立忠,熊梅. 论教师实践性知识的内涵与结构[J]. 课程·教材·教法,2010(4):89—95.

析转向了更深入的整体视角,即从主体与情境的互动中给予动态的分析。

3. 教师实践性知识的形成研究

研究教师实践性知识的形成,首先要回答的是其来源问题。学者们普遍认同其来源于个体实践。但基于对具体实践的不同视角的强调,学者们的研究也各有侧重。张立新(2008)认为,教师的实践性知识建构与教师的私人和专业的生活史密切相关,其关键环节是教师"自我"的建构,因此,其形成机制是"教师生活史—教师自我—教师实践性知识"三者螺旋循环的过程。[1]而陈向明(2011)则更强调教师当下的教学实践,她在研究实践性知识构成要素的基础上,提出了教师实践性知识双路径生成、应激式生成和渐进式生成等不同类型,并且认为,教师实践性知识是教师主体在经过一定的问题情境,通过行动中反思生成的关于教育教学的新的"信念"。[2]姜美玲(2006)则相对全面地提出了教师实践性知识的发展路径,即教师个人生活史分析、反思教学实践经验和构建教师学习共同体。[3]

值得一提的是,在众多的研究中,学者们开始将视线投向教师教育(尤其是职前教育),认为教师教育应该为教师的实践性知识形成做出相应的贡献。课程与教学改革成为关注的焦点。学者们普遍认为,当前我国职前教师教育中实践性知识严重缺失,主要表现为:课程设置不合理,忽视实践体验,教学、评价手段落后,以教育实习为代表的实践性课程实施形式化,效果差,等等。[4]时伟(2009)认为,从教育目的的实践导向性、教学内容中的实践知识的丰富性以及教学方法的实践性来看,教师教育应该转变教学观念、重组教学内容和变革教学方法,丰富教师实践性知识,提升教育教学能力。[5]学者们关注的焦点主要在于教学模式、案例教学和实践课程等方面。倪小敏(2010)以在实践场景下创设学习共同体为基本思路,以小学教师职前教育为例,提出了"理论—实践交融"的职前教师教育新模式。该模式注重职前教师的理论学习与"主题见习"相结合,同样也强调真实场景下的学习中理论的"在场"。[6]鲍嵘(2002)认为,教师教育应该从案例中学习,强调在情境中学习,增加见习和实

---

[1] 张立新. 教师实践性知识形成机制研究——基于教师生活史的视角[D]. 上海师范大学博士学位论文. 2008.

[2] 陈向明等. 搭建实践与理论之桥——教师实践性知识研究[M]. 北京:教育科学出版社,2011.

[3] 姜美玲. 教师实践性知识研究[D]. 华东师范大学博士学位论文. 2006.

[4] 阚赤兵. 职前教师教育实践性知识的构建[J]. 东北师范大学学报:哲学社会科学版,2011(4):232—235.

[5] 时伟. 实践知识与教师教育教学改革[J]. 教师教育研究,2009(2):7—11.

[6] 倪小敏. 实践取向:职前教师教育模式的重构[J]. 教师教育研究,2010(1):22—27.

习的实践。[1] 陈向明(2009)认为,作为教师实践性知识的重要载体,教育教学案例蕴含了教师在行动中隐含的能力型知识以及教师所处的问题情境、社会互动关系和时空连续性。因此,案例式研修被认为是非常适合教师学习和专业发展的。教师实践性知识必将来源于教师个体实践。王慧霞(2009)主张借鉴国外经验,将实践体验研究引入教师教育领域,通过让教师有意识地体验教学事件,或者采取自传的方法记叙教师自身的教育经历,让教师在实践体验中感受教育理论,从而提升教师实践性知识。[2] 同样,教育实习也被认为是职前教师提升实践性知识的一个重要途径。杨秀玉(2009)提出以"实践中的学习"来重新审视教育实习,从关注实习教师的"关注"、培养实习教师的反思能力、重视实习教师前期概念的影响、保障教师教育者的专业培训等方面提升实习质量。[3]王芳(2010)借鉴了国外"教师学习"的研究成果,提出职前教师教育应该统整理论知识与教学实践的学习,要把培养学生的专业反思能力贯穿在整个教师教育阶段,并且充分发挥教师教育者自身的榜样作用。[4] 总之,围绕着教师教育中如何提升教师的实践性知识,注重教师个体经验的形成和丰富,为教师提供机会促进其体验自身实践,注重反思意识与批判性思维能力的培养,成为学者们关注的主要课题。但是在具体的路径选择上,大多是以思辨为基础的逻辑演绎,缺乏实证支持。

(二) 教师实践性知识实证研究

教师实践性知识的研究旨趣是实践本身。作为一种特殊的知识,对教师实践性知识的研究仅在理论上作逻辑推演是无法深入的。因此,近十几年来,涌现出越来越多的基于实证的教师实践性知识研究。如鞠玉翠(2003)从个人生活史的视角,以叙事探究的方法,对六位不同学科、背景和经验的教师的个人实践理论所做的研究。研究发现,教师个人实践理论的影响因素主要是"实践性因素",而教育理论培训等"理论性因素"则影响甚微,这就使得教师个人实践理论处于未加批评的状态。[5] 但作为叙事研究方法的初次尝试,该研究以呈现教师的教育故事为主,对教师的实践和知识的分析都不够深入。姜美玲(2006)则以具体呈现日常教育教学活动中教师实践性知识的不同存在形态、表征形式和发展路径为研究思路,以行动研究与叙事研究的方

〔1〕 鲍嵘. 论教师教学实践知识及其养成[J]. 高等师范教育研究,2002(3):7—10.

〔2〕 王慧霞. 实践体验研究——教师教育的新视阈[J]. 教育科学研究,2009,(10):74—76.

〔3〕 杨秀玉. 实践中的学习:教师教育实习理念探析[J]. 首都师范大学学报:社会科学版. 2009(5): 57—61.

〔4〕 王芳,马云鹏. "教师学习"研究的发展及其对职前教师教育的启示[J]. 外国教育研究,2010(4):5—9.

〔5〕 鞠玉翠. 教师个人实践理论的叙事探究[D]. 华东师范大学博士学位论文. 2003.

法，对教师实践性知识进行了较为全面的研究。[1]但她的叙事研究以教师叙事为主，缺少了课堂教学的现场感，对课堂教学场域下教师实践性知识的分析仍显不足。赵彦俊(2009)以真实的教育教学场景中"实习支教生"的实践性知识生成为研究对象，在对"实习支教生"的实践性知识的应然结构进行理论思辨的基础上，以质性研究方法对"实习支教生"的实践性知识的实然状态进行了分析，指出"实习支教生"的实践性知识生成的外部条件仍显不足，并提出了以加强高等师范院校课程改革、培养模式改革等为突破口的解决策略[2]。但该研究的质性方法的运用以访谈为主，策略提出以理论思辨为主而略显空泛，缺乏实证支持。此外，还有一些研究者以个案研究为主要方法，以学科的视野对教师的实践性知识进行了研究。如李佳琳运用个案研究的方法，基于课堂观察与访谈，对初任教师和经验教师的实践性知识进行了比较研究，发现了其在知识构成方面的差异。[3]张莉在其硕士学位论文《从自在到自为——走向自为的教师实践性知识研究》中通过对某高中语文教学组几位教师的实践性知识研究分析，指出自在状态下的教师实践性知识存在诸多弊端，走向自为是教师实践性知识更新的必然路径。[4]

显然，从研究方法上看，作为与教师实践性知识品性最为契合的方法，解释主义范式下的质性研究和行动科学指导下的行动研究成为基本范式。但回顾以往的实证研究，"很多都是基于教师对教学情境的回顾性叙事和访谈，缺乏研究者对课堂实际情境的观察和呈现，导致对实际情境的捕捉成为了一个极尴尬的缺失环节"[5]。因此，作为国内教师实践性知识研究第一人，陈向明与她的研究团队在前期理论研究的基础上，历时三年，进入教学现场，实地研究教师的日常教育教学实践，对教师实践性知识进行了全面、深入的研究，也为教师实践性知识的研究方法开辟了新的路径。

综上所述，国内的研究者在借鉴国外相关理论的基础上，在理论思辨层面上对教师实践性知识的内涵、特征、表征形式等方面做了大量的研究，研究成果颇丰。但理论基础仍显薄弱，尤其对于这样一种特殊的知识形态缺乏对其理论基础(如哲学认识论、社会学基础等)的深入研究。就研究范畴而言，实践性知识的影响因素和生成研究必须以实证研究为基础，而在现有的实证研究中，研究者们多从个人生活史的角度予以分析，对教师的教学实践因素

[1] 姜美玲. 教师实践性知识研究[D]. 华东师范大学博士学位论文. 2006.
[2] 赵彦俊. "实习支教生"实践性知识生成研究[D]. 西南大学博士学位论文. 2009.
[3] 李佳琳. 初任教师与经验教师实践性知识比较个案研究[D]. 东北师范大学硕士学位论文. 2008.
[4] 张莉. 从自在到自为——走向自为的教师实践性知识研究[D]. 首都师范大学硕士学位论文. 2011.
[5] 陈向明等. 搭建实践与理论之桥——教师实践性知识研究[M]. 北京：教育科学出版社，2011.

关注不够。另外,研究者对质性方法把握的参差不齐,也导致研究总体呈现出面广而浅的格局。此外,研究者已经注意到结合具体学科,针对不同专业发展阶段的教师开展研究,但针对职前教师这一特殊发展阶段的教师群体的实践性知识生成研究还有待更深入的探讨。

1.3 研究问题与方法

一、研究问题

克兰迪宁和康纳利认为,专业场景(professional landscape)是教师实践性知识发展的重要场域。而就本研究对象——职前教师而言,其专业场景主要包括大学课程学习和基于中小学教育现场的教育实习。本研究主要聚焦于这一场域下,探究职前教师实践性知识的发展策略。具体包括以下几个方面:

(1) 深入挖掘教师实践性知识的理论基础,回答实践性知识的知识品性问题。

(2) 针对教师实践性知识发展的学理研究,为在课程与教学的框架中寻找职前教师实践性知识发展的路径奠定基础。

(3) 职前教师实践性知识的构成现状研究,为问题的解决确立起点。

(4) 借鉴情境学习理论,在现有的职前教师教育课程体系中,寻找职前教师实践性知识发展的路径。

二、研究思路

首先,在已有研究成果的基础上,对实践性知识进行深入的解读,从哲学认识论的视角探索其与实践的关系,从而在学理上论证对职前教师进行实践性知识启蒙的可能性,并且明确教师实践性知识的构成成分。以此为基础,在现有的职前教师教育课程体系中,以最能反映职前教师实践性知识变化的场景——教育实习为研究背景,对职前教师的实践性知识现状及问题进行研究。然后,针对实践性知识的知识属性,并结合现状研究的结论,借鉴情境学习理论,以促进情境化学习为视角,探索适应实践性知识形成机制的职前教师实践性知识发展的理论框架。进而围绕案例教学与教育实习,深入探讨具体的实践性知识发展策略。

路径 1:案例教学中的实践性知识发展

选择案例教学,源自对教师实践性知识的认识。实践性知识本质上就是在面对教育实践情境、解决复杂问题的过程中,借由教师"行动中的反思"而形成的一种情境认知。以此来审视教师的实践性知识发展,结论是,教师实践性知识的习得是以情境化学习为基本途径的。然而,对职前教师而言,真实的教育情境从何而来?由于自身教学经验的缺乏,从他人的经验中学习成为一种替代的选择,其目的就在于通过发生在他人身上的真实事件协助职前教师提前体会教师工作的情境。由此,通过案例为职前教师提供情境化的学习成为可选的路径。

路径2:教育实习中实践性知识发展

如果说案例教学立足于职前教师的观察学习,为师范生提供的是与教育实践的间接接触,教育实习则是师范生与真实教育实践的零距离接触。在真实的实践场域中,如何引导师范生通过实践、体验与反思促进其实践性知识发展自然成为本研究的重要问题。

三、研究方法

从研究对象与研究目的的要求出发,本研究选择了理论思辨与实证研究相结合的方法。理论思辨一方面为本研究寻找学理基础,另外也规范了合理性的研究走向。而从研究对象——实践性知识的知识论要求出发,其情境性本质决定了研究者必须走进教育实践现场,在实践情境的参与与互动中理解、解释。由此质性研究范式成为在具体的研究情境中对研究对象做出说明与阐释的首选。从研究目的来看,本研究希望构建对现实的职前教师课程与教学改革有实践指导意义的实践性知识发展路径,这就要求研究不能停留在宏观层面上,而必须采取“自下而上”的路线,由此,研究与行动的结合成为必须。本研究主要采用的方法如下:

1. 文献研究

文献研究旨在通过搜集国内外对教师实践性知识的相关研究,厘清本研究的逻辑起点,即教师实践性知识的概念界定,并在此基础上,借助于不同的学科视角及相关理论,对教师实践性知识的形成机制做出深入的剖析,继而为寻找职前教师实践性知识发展路径提供相应的理论框架。

2. 叙事研究

何为叙事?韦伯斯特词典(Webster's Third International Dictionary, 1996)将其定义为“用于表现一系列相关事件的一段论述(discourse),或者一个例子(example)”。基于此,艾米亚·利布里奇等人将叙事研究定义为“任何运用或者分析叙事资料的研究”[1]。叙事研究是质性研究范式下的一种具体方法。它遵循质性研究的理路,以研究者本人作为研究工具,通过在自

---

〔1〕 艾米亚·利布里奇.叙事研究:阅读、分析和诠释[M].王红艳,主译.重庆:重庆大学出版社,2008.

然状态下对现场的参与性观察，搜集大量的第一手资料，经过归纳分析之后做出抽象概括，其目的在于获得一种“理解”与“意义”。从研究的意义上考察“叙事”，它不同于一般的“讲故事”，实际上包含两层意思：“既是研究的现象，也是研究的方法。”正如洛朗·理查森所说，叙事是人们将各种经验组织成有现实意义事件的基本方式。[1] 叙事作为一种研究现象，是研究对象将经验与行为赋予意义的一种手段；而作为研究方法，则是研究者以叙事性思维挖掘研究现象之意义的途径。

基于教师实践性知识的特殊性，克兰迪宁认为，叙事的质性研究方法是获得教师实践性知识的最佳方法。在教师发展的叙事框架中，“叙事研究”在内容上也包含了两层含义：一是由研究者对教师进行生活故事的“叙事研究”；二是由研究者对教师本人撰写的各类文本“叙事”进行研究。[2] 落实在本研究中，研究者主要以第一种方式，兼顾第二种方式开展研究。考虑到本研究最终的目的是为职前教师教育寻找可能的改革路径，研究选取的是具有同一专业、相同年龄特征的师范生群体，试图通过对这一群体的实践性知识现状和发展的研究，揭示群体实践性知识的共性，即“文化相似性”。因此，笔者以苏州大学教育学院 2007、2008 级教育技术师范生为研究对象，以大学教师和教育实习指导教师的身份进入他们的专业教育场景，通过对师范生课堂学习、教育实践等进行参与式的观察、访谈、研讨等活动，收集与之相关的材料（如课堂作业、教案、实习日志、总结等）。在以两段为期两个月的教育实习为重点的“参与式观察”中，在广泛听课的基础上，我重点锁定了三位研究对象：小 J、小 T 和胡老师，并保证每周每人 1～2 节的听课频率。在听课的时候，我通常是即时记录下一些自己的想法和特别的教学事件，同时通过视频或音频的方式予以记录，在课后，重播视频或音频，刺激实习教师以回溯的方式，对课堂的现场进行回忆，并且说明现场自己采取某些教学行为的想法和理念。综合各方材料，形成“现场文本”（参见附件），并进而以“现场文本”为对象，以叙事式的思考进行解说与分析，将“现场文本”转换为“研究文本”。

3. 行动研究

行动研究，简言之，就是实践者在行动中为解决自身问题而参与进行的研究。作为经历职前教师教育，并最终成为一名大学的教师教育的研究者，笔者浸润在当前职前教师教育的场域中，对当前职前教师教育中的问题感同

---

〔1〕 阿瑟·阿萨·伯格. 通俗文化、媒介和日常生活中的叙事[M]. 姚媛，译. 南京：南京大学出版社，2001.

〔2〕 王坍等. 教师发展：从自在走向自为[M]. 桂林：广西师范大学出版社，2007.

身受,也寄希望本次研究能够将作为研究者的我对于职前教师教育的“理论问题”与作为实践者的我对于职前教师教育的“实践问题”结合起来,以期用理论上的发现促进行动的改进与发展。以上种种决定了此次研究与实践行动的紧密结合。具体体现在:一方面,笔者基于自身从事的职前教师教学工作中的问题来认识和分析研究课题;另一方面,通过笔者自身具有一定教学实验性质的行动实践,对本研究的某些结论做出适当验证。

第二章　教师实践性知识解读

什么是教师实践性知识？提到实践性知识，我们自然会想到与之相对的理论知识。因为，在传统的知识定义中，似乎只有有着理论知识品性的认识才能被称为知识，而对于实践活动为行动者带来的经验而言，能称之为知识吗？如此这般的问题可归结为：什么是知识？知识的标准到底是什么？在对西方知识论发展的简单梳理中，也许可以解开我们对知识标准的疑惑。

2.1　什么是知识：知识论发展回溯

由于我们要考察的知识与实践相伴随，所以我们把论述的起点追溯至古希腊哲学家亚里士多德。作为最早将"实践"作为一个哲学概念提出的哲学家，亚里士多德"既是实践和实践智慧之自主性和完整性的最卓越的辩护者之一，同时又播下了贬抑实践哲学的种子"[1]。这源自于他对知识的分类。他将知识分为三类：① 理论知识或科学知识(episteme)；② 实践智慧(phronesis)；③ 技艺、技巧或生产、制作的知识(techne)。在亚氏看来，人类理性灵魂由两部分组成：科学部分和计算部分。理论知识，源自于人类理性灵魂的科学部分，是用来沉思那些具有不变的初始原因的事物，其结果就是理论知识；而理性灵魂的计算部分，则是以可变的东西(如人的行动)为对象，实践智慧(phronesis)当属于此。属于可变者的事物除行动之外还有生产、制作，由此产生的知识即技艺、技巧。

亚里士多德的三分法，是以古希腊哲学从自然哲学向人的哲学的转向为背景的。古希腊哲学，在苏格拉底以前，是以整体的世界作为研究对象的，即自然哲学。在那里，人只是作为这个整体世界中的一分子，"归根到底是一种自然而然成长和变化的东西，是一种本性上就有力量成为'如此如此'的东西"[2]。而苏格拉底则开创了以人自身为研究对象的哲学潮流。在这里，人的变化，不再是一个自然而然的变化，而是一个伴随着人的选择因素影响的

〔1〕 Richard Bernstein. Beyond Objectivism and Relativism [M]. Pennsylvaria: University of Pennsylvaria Press, 1983.

〔2〕 汪子嵩. 希腊哲学史：1[M]. 北京：人民出版社，1997.

变化过程。这不是一个纯粹的自然的世界,而是一个人为的习俗的领域。在这个习俗的领域,实践问题开始暗含其中。亚里士多德所构建的实践哲学,从根本上说,就是要从学理上对这个由人自主的领域加以说明。

亚里士多德对知识的三分以及相应的对人的活动的三分,其基本的思路是:理论,面对的是纯粹的自然领域,是人的作为无能为力的领域,人与它发生的纯粹的认识关系,基于这样一种认识关系而产生的知识,具有自然的普遍性;而人作为一种两重性的存在物,他既有自然的一面,又有自为的一面,并且自为的一面一定要以自然的一面为基础。因此,人的行为受到人的自然面和自为面的双重影响。从人的自然性出发,人的行为首先要满足自己作为一个自然人的生存的需要,这样就首先导出了人谋求生存资料的活动,这就是生产。以此为基础,人才有可能从事由自由意志支配的活动,即那些追求正义、善良、美好等美德的政治和伦理方面的活动,即亚里士多德所谓的"实践"。

在亚里士多德的体系中,理论知识,包括数学、物理学(自然哲学)和哲学(后世所谓形而上学),是对永恒、普遍事物的认识,是从表象世界中抽象、概括、分析和证明的一般性知识,其认识对象的必然与永恒,赋予了它第一知识的地位。正如亚里士多德所说:"科学知识的对象是必然的,因而也是永恒的,因为任何必然的东西在绝对意义上都是永恒的。永恒的东西是没有生灭的。"〔1〕从其产生的机能来看,理论知识源自于人的沉思,而沉思是人类理性灵魂中的理智机能,是灵魂中最具神性的部分。沉思的活动是最高、最神圣的活动。相比之下,关乎人类生存知识的实践智慧,是第二位的。在他看来,"具有实践的智慧的人的标志,是能够正确地权衡对他是善的和有益的东西"。这里的"善和有益",是一般意义上的有助于善的生活的东西,即我们今天伦理学和政治学意义上的善。因此,"实践的智慧必须是一种能够在与人类的善相关的事情上做出行动的合理和正确的状态。"〔2〕亚里士多德对理论知识和实践智慧的区分,直接影响了西方哲学,尤其是传统认识论的研究。

一、理论知识:传统知识论的知识模式

以 episteme 为核心,传统的认识论重理论、重思辨,认为唯有人类沉思所产生的理论知识才是真正的知识。普遍必然且客观有效的知识就是真理,这种对普遍性的追求,成为继亚里士多德以后,笛卡尔、康德抑或黑格尔延续着

〔1〕 郁振华. 对西方传统主流知识观的挑战——从默会知识论看 phronesis[J]. 学术月刊. 2003(12): 17—25.

〔2〕 同〔1〕.

的传统知识论的精髓。

在这样的知识传统中,作为认识主体的人和认识对象的自然被完全地分离了,人成为自然的观察者和控制者,而自然则被对象化、客体化了。这样的主客二分,成为传统认识论的二元对立的基本思维模式,这样的思维模式也铸就了传统知识的表象观,即知识是主体对客观外在现实的反映或摹写。被视作实在的表象或图画的知识,由于其对象独立于认识主体之外,是一种自在的"实体",而被赋予了客观的属性。这种对客观的追求在近代科技革命的推波助澜下,被推崇至极致。乃至近代逻辑经验主义者认为,认识论当专注于对科学理论作逻辑的分析。波普尔甚至认为,科学哲学应当专注于"世界3"(客观思想,如科学理论、学说)的内容,而非"世界2"(主观精神)。于是,知识与作为认识主体的人渐行渐远。

那么,这样的知识从何而来呢?这个发生学意义上的知识话题,是理性主义和经验主义争论的焦点。理性主义将知识的产生归于理性的演绎方法,即在自明的、无误的天赋观念的基础上,人类可以通过演绎的推理而形成普遍必然的知识;经验主义者则反对天赋观念说,认为一切知识来自经验。人是通过感知,经由归纳的途径而获得一般原理的。无论是演绎,还是归纳,旨向的都是知识的"可证明性"。对知识进行证明的结果,使得知识成为一整套可以用完全明确的方式加以表述的命题,而这种高度形式化的表达,也成为客观主义知识观对知识的又一要求。

如此的知识生产,就是吉本斯称之为"模式1"的传统知识生产方式。在模式1中,"知识生产主要在一种学科的、主要是认知的语境下进行的"[1]。经典的牛顿物理学的产生,就是模式1的典型代表。其所代表的知识生产的理念、方法、价值和规范,掌控了经典的科学知识的生产模式。在这一模式中,知识生产者的典型形象是科学家(scientists),而从业者(practitioners)则被毫无疑问地排除在外。

由此,人类的认识活动都是旨向普遍的、一般的知识,与具体、特殊无涉。这样的知识生成途径,注定了这样的知识是与人类的生存实践相分离的。而这种与"特殊的实践"无涉的"纯粹",也正是人们所追求的知识的最根本的品质。

瑞典哲学家墨朗德(B. Molander)曾经概括了理论的知识传统的五个特

---

〔1〕 迈克尔·吉本斯等. 知识生产的新模式:当代社会科学与研究的动力学[M]. 陈洪捷、沈文钦,译. 北京:北京大学出版社,2011.

点[1]:① 主体和客体的二元论,即认为知识是关于异于主体的客体的知识;② 知识及其应用分离的观点,即认为人可以有知识但不知道如何运用它;③ 主张知识是对实在的反映和摹写;④ 主张知识可以用文字和数学语言来表述;⑤ 对永恒的东西的渴望,即认为一种知识越是永恒、越是普遍,就越好、越有价值。以这样的标准来衡量,实践知识显然是登不上"知识"的大雅之堂的。

二、生存实践:现代知识论的转向

俞吾金先生曾经指出,从传统知识论到生存实践论的发展,乃是西方哲学史发展中的一条根本性的线索。他认为,传统知识论有三个基本的特征:一是直截了当地把求知理解为人类的本性,未深入反思人类求知的动因究竟是什么;二是把求知理解为人类对外部世界的静观,未深入探究人类求知的实际过程;三是把真理性的知识理解为主观认识与客观对象相符合的结果,未深入追问知识的本质及其他何以可能的真实的前提。[2] 这一观点启示我们,在对待什么是知识的问题上,我们必须首先回答人为什么求知、人如何求知的问题,以此为基础,才能够回答什么是知识的问题。传统认识论的最大问题在于,将人的求知视为人类的本性,并且把它视为一个自明的真理。事实上,人类对知识的求索是为了满足其生存的需要,因此,求知从一开始就是和人的生存实践相关联的。正如海德格尔的话语体系中所表达的,存在的本质在于它的生存。而胡塞尔晚年提出"返回生活世界",后期维特根斯坦提出"语言游戏"说,伽达默尔主张放弃作为准确再现外部世界的知识论,使认识论转向生活的解释学等,都体现了知识论开始了向社会生活、实践、交往等领域挖掘的新路径。

传统的认识论开始向生存实践论的转换也体现在马克思的认识论中。基于"一切社会生活本质上都是实践的"的判断,马克思第一次阐明了知识、理论与人类的生存实践活动之间的内在联系。"人的思维是否具有客观的真理性,这不是一个理论问题,而是一个实践的问题。人应该在实践中证明自己思维的真理性,即自己思维的现实性和力量,自己思维的此岸性。"[3] 他坚持从物质到意识的认识路线,认为知识从实践中产生,随实践而发展,人类求

[1] 郁振华. 对西方传统主流知识观的挑战——从默会知识论看 phronesis[J]. 学术月刊. 2003(12):17—25.

[2] 俞吾金. 从传统知识论到生存实践论[J]. 文史哲. 2004(2):13.

[3] 中共中央马克思恩格斯列宁斯大林著作编∥马克思,恩格斯. 马克思恩格斯选集:第一卷. 北京:人民出版社,1972.

知的根本目的是为了实践，真理性的知识也只有在实践中得到检验和证明。

同样，在詹姆士、杜威的实用主义哲学中，人类的求知带有了与生存有关的或具体或抽象的目的，工具主义的知识概念开始出现。针对"如何求知"的问题，杜威从他关于人与环境相互作用的观点出发，强调人的求知首先是人的一种用以适应环境的行为，是一种帮助我们应付环境的方式。因此，他经常用"探索"这个具有更多行动意义的词来表达认识过程，强调探索过程并非仅仅是纯粹思维的过程，而且也是行动的过程。詹姆士则旗帜鲜明地表示：实用主义就是一种认识和处理事物的方法，一种通过实践的效果来确定概念或观念有无意义或有何意义的方法。就此，在实用主义的语境中，知识，被视作"行动的工具"，是有机体为了适应环境刺激而做出探究的结果。显然，与传统认识论中追求"表象与客观实在相符"不同，"人应付环境的功用问题"成为真正知识的必要前提。

由此，我们可以看到，同传统的认识论相比，以生存、实践为问题域的认识论，首先在认知主体上，将抽象的人还原为在具体的社会生活、交往与实践中生成的存在，继而将"知识从何而来"的解答从单一的纯认识活动转至主客体之间实践的、认识的、伦理的、审美的多重活动中。据此，绝对性的观念和对认识的客观性、必然性的追求受到了挑战，而由特定的社会生活、交往和实践情境决定的知识的具体性受到了关注，而对具体的认识主体的关注则使知识带上了些许"个体"色彩。20 世纪，被西方学者称为"相对主义的时代"，人们不再相信绝对的、普遍的真理，而更倾向于认同"真理、规范、理论原则、科学法则等都相对于主体以及文化和历史而发生变化"〔1〕。

延续着这一理路，对传统的知识模式的质疑在后现代知识观中达到了极致。

三、解构传统：后现代知识观的知识品性

后现代对知识的批判首先汇聚在对认识对象的"实体性"上。当人们把抽象的人还原成生存实践中具体的人时，人们对所认识对象的所谓客观性也产生了怀疑。所谓的认识对象难道真的是独立于人的主观意志的吗？事实上，认识对象，无论是作为一种事物、一种关系或是一个问题，都与认识者的兴趣、利益、知识程度、价值观念等有着密切的联系。甚至可以说，认识对象是认识者从众多的所谓"实在"中选择和组织的结果。认识对象的"实在性"被证伪后，对知识的"可证实性"的怀疑也随之而来。于是，真理问题在激进的建构主义者那里，转换成为"可行性"问题。冯·格拉斯菲尔德指出："知识

〔1〕 林默彪. 认识论问题域的现代转向[J]. 哲学研究. 2005(8):69－74.

并不是对于一个‘客观的’本体意义上的实在的反映，而仅仅涉及了对由我们的经验所构成的世界的整理和组织。”[1]认知的功能在于适应，这里，“适应”(fit)取代了“匹配”(match)，至此，极端建构主义一劳永逸地消除了“形而上的实在论”，被奉为圭臬的知识的“客观性”轰然倒塌。随之而来的是对普遍性知识地位的撼动，长久以来，被“普遍性原则”压制的各种各样的“地方性知识”(local knowledge)或“本土性知识”(indigenous knowledge)终于得以被接受，知识的多样性、丰富性得以显现。

后现代又是如何看待“知识从何而来”的问题的呢？显然，如上所述，既然认识对象是人为地选择的，那么，所谓的客观世界只是为人的认识提供了信息材料，而人获得知识的过程就是对这些材料的主观的加工过程，因此，知识本质上是被“创造”而不是被“发现”的。知识的建构性在这里获得了极大的张扬。在对认识活动的“个体性”强调的同时，社会建构主义更是将知识的建构活动置于文化的背景中，去探讨个人建构与文化之间关系的可能性。于是，对知识建构的机理与途径的问题，社会建构主义者给出的答案是：人际交往互动。布尔指出，社会建构论者的答案就是建构者之间的建构，认为正是通过人们在社会生活过程中的日常交往形成多种多样的认识。由此，社会建构主义认为，知识源自人们之间持续交往的社会实践与互动。

可见，在后现代语境中，随着知识的客观性被颠覆，知识被视作是与一定文化体系中的价值观念、生活方式、语言符号乃至人生信仰密不可分的理解范式。于是，人们把更多的目光放在了对知识的文化性的关注上。

以上对知识论发展的梳理可能过于简单，但至少解决了一个基本问题，那就是，实践知识的身份问题。显然，在知识概念从客观、普遍走向文化、建构的理路中，当我们把知识概念界定为认知者与知识客体及认知者之间交互作用的结果时，实践知识拥有了知识的合法身份，而不再是被理论知识压制的卑微的“奴仆”。它与传统理论知识截然不同的秉性，也等待着我们从新的视角对其做新的审视。

2.2 实践知识：内涵与特征

在解决了实践知识的知识共性问题后，我们把焦点放在了其特殊性上。显然，这一特殊性源自“实践”本身。因此，我们首先需要解决的问题便是：什么是实践？

---

[1] 郑毓信. 建构主义之慎思[J]. 数学通报. 2004(9):18－22.

一、实践概念的峰回路转

如前所述，“实践”(praxis)一词最早出自亚里士多德。在他的知识分类中，产生“实践智慧”(phronesis)的活动被称为“实践”，他将其定义为蕴含道德目的的人类活动和人们在具体的历史情景中慎重明辨地做出的行动的总和。显然，这是和理论、生产活动相区别的一种人类活动。首先，理论与实践，由其活动对象(自然和自由)的对立带来了形式上的对立。理论的特点是沉思，实践的特点是行动；理论的求知只能通过对普遍性问题的思考来获得，实践的求知只能通过对特殊性的操作来达到；理论之知的意义在于提供知识，实践之知虽然也提供一定的知识，但根本意义不在于知识，而在于使人实际地变好。[1] 其次，实践也不同于生产，实践主要是指伦理与政治行为，生产主要指生产和技艺活动，特别是物质生活资料的生产活动。一方面，二者作为人的自觉行动，人的作为的因素大大高于理论活动，而且它们有着共同的对象——可变的事物，都和具体的个别的事物打交道，都关联着和构造着非自然的自主生活领域，但二者在目的上表现出截然的不同：实践的目的在于其自身的好，生产的目的在于其产品的好。因此，基于目的性活动和手段性活动的差异，是实践和生产的最大的区别。然而，这样的差异在后来的哲学思想中愈发地模糊了。

众所周知，自18世纪以来，科学逐渐成为社会的主导，培根的“知识就是力量”，将曾经被视为价值层面最低端的“生产”和最高端的“理论”联系了起来，使得人类把握普遍性的理性能力转化为改造世界的实际动力。由此，在科学的指导下，技术逐渐发展起来，并被广泛地应用于人类的一切活动中。然而，科学被过度滥用，结果就是，继自然在失去了存在的内在合理性，沦为科学控制和改造的对象后，非自然的自主领域也遭受所谓“理性”的侵蚀，于是人类的所谓活动都被统一为“工具性的行为”，功利色彩充斥于人类行为中，“实践”就此演变成了一种“操作”。正如迦达默尔所说：“实践的概念在科学技术时代以及科学确定性理想的时代失去了它的合法性。因为自然科学把它的目标放在对自然和历史事件的因果因素进行抽象分析以来，它就把实践仅仅当作科学的应用。但这乃是一种根本不需要解释才能的‘实践’，于是技术概念就取代了实践概念。”[2] 在这里，终极性的善的目的被欲望取代，效

〔1〕 徐长福. 论亚里士多德的实践概念——兼及与马克思实践思想的关联[J]. 吉林大学社会科学学报，2004(1)：56－63.

〔2〕 迦达默尔. 真理与方法——哲学诠释学的基本特征：下卷[M]. 洪汉鼎，译. 上海：上海译文出版社，1999.

率和精确成了实践的标准。

然而,亚里士多德的"实践"种子并没有完全被泯灭。在后来的哈贝马斯的"交往"、海德格尔的"操心"、迦达默尔的"实践"概念中,我们又看到了追求终极目的"实践"。这样的实践以美好的生活为旨向,它没有刻板的程序、僵化的标准,在应对莫衷一是的变化时,依靠的是自我反省、深思熟虑。因此,它是审慎的自由选择的行为,是以自身为目的的行为,是关乎人生价值和意义的行为。由此,下面对实践知识的讨论也将以这样的实践为基础。

二、实践知识的多重解读

(一) 实践知识的目的:内在的"善"的追求

在亚里士多德的知识分类中,经由实践活动而产生的知识被他命名为"实践智慧"(phronesis,又译为"明智")。在亚里士多德看来,实践是以可变的事物(如人的行为)为对象的,其目的是追求一种"善"的实现。他认为,实践智慧是"一种与正确计划相联系并坚持正当行为的践行能力,而这种践行的对象是那些对人善或不善的事物"[1]。因此,实践智慧,与科学理论知识不同,不能依靠严格的推理和严密的证明。对它而言,更重要的是关于具体的特殊事物的知识和经验。按照其知识分类,实践智慧与理论知识的区分在于:实践知识的本原在"人",而非"本体"自身。因为与"人"关涉,实践智慧作为一种"因人的努力而改变事物,基于某种善的目的"的行动之和,其基本的旨向是行动、求善。而这种"求善",既表现在"我"对行动方向的"善"的导引,也表现在通过"我"对这一"善"的活动的参与、体验,成就了自己的德行与幸福。这就是实践知识所追求的"内在的善"。

按照哈贝马斯的社会认识论,一切知识都有着指导认识的兴趣、旨趣和乐趣。很显然,从"善"的追求出发,实践知识的旨趣就体现在主体通过具体的践行,追求自身的主体性、价值和生命体验。这就是哈贝马斯所说的"实践"的旨趣。实践旨趣,是旨在人类相互了解和沟通的兴趣。在这样一种兴趣指导下,践行本身被视为主体之间通过沟通相互理解的交往活动。在这样一种践行中所产生的知识必然是带有"我"的人格特征的,有着情感渗透的温润的知识。所以,以"善"为目的决定了实践知识不同于理论知识的一大特征:价值关涉。

(二) 实践知识的生成:行动与反思互动

实践知识是有关行动的知识。所谓行动,是主体参与某个情境的过程,

[1] 洪汉鼎. 论实践智慧[J]. 北京社会科学,1997(3):4—12.

因此,实践知识并不简单地指某种知识状态,而是更多地指向一种过程和状态,是一种内在于行动或构成行动的知识。20 世纪 80 年代,舍恩在考察了医学、法律、建筑等专业行业中专家的实践后,认定专家所拥有的实践知识,即能迅速地对复杂的现象做出优质的判断,是贯穿在整个专家与情境互动的过程中,借由反思而完成的。因此,他将实践知识看作是在行动过程中实践者们表现出来的思考,并区分了"行动中的反思"(reflection in action)和"对行动的反思"(reflection on action)。

正是基于实践知识的这种"行动知识"的品性,决定了它在本质上是一种"深思熟虑"(deliberation)。即与理论知识追求"可证明性"(demonstrative)不同,实践知识本质上是"权衡的"(deliberative)。之所以权衡成为必需,是因为实践领域中情境的复杂和多变,决定了任何行动都无法归结为一套精确的规则,由此带来了行动的某种不确定性。实践知识的"权衡"本质,反映了实践知识在行动与反思互动中形成的这一基本论断。这在某种程度上是公认的,区别在于对待"如何权衡"即形成机制的问题。

针对"如何权衡"的问题,亚里士多德非常强调实践者对所面临的情境的特殊性的关注,他认为,权衡不仅关涉到普遍的东西,也牵涉到特殊的东西。"权衡的错误既和普遍的东西有关,也和特殊的东西有关。"[1] 正是基于对普遍和特殊的联结的强调,亚里士多德十分重视经验、直觉和知觉在实践知识获取中的地位。他以有经验的老人为例,认为他们从经验中获得了某种洞见,使他们在行动中更为出色。而对于直觉,他认为,实践推理中最终的东西是特殊的东西,这些特殊的东西必须被知觉到,这种知觉就是直觉。另外,直觉还体现在某一特定情境中如何把握恰到好处的"度"的问题上。因此,这里的直觉是类似于格式塔心理学中对特殊的一种整体性的把握。

杜威对行动之中"权衡"的关注首先体现在他对行动的不同分类中。他说:"所有的行为举止,只要不是盲目地仅凭情感冲动行事或只是机械地例行公事的话,似乎都包含评价。"[2] 评价,当然可以理解为一种权衡。同时,也可以看出,盲目冲动和墨守成规的行动,因为缺少行动中的权衡而无法产生实践知识。那么,如何权衡呢? 杜威提出了他著名的"思维五步"。在他看来,行动中的权衡,依靠的是我们的"反省性思维"。所谓思维,"便是在所做的事和它的结果之间正确地审慎地建立联结。……当我们要决定某一已经完

---

〔1〕 亚里士多德. 尼各马可伦理学[A]//苗力田,译. 亚里士多德全集:第 8 卷[C]. 北京:中国人民大学出版社,1994.

〔2〕 杜威. 评价理论[M]. 冯平等,译. 上海:上海译文出版社,2007.

成的行动或即将完成的行动的意义时，就产生了思维的刺激”[1]。而反省性思维，即对某个问题进行反复的、认真的、不断的思考。对实践者而言，实践起始于一个困惑的、困难的或混乱的情境，其间经历了“感觉问题所在，观察各方面的情况，提出假定的结论并进行推理，积极地进行实验的检验”[2]。这就是杜威的思维五步，简言之，即面对情境—发现问题—提出假设—进行推断—行动检验。当然，这五个步骤不是固定不变的，相反，“在真正的思维中，每个阶段都有助于一种暗示的形成，并促使这个暗示变成主要的观念或成为指导性的假设”，而“任何明显的检验也并不需要到最后阶段才进行，以依照出现的结果，引导新的观察，作出新的暗示”[3]。由此可见，杜威认为，人的实践活动是一个伴随着这“五步思维”迭代循环的过程，在这个过程中，没有固定的规则，这一过程的进程，完全依赖于个人的理智和敏感性。总之，杜威对“如何权衡”问题的解答更偏重于“反省性思维”，即通过理智的思考在行动和结果之间建立联系。

由此可见，实践知识确实有着非常复杂的形成机制。直觉经验也好，理智思维也好，单一地都不构成实践者的“权衡”。真正在行动中的“深思熟虑”必然是两者的结合，这就是舍恩所谓的“行动中反映”[4](reflection in action)。

舍恩认为，专家的实践行动也和日常生活类似，通常是凭借即时反应和直觉行动的，这一行动的支持就是内隐的“行动中认识”(knowing in action)。这里舍恩借用了波兰尼的“内隐知识”来说明实践知识基于直觉、经验的方面。然而，当这种直觉的、自发的行为表现带来了意料之外的结果时，常人通常会选择忽视那些不符合自己“行动中认识”的类别范畴的现象，而对于专业实践者来说，这正是引发他们对自己行动反思的契机：“我正在做什么？”“行动中反映”就此产生。“行动中反映”会带来更多的“行动中认识”，而这种认识也渐渐变得内隐、自然和自动化，成为今后面对类似情境的实践中的直觉行动的基础。在这样的实践过程中，舍恩也指出了作为内隐的行动中的认识的危险。即，“当实践变得更重复和例行化时，实践者反而可能失去思索他正在做什么的重要机会”[5]。因此，作为专业的实践者的实践，尤其需要“行动中反映”，通过反映，可以揭露和批判存在于重复性经验中的内隐知识，并进

〔1〕杜威. 杜威教育论著选[M]. 赵祥麟、王承绪，编译. 上海：华东师范大学出版社，1981.

〔2〕杜威. 民主主义与教育[M]. 王承绪，译. 北京：人民教育出版社，2001.

〔3〕杜威. 我们怎样思维：经验与教育[M]. 姜文闽，译. 北京：人民教育出版社，1991.

〔4〕舍恩. 反映的实践者——专业工作者如何在行动中思考[M]. 夏林清，译. 北京：教育科学出版社，2007. 注：夏林清将其翻译为“反映”，笔者认为也许正是与我们熟悉的反省性思维相区别。

〔5〕舍恩. 反映的实践者——专业工作者如何在行动中思考[M]. 夏林清，译. 北京：教育科学出版社，2007.

而通过体验，增强对情境的不确定性或独特性的理解。“在这个过程中，反映的内容主要包括行动的结果、行动本身、隐含在行动中的直觉性认识，以及它们彼此的相互关系。”[1] 并且，随着行动的进程，反映也会随着情境的变化、内隐认识的变化而发生改变。“他可能会对潜藏在判断下的隐含规范和评价进行反映，或对隐于行为模式中的策略与理论进行反映。他可能对情境所引发的一些感觉进行反映；也可能对他形成亟待解决问题的过程进行反映，或者对他在一个较大体制脉络中建构出的自我角色进行反映。”[2] 通过这段描述，我们更深地感受到“行动中反映”与杜威的“反省性思维”的不同，“行动中反映”以对主导自己行动的“内隐认识”的反思为基础，而表现出多样化的模式。这正是舍恩所描绘的实践者面对复杂的多样化的情境时展现出的“艺术性”的核心。

那么，“行动中反映”究竟如何进行呢？舍恩在对实践者的案例研究中，做出了以下总结。首先，“行动中反映”的基本结构是，对独特而不确定的情境进行反映性对话。可以说，与情境的对话贯穿于实践者的实践中。在面对一个问题情境时，实践者首先是依据自己的“经验库”对情境进行问题框定。舍恩用“经验库”的概念涵盖了实践者所拥有的与当前实践相关的“实例、形象、理解和行动”。这时，对当前情境的问题框定，是基于这样的机制：即将不熟悉或特殊的情境，视为一个和熟悉的情境相似却又不尽相同的情境，进行“相似地看待”(seeing-as)和“相似地解决”(doing-as)，当然，这种“相似地看待”以及与之相伴的“相似地解决”都是在不知不觉的状态下完成的。“相似地看待”构成了实践者与情境的首轮互动，接下来就是在察觉了情境的异同特征后，实践者对当前可能采取的行动的框定：框定的实验。所谓框定的实验，本质上就是一种在自己的框架内努力改变情境的尝试，这样的行动有可能带来意料之中或意料之外的结果，其结果也有可能是令人满意的或不满意的。然而，作为实践者，他必须随时准备接受结果——情境对其行为的回应，并进入新一轮的问题框定和框定实验。如此迭代循环，直至问题解决。

通过以上分析，我们发现，“行动中反映”，既需要实践者对情境的直觉综合与把握，如对隐含在情境中的异同特征的觉察，又需要实践者的理智思考，如对问题的框定。这两者是交织在一起，以“实践者与情境的互动”为线索贯穿起来的。

（三）实践知识的表征：非命题形式的默会知识

实践知识作为一种“求善”的“行动知识”的本质特征，决定了在表征形式

---

〔1〕 舍恩．反映的实践者——专业工作者如何在行动中思考[M]．夏林清，译．北京：教育科学出版社，2007.

〔2〕 同〔1〕。

上,它不能依靠理论知识那样的命题形式表达明确的知识,它的价值关涉与行动关涉决定了它"大量属于情境性、情感性、个体经验性的默会知识"[1]。

默会知识(tacit knowledge)这一术语是波兰尼于1958年提出的。他认为:"人类的知识有两类。通常被描述为知识的,即以书面文字、图表和数学公式加以表达的,只是一种类型的知识。而未被表述的知识,像我们在某事的行动中所拥有的知识,是另一种知识。"[2]前者成为明确知识,后者就是默会知识。显然,实践知识就是一种以行为来表达的典型的默会知识。波兰尼以"诊断专家、分类学家和棉花分级专家"[3]为例,指出,作为专家实践者,他们"可以指出自己的线索,系统阐述自己的准则,但是他们知道的东西比他们能说出来的多得多"。而这些"多得多"的知识,只有在实践中才被意识到,他们"把它们当做工作细节","而这些细节是不可表达的,以这些细节的形式对一个判断进行思考就是一种不可表达的思维过程"。由此可见,实践知识的表征困难就在于:采用命题式的表征会大量忽略支持这一思维过程的"大量细节",这就是所谓的"不可言说"。但同时也提示我们所谓"不可言说",不等于说这样的知识就绝对不能言说,当我们能选择包含着大量细节和思考过程的载体来描述、记录这种实践时,实践知识可以在"叙事"的意义上予以展示。这就是作为默会知识的特殊的载体形式:叙事、隐喻等。叙事、隐喻往往是和一定的实践联系在一起的,只有共享的这一实践,才能理解这些叙事和隐喻,才能掌握"默会"背后的真正的意义。

但值得注意的是,我们对实践知识的"默会"性的强调,并不仅仅指在表达层面上的"不可言传",更重要的意义在于这种"默会性"(对一种意会能力的需求)对实践知识养成的重要作用。"默会认识本质上是一种理解力(understanding),是一种领会、把握经验,重组经验,以期达到对它的理智的控制的能力。心灵的默会能力在人类认识的各个层次上都起着主导性的、决定的作用,即默会维度相对于明确知识具有理论上的优先性。"[4]正如波兰尼在他的经典表述中所指出的"所有的知识不是默会知识,就是植根于默会知识",从这个意义来说,这种"默会"的能力是所有知识获得的基础。

波兰尼在阐明默会知识的基本结构时,详细地阐述了"默会"的能力是如何起作用的,这就是"寓居"的隐喻。首先,波兰尼区分了两种意识:"集中意识"(focal awareness)和"辅助意识"(subsidiary awreness)。比如我们在用锤

[1] 朱小曼,严开宏. 论个人化教育知识及其建构[J]. 南京晓庄师范学院学报,2009(4):40—46.
[2] 石中英. 知识转型与教育改革[M]. 北京:教育科学出版社,2001.
[3] 迈克尔·波兰尼. 个人知识:迈向后批判哲学[M]. 许泽明,译,贵阳:贵州人民出版社,2000.
[4] 郁振华. 波兰尼的默会认识论[J]. 自然辩证法研究. 2001,17(8):5—10.

子敲钉子的活动中，既意识到了钉子，也意识到了锤子和握锤子的手掌、手指的感觉。前者是我们注意的中心，即"集中意识"，后者是为前者服务的，即"辅助意识"。默会知识就建立在辅助意识和集中意识的动态关系中。而在情境中行动的展开，也关乎这样两种认识：即对有关的各种线索、细节综合的认识，对核心对象的认识。前者是我们所依赖的东西(rely on)，后者是我们所关注的东西(attend to)。而默会知识，就具体地展开于从(from)辅助意识转向(to)集中意识的动态过程中。在这样的"from-to"的结构中，辅助意识成为基础，它包含很多内容：对来自情境的各种线索、细节的辅助意识，对身体的辅助意识，对作为过去经验之凝结的文化遗产的辅助意识等。也就是说，我们的集中意识正是通过"寓居"这些辅助意识达成的。"寓居"的隐喻提示我们，实践知识的获得是实践者的自身存在与对象境脉(包括现实境脉和文化境脉)融为一体的结果。

2.3　教师实践性知识：教师专业发展的知识基础

一、教师实践性知识产生的背景

教师实践性知识(practical knowledge)是教师在教育实践中所形成的实践知识。显然，对于教师实践性知识的重视也是伴随着知识观的改变，知识性质发生改变的产物。但在教师教育的背景下去考察，我们确实可以发现，它是伴随着教师专业化进程中，对教师所需知识研究的必然产物。

教师是一个历史悠久的职业，但是，这一职业能否称得上"专业"？在与医学、法学等专业的比较中，教师的"专业"地位总显得有些底气不足。其原因就在于对"什么是教师专业的知识基础"这一问题的回答含混不清。从师范学校到大学的教师教育中，关于应该传授什么样的知识的争论围绕着"学术"与"专业"的取向纷争一直此起彼伏。在传统的自由教育理念基础上发展起来的"学术取向"的教师教育从打造"学科专家"出发，认为学术学科知识是教师专业教育的知识基础。他们以对所谓的"教育科学"的质疑为立论基础，否定教育理论课程在教师教育课程中的地位。哈佛大学校长科南特就是典型代表，他于1963年发表的《美国教师教育》研究报告，通过对当时美国22个州77所教师教育机构的所谓"教育基础课程"的考察，认为"教育科学"在很大程度上都是虚妄的幻想。他反对当时那种拼盘式的课程，认为应该用广博的通识教育取而代之。他非常重视未来教师对所教科目知识的深入学习。按照他的设想，教师应该成为掌握某个学科知识的、具有独立研究和思维判断能力的学者。以专家学者的身份来塑造教师，他们和各领域专家的区分在哪里？这更加剧了教师专业身份的缺失。

与此相对应，“专业取向”的教师教育则在捍卫教育“科学”地位的过程中，将教育基础课程置于教师知识的核心位置。此时，逐步发展起来的教育科学研究成为教学和教师教育的基础。曾经担任美国教育研究协会主席的盖奇指出：“必须将教师教育的内容和过程建立在科学知识基础之上，而不是建立在权威观点之上。关于教学的科学知识和技术的来源必须是研究，尤其是教学研究。”[1]研究者致力于寻找为课堂实践提供可靠基础的教育“科学”，他们通过“科学的方法”——线性的因果分析，详细描述“好的教学”的行为特征，并将这些特征普遍化。这就是所谓的“教学知识”。他们相信，这样的教学知识，经由教师的学习掌握并应用，就能产生有效教学。因此，教学知识成为教师知识的全部。而此时，教师教育的全部就在于“培养成功的教师行为”。然而，对科学的过度信任，导致了教师教育中强烈的“技术理性”倾向，批判也随之而来。

事实上，对教学是科学还是艺术的争论从来都没有停止过。早在1896年，美国心理学家詹姆斯(W. James)就提出：“心理学是一门科学，教学是一种艺术。要想学习教学，与其从科学研究中寻找答案，还不如从优秀教师那里学到更多的东西。”[2]即便是寻求教学科学基础的盖奇也承认，当教师选择教材、调整教学进度，尤其是与学生进行面对面交流的时候，他们做的在很大程度上是出于直觉、即兴发挥和创造性，而这些通常被视为艺术性的表现。既然教学是一门艺术，或者说至少带有艺术的特点，那么，单纯的“技术训练”能否带来教学专业真正需要的知识呢？答案是否定的。

20世纪80年代以来，一度为“技术理性”所主宰的教学研究发生了质的改变。研究命题从对教师行为关注的“教师需要做什么”转变为探究“教师知道什么以及如何通过正规训练和课堂情境帮助教师获取所需的知识”[3]。其中最具代表性的研究成果当属舒尔曼(Lee S. Shulman)提出的教师知识框架。“如果要将教师的知识编成手册、百科全书或者是一些类似的东西，什么是这些分类的标题？至少，它们应该包括如下几个方面：① 学科知识(subject matter knowledge)；② 一般教学法知识(general pedagogical knowledge)，指那些超越具体学科的关于课堂管理和组织的广义的原则和策略；③ 课程知识(curriculum knowledge)，指对作为教师的‘行业工具(tools of the trade)’的

---

[1] 刘静. 20世纪美国教师教育思想的历史分析[M]. 北京：北京师范大学出版社，2009.

[2] 施良方，崔允漷. 教学理论：课堂教学的原理、策略与研究[M]. 上海：华东师范大学出版社，1999.

[3] 同[1]。

教材和教学计划的掌握；④ 学科教学法知识(pedagogic content knowledge)，指将所教的学科内容和教育学原理有机融合而成的对具体课题、问题或论点如何组织、表达和调整以适应学习者的不同兴趣和能力以及进行教学的理解；⑤ 有关学生及其特征的知识(knowledge of learners and their characteristics)；⑥ 关于教育脉络的知识(knowledge of educational contexts)，范围涉及班组或课堂情况、学区的管理和经费的分配、社区和文化的特征等；⑦ 有关教育的目的、目标、价值及其哲学与历史渊源的知识。"[1] 其中，学科教学知识被认为是最具教学属性的知识，正是这一知识成为教师区别于学科专家的独特知识。

舒尔曼对教师"应然"知识的研究路径主要是以概念和逻辑分析方法为主，与此不同，另一条"情境性的教师知识研究"[2] 路径也悄然出现。这一研究路径与传统的实验室研究不同，其研究的焦点在于真实的教学情境中的教师实践，这一独具特色的教师"实然知识"，即我们所说的教师实践性知识。

Fenstermacher(1994)曾基于对"谁拥有和产生知识：教师还是研究者"这一问题的思考，将教师知识研究分为两类：研究者经由思辨分析得出的教师知识，即正式知识(formal knowledge)，和教师经由实践经验和反思形成的知识，即教师实践性知识。

针对教师实践性知识的研究，研究者从不同的角度给出了纷繁复杂的研究成果。仅相关的概念就有教师工艺知识(craft knowledge)、教师个人实践知识(personal practical knowledge)、教师缄默知识(tacit knowledge)、教师实践智慧(the wisdom of practice)、现场知识(local knowledge)、案例知识(case knowledge)等。

研究者的共同假设是，教学不是科学，而是一种艺术。在这样一种艺术性的实践中，更需要的是教师的应情境而随机应变的知识。而事实上，教师也正是凭借着自己丰富的教学实践而发展着这属于他们自己的知识。正是基于这样的假设，研究者对此类知识的研究也更多地采用了质性的方法。其研究通常通过个案研究和访谈，采用叙事(narrative)、意象(image)等方法来呈现教师的知识，即试图去理解教师在工作场景中，是如何理解自己面对的问题，如何根据情境选择行动的。

另外，对教师实践性知识的关注，也是研究者对教育改革失败原因反思的结果。长期以来，自上而下的改革总是希望作为政策执行者的教师能够百

---

〔1〕 Shulman, L. S. Knowledge and teaching: foundations of the new reform[J]. Harvard Educational Review, 1987, 57: 1－22.

〔2〕 王艳玲. 近20年来教师知识研究的回顾与反思[J]. 全球教育展望. 2007, 36(2): 39－43.

分百地理解、贯彻改革者的意图,而事实是,作为教育改革实践者的教师,他们对各种改革举措都会有基于个体理解的诠释,而正是这种为改革者忽视的能力恰恰是改革成败的关键所在。研究者意识到,单纯地从“应然”的视角去解读教师知识,只是研究者的一厢情愿。从某种意义上来说,这种被规定必须知道的知识,成为一种对教师的“技术制约”,教师在制度与技术的双重制约下从事着制度性的职业劳动。“在教育舞台上,专业化的教师不过是演技日益精湛的演员,剧情已定,台词已定,甚至表情已定。”〔1〕这样的演出又有多少精彩可言?因此,教师实践性知识研究,其前提是将教师视为知识的“建构者”,而不再是以往教育研究者产生知识的“消费者”。基于这样的教师赋权,才能还教师专业化以“自我实践、自我成长”的真正意义!

综上所述,教师知识的研究经历了学术取向与专业取向之争,从关注教师“应该知道什么”到关注教师“实际知道什么”,体现出对教师作为知识主体的尊重,体现出对个体的、情境的知识的关注。教师实践性知识也正是在这种认识论转换的大背景下进入研究者的视野的。

二、教师实践性知识解读

国外对教师实践性知识的研究最具代表性人物的是英国学者艾尔贝兹(Elbaz)以及加拿大学者康纳利(Connelly)和克兰迪宁(Clandinin)。作为最早提出教师实践性知识概念的先驱,艾尔贝兹通过对一名高中英语教师(莎拉)的案例研究,指出教师以独特的方式拥有一种特别的知识——“实践性知识”(practical knowledge),并将其界定为教师以其个人的价值、信念统整他所有的专业理论知识,并且依照实际情境为导向的知识。〔2〕可以看出,艾尔贝兹非常强调“信念、理论知识、实践情境”在教师实践性知识形成中的重要作用。而康纳利和克兰迪宁则更倾向于在个人经验的层面上去看待“个人实践知识”(personal practical knowledge),“个人实践知识存在于教师以往的经验中,存在于教师现时的身心中,存在于未来的计划和行动中。个人实践知识贯穿于教师的实践过程,也即,对任何一位教师来说,个人实践知识有助于教师重构过去与未来以至于把握现在”〔3〕。在这一定义中,康纳利和克兰迪宁以时间维度的表述强化了“经验”在实践性知识形成中的重要性。克兰迪宁

〔1〕 刘云杉. 教师与中国现代国家的关系的研究[R]//陈桂生. 到中小学去研究教育[M]. 上海:华东师范大学出版社,2000.

〔2〕 Elbaz. Teaching Thinking: a Study of Practical Knowledge[M]. Lodon: Croom Helm, 1983.

〔3〕 康纳利,克兰迪宁. 专业知识场景中的教师个人实践知识[J]. 华东师范大学学报:教育科学版,1996(2):5-16.

对他们所使用的“个人实践性知识”这一术语中三个核心元素“个人、知识、实践性”分别做了这样的解释:“知识被界定为个人的(personal),系指这项知识参与了、浸染了所有‘形成于一个人’所经历的事。”由此,使用“个人的”这种表述的目的在于突出强调实践性知识形成中个人因素(个人特质、经历、社会文化等)的影响。而知识则被认为是“信念的集合体”,包含有意识的和无意识的。“实践性”指的是教师“知”的对象:有关学校或教室的实践工作和场景。通过对以上两个典型定义的解读,我们不妨这样定义教师实践性知识:即所谓教师实践性知识,是教师作为自主的知识建构主体,基于个人的经验、知识,在教育实践中形成并用来指导教育实践的知识。

按照逻辑上对下定义的“种加属差”的要求,我们也可以从实践性知识与一般意义上的理论知识的差别来理解教师实践性知识。

教育理论的产生,是基于学科形态的教育学知识的系统化。而作为学科形态的教育学知识,是以主体与客体的二元对立为基本思维框架,以教育活动对象化为客体加以研究的产物。按照亚里士多德的分类,作为理论知识,其知识品性是基于认识,而不是基于行动的,即形成对教育活动的永恒的、普遍的认识。我国学者朱小曼认为,这种认识包括三个组成部分[1]:第一,回答教育“为什么”的哲学式的教育学知识,如教育目的、教育价值等;第二,回答教育“是什么”的科学式的教育学知识,如教育功能、教育本质(在经验科学意义上的);第三,回答教育“怎么做”的工程式的教育学知识,如教学过程、教育方式等。这样一种分类方式向我们展示的是理论知识所特有的基于理性思辨的逻辑推演的表征方式。

当我们据此来考察教师实践性知识时,我们发现,教师实践性知识事实上也承载了这些内容,但无法如此严格地被区分,这使得教师实践性知识呈现出一种模糊的整体性。同时,与理论知识不同的是,这些以整体性呈现的知识无法脱离具体的教育活动而独立存在。换言之,教师有关教育实践“为什么、是什么和怎样做”的知识,只有在个体的教育活动中才被整体化地表现出来,成为教师实践性知识。因此,就本质而言,实践性就是教师实践性知识的基本特征。围绕着这一特征,传统的理论知识适用的基于概念的分析性的表征方式就不适合了,研究者为此也创造性地运用了一些新的术语对其加以表征。

艾尔贝兹的“实践知识结构说”以“实践规则”(rules of practice)、“实践原则”(practical principles)、“意象”(images)来表征教师实践性知识的不同层面。艾尔贝兹指出:“实践规则,就是关于人们在经常遭遇的特殊的实践情境

〔1〕 朱小曼,严开宏. 论个人化教育知识及其建构[J]. 南京晓庄师范学院学报,2009(4):40—46.

中做什么和如何做的简单的、清晰的正式表述。”[1]实践通规则常比较具体，涉及教师面对具体的课堂冲突如何处理，带有操作性的方法论性质，因此，是实践性知识最具外显性的部分。实践原则，则比实践规则更上位一些，是操作性的实践规则的目的所在，它具有较强的包容性，体现在对不同情境的行动处理时表现出相对一致的目的指引。因此，也相对比较内隐。而“意象”则构成教师实践性知识的核心部分。所谓“意象”，可以理解为以隐喻的形式表现的一种直觉形象。“意象”结合了教师的感觉、价值、需求以及信念，是教师赋予自己和自己实践场景的一种极具个体化的形象。比如，在艾尔贝兹的研究中，莎拉赋予自己的意象是“精力充沛的好老师”；而在克兰迪宁的研究中，新教师斯蒂芬妮的教学行为则在她的“似家的教室”的意象中得到了很好的解释。这样一种结构表征可以用图 2-1 来表示。

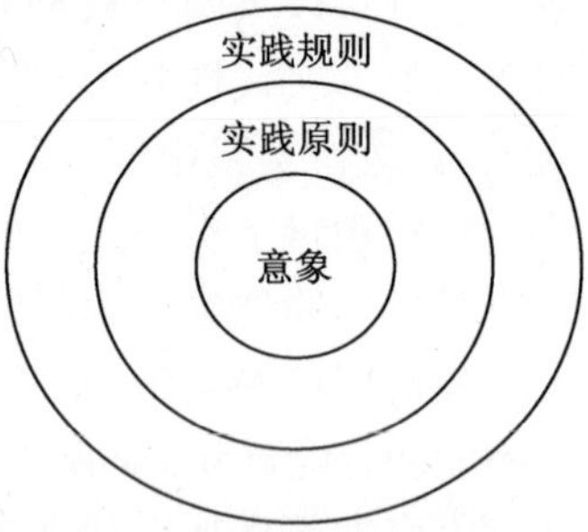

图 2-1　实践性知识结构

这一结构，可以看作是教师从实践层面上对“教育为什么、是什么和怎样做”的整体性解读。由此，我们可以看到，实践性知识的内涵非常丰富，涵盖教师的信仰、价值观、行动惯例等多方面要素。因此，教师实践性知识也被看作是一个知识群或知识统。

结合前面的关于实践知识的探讨，对于教师实践性知识的性质我们进一步分析如下。

正如前文所述，我们把实践性视为教师实践性知识最本质的特征。但如何理解这一“实践性”？

第一，以“善的实现”来理解教育实践，实践性知识表现出它的“价值性”。因为，以自身为目的，不受外在束缚的教育实践才真正回归到“人”的本源。当我们以善为目的，去引领我们的教育活动、做出我们的教育判断时，我们就会以人的全面信念、情感、认识和智慧去投入其中，教育实践因此而变得温润而丰富，鲜活而生动。伴随着这样的教育实践所产生的实践智慧必然表现出事实与价值混合的形态，因为那是经过自身体验和感悟的，关于人(包括教师自己和学生)的生活如何更好地“向善”的知识，是与自身的存在、学生的生命意义、教师的德性相关的知识。

第二，以“寓心于身的行动”来理解实践，实践性知识表现出它的“情境性”与“默会性”。教师实践性知识最直接的表现就在于，教师是否能够在面对不同的教育情境时，灵活地采取多种策略和方案来行动。所以，“一个人在

[1] Elbaz. Teaching Thinking: a Study of Practical Knowledge[M]. London: Croom Helm, 1983.

情境中的反应，是衡量他的个人化实践性知识的最重要的标准”，情境成为教师实践性知识形成中不可或缺的基本因素。教育实践是丰富、多变的，可以说，教师的每一次教育践行都是一次“现场直播”，它是不可重复的，也是难以设计和规划的。每一次的情境都会因为不同的时间、地点，因为参与的人物的不同状态而发生变化。我们说，教师实践性知识是教师与相应的教育情境互动的产物，在本质上这种互动是基于“寓居”于身体的心灵与情境互动的过程形成的。在这一过程中，教师在当下的教育情境中，在身体化的行动中，对特定的时间、地点、人物等诸多因素进行感知、辨别、判断和顿悟，不仅是心灵，身体也成为认识情境的工具，很多行动往往是基于一种身体的认识来进行的，这就导致了教师实践性知识在很大程度上的不可言说性。正是在这一意义上，日本学者佐藤学认为，教师实践性知识是“依存于有限语脉的一种经验性知识”，“它缺乏严密性和普遍性，是一种具体的、生动的知识”。并且认为，教师实践性知识是以“特定的儿童的认知”“特定的教材内容”“特定的课堂语脉”所规定的“案例知识”的形态加以积累和传承的。[1]

第三，以“生活的经历”来理解实践，实践性知识表现出它的“个人性”。从时间维度把握教师的实践，可以说，生活就是实践。每个教师都有着不同的人生经历。他们来自不同的家庭，接受着不同的养育方式，经历着各自的学校教育，遭遇着各自不同的生命体验，这些都影响到他们对教育实践的不同理解，反映在其实践性知识中，也造成了实践性知识的个体差异。所以教师实践性知识的形成在不同程度上受其个人经验、经历、个性特征因素的影响，同时也取决于教师自身的反思能力和行动能力等。因此，教师实践性知识的形成也是一个教育知识个体化的构建过程，它必然带有鲜明的“个性化”色彩。

需要指出的是，在我们关注教师实践性知识的情境性、默会性和个人性的同时，我们也应当看到，这种极具个人性和情境性的知识，就不同的个体而言，仍然是具有一定的交集的。即教师实践性知识存在着一定的“文化相似性”。首先，教师的实践是存在于一定的“场域”之中的。所谓“场域”，是指在某个特定空间内个体位置间的一种网络关系。在同一场域内的教师有着相类似的观点、态度和处事风格，甚至会逐渐形成一种“习性”。就教师而言，“习性”可以视作是以教师群体理念和思维方式为核心的一种教师文化，而这正是相互理解的基础。基于此，教师极具个性化的实践性知识，虽不可言说，但却是可以相互意会的。因此，这一“场域”，构建了教师实践性知识形成的一条可能的路径，即基于一定的共同体的相互理解。实际上，也凸显了教师

---

〔1〕 佐藤学.课程与教师[M]. 钟启泉，译.北京：教育科学出版社，2003.

实践性知识作为“公共知识”的一面。其次，就“情境性”而言，虽然教师的实践性知识是以“案例”的形式存储的，但不可否认，这样的情境知识又是可以迁移的。特别是对于同一类学生、相同的教学内容而言，这样的迁移是完全行得通的。这就使得教师实践性知识也拥有了一定的“普适性”。荷兰研究者尼克·温鲁普(Nico Verloop)等人正是从发现“所有教师共同拥有的、上位的普遍性特征”出发，把具有相似境况的教师群体作为研究对象，去发现其共同拥有的实践性知识的。[1] 再者，就默会性而言，依照挪威哲学家格里门(H. Grimen)的理解[2]，也包含着不同的情况。比如，从事某一教学活动时，需要我们依赖于某种不成问题的背景，而此时行动者不可能对这一背景做语言的表达，但此时他所拥有的这种未言说的背景知识，就是一种默会知识。然而，此时在行动中不能言说的东西，也有可能在行动之后由他人言说。这就是被格里门称为“格式塔”式的默会知识论。即便是所谓的“强的默会知识论”，即教师实践性知识中确实存在着这样一种知识类型，原则上就是不可言说的，也只是强调，对这种知识的获取和传达而言，语言是不充分的，但不代表其是不能被表达的。完全不可表达的东西，在知识论上是没有太大的意义的。格里门认为，就知识的表达而言，行动和语言同样是根本的表达方式。因此，默会的教师实践性知识也存在着可以表达的空间。

以上我们通过对教师实践性知识的基本特征——实践性的分析，探讨它的价值性、情境性、默会性和个体性。在强调这些性质的同时，也注意到教师实践性知识也有一定程度的公共性、普适性和可表达性。正是在这个意义上，我们说，教师实践性知识是可以学习、传授、积累和批判的。当然，其方式有着与传统理论不同的地方。

本章小结

本章以“什么是知识—什么是实践性知识—什么是教师实践性知识”的逻辑推演为线索，揭示了教师实践性知识的独特知识品性。从知识论的发展来看，知识概念经历了从追求客观、普遍走向崇尚文化、建构的转向。在这样的思维框架中，实践性知识被赋予了知识的合法身份。与理论知识不同，作为一种行动的知识，对实践性知识个性的考察必须立足于对行动本身的理解。从亚里士多德对“实践”所做的“内在的善”的规定性出发，实践性知识在

〔1〕 尼克·温鲁普，简·范德瑞尔，鲍林·梅杰. 教师知识和教学的知识基础[J]. 北京大学教育评论，2008，6(1)：21－38.

〔2〕 郁振华. 从表达问题看默会知识[J]. 哲学研究，2003(5)：51－57.

目的、形成和表征等方面表现出与理论知识的不同，那就是，以“内在的善”的追求为目的，以行动与反思的互动为生成路径，以非命题形式的默会知识为主要表征。在此基础上，对教师实践性知识特性的考察，也当然地从对其实践场域——旨向人的教育实践的分析来展开：即以“善的实现”来理解教育实践，教师实践性知识表现出其“价值性”；以“寓心于身的行动”来理解教育实践，教师实践性知识表现出其“情境性”与“默会性”；以“生活的经历”来理解教育实践，教师实践性知识表现出其个人性。同时，我们也注意到，这些特性并不是绝对的。作为一种文化建构，教师实践性知识在某些群体中可以表现出一定的“同质性”，如一定的“文化相似性”，并进而表现出某种“可表达性”和“可迁移性”，这就是教师实践性知识在一定程度上表现出的公共性、普适性和可表达性。这也为职前教师中对教师实践性知识的培养提供了一定的空间。

第三章　教师实践性知识的形成机制

所谓"形成机制",简单地说,就是教师实践性知识在其形成过程中,各种因素相互作用的过程和方式。然而,作为一种复杂的知识形态,实践性知识的影响因素众多,如果笼而统之,必然导致一团乱麻。因此,我们有必要从不同的视角分析,以期获得一个较为全面的认识。

3.1　分析框架

通过前文中对教师实践性知识的梳理,我们发现,在对待实践性知识从何而来的问题上,即实践性知识的影响因素问题,学者们表达了不同的观点。以艾尔贝兹、康纳利和克兰迪宁为代表,主张与教师个体相关的一切要素几乎都可能影响教师实践性知识的形成。比如,艾尔贝兹特别强调"信念、理论知识、实践情境"对教师实践性知识形成的重要作用,尤其是将理论知识视为实践性知识的重要来源,认可理论知识存在着向实践性知识转化的可能。只要个体能够在实践过程中对理论知识获得个体化的意义,并指导实践,这也是实践性知识形成的重要途径。康纳利和克兰迪宁则突出强调个人因素(包括个人特质、经历、社会文化情境)经由教师的教育实践而产生的经验,是其实践性知识形成的主要来源。而与此相对应,以阿吉里斯与舍恩为代表,则出于对"技术理性""工具性实践"的批判,指出传统的理论应用于实践的路径的错误,突出强调"实践在教学生如何专业地思考过程中发挥着重要的作用"。他们认为"基础理论对行动的作用,只表现在它对实践理论背后的假设的影响,但是我们不能只依靠基础理论本身推出应用理论"[1]。出于对所谓的指导实践的基础理论的审慎考虑,他们更重视从实践中获得实践知识。

学者们众说纷纭,那么一线教师又是如何解释实践性知识的形成的呢?

钟启泉老师曾就"实践性知识"的话题对日本一位一线教师神原昭彦做过访谈[2]。在被问到"结合自己的实践和经验,谈谈实践性知识是如何产生

〔1〕 克里斯·阿吉里斯,唐纳德·舍恩. 实践理论——提高专业效能[M]. 邢清清、赵宁宁,译. 北京:教育科学出版社,2008.

〔2〕 钟启泉. "实践性知识"问答录[J]. 全球教育展望. 2004,33(4):3－6.

的"这一问题时，神原昭彦直截了当地回答："教师拥有的实践性知识中，最大部分是由课堂教学所发动的。"如此斩钉截铁的回答意味着"课堂教学"作为一种"教育实践"，是"教师实践性知识"形成的最丰富的土壤。

继而，神原昭彦指出了基于课堂教学的所发动的三种"行动"对实践性知识生成的意义。即一是反思自己的实践，二是开展研究性教学，三是积极参与各种研究性会议(教育理论的获取途径)。同时他也指出，实践性知识"终究是以'我'为中心积累起来的"。也就是说，以上三种行动之所以能启动"我"的实践性知识生成，关键是能提升"我"这个存在的意义。他用生动的语言描述了被他称为"内外知识合一"的生成机制："我"的实践性知识，是以"我"为中心，吸收外来的知识，并跟自身已有的知识混合、发酵，由此才浮现出对于"我"有意义的知识。

在这个"内外知识合一"的生成机制中有一个重要的因素，就是"我"的内心。神原昭彦把"我"的内心视为实践性知识的直接母体。在他看来，这个"内心"是一种多层结构的复合体。"最底层是人的世界观、人生观，上面是教育观念、教育信条，再上面是问题意识与视点或感悟。"他用了这样一个"隐喻"说明"我的内心"与"实践性知识"的关系："深部精耕细作如何，决定了它的幼芽及其果实——实践性知识的状态。"这在某种程度上，与艾尔贝兹、康纳利等人的观点不谋而合，也启发我们，教育实践之所以能够对实践者的实践性知识形成起作用，是由实践者的内在规定性所决定的。

接下来的问题是，内外如何合一？所谓的"外来的知识"，当然地包括了教育教学理论、别人的实践知识等。神原昭彦进一步解释，当外部知识在"我"的内部形成"问题意识与视点"，这种"问题意识与视点"就会产生出实践性知识。因此，"内外合一"的核心就是这些"外部的知识"与我内心的"问题"产生了碰撞。这样的碰撞有两种情形：一是带着问题去找理论；二是在实践中，理论积累帮助我们发现更多的问题。前一种我们可以视为理论被问题激发，后一种则是问题被理论激发。因此，我们可以说，当理论与一定的问题相联系时，理论"对我的意义"也就被真正激发出来，这时候，"惰性"的理论知识才具有了向实践性知识转换的潜质。所以，教育实践对实践性知识的激发，其中介是问题的解决，实践性知识本质上是问题解决能力提升的结果。

还有一点值得关注，神原昭彦在解释"外部知识对我有意义"时，还列举了一种情形，即来自他人的评价。他说："自己的教育观念与教育实践受到他人的评价，往往伴随着痛苦，甚至是伤筋动骨的。然而，唯有这样，教师才能客观地正视自己的实践与经验。"这一段描述实际上向我们展示了教师实践性知识形成中一个很重要的文化因素——实践共同体。教师的实践性知识是通过在一个实践共同体中的实践参与而互相形塑的。

通过以上的分析,从这位一线老师的总结中,我们捕捉到了关于教师实践性知识形成的一些关键信息:首先是作为知识建构主体的“主动性”,这种主动性体现在“问题意识与视点”上,体现在“对内心深处土壤的精耕细作”上,来源于教师作为教育实践者的内在规定性。其次,教师实践性知识的形成是一系列问题解决的结果,是“课堂实践”中各种复杂因素综合作用的结果。第三,教师实践性知识的养成依赖一定的实践共同体,依赖于共同体成员之间的交流与反馈。

这样,对于实践性知识的形成机制问题,我们不妨从以下三个视角出发:① 实践性知识的知识品性对其形成的规定性。② 将教师视为学习者,以学习的视角探讨实践性知识的学习机制。③ 将教师视为实践者,探讨实践是如何影响实践性知识的形成的。这样就形成了对实践性知识形成机制分析的框架。

3.2 实践性知识的品性规定:范例优于规则

从前面对实践性知识的分析中,我们发现,实践性知识本质上是一种“knowing how”[1]。与“knowing that”的理论知识所强调的一般性、普遍性不同,作为一种特殊形态的“knowing how”,实践性知识更依赖于情境和实践,体现的是拥有者联结普遍和特殊、一般和个别的能力。因此,实践性知识的这种认识论本质决定了我们获得和培养实践性知识的方式,即更多地倚重于范例(example/ exemplar),而不是规则[2]。

一、何为范例?

究竟什么是“范例”呢? 在库恩著名的范式(paradigm)概念中,我们找到了对它的解读。在《科学革命的结构》一书的序言中,库恩指出:“我所提出的范式,是普遍承认的科学成就,其在一段时期内为科学实践共同体提供典型的问题和解答。”[3]显然,这里库恩使用“范式”概念,传达出的是不同于一般科学哲学思维的一般性和普遍性的“具体性”内涵。正如他所说:“正是在典型实例意义上,我最初才选择了范式这个词。”[4]可以看出,范式最初的内

---

〔1〕 注:赖尔最早提出了 know that 与 know how 两种知识的区别,类似于“理论知识”与“实践知识”。见:布朗,杜奎德. 信息的社会层面. 王铁生、葛立成,译. 北京:商务印书馆,2003.

〔2〕 郁振华. 范例、规则和默会认识[J]. 华东师范大学学报:哲学社会科学版,2008(4):47—54.

〔3〕 托马斯·库恩. 科学革命的结构[M]. 金吾伦、胡新和,译. 北京:北京大学出版社,2003.

〔4〕 托马斯·库恩. 必要的张力——科学的传统和变革论文选[M]. 范岱年、纪树立,译. 北京:北京大学出版社,2004.

涵,实质上就是具体的“范例”,即具体的问题解决。这个概念的提出,是库恩对于科学的具体属性的总结,即以往我们所重视的“规则、属性这些东西都是事后的,范式具有在先性”[1]。正是在这个意义上,库恩认为,科学不是我们原先理解的依靠规则和属性等的累积式的进步,而是依靠“范式”转换,即科学革命而导致的断续转变。随后,“范式”概念几经流变,在《后记——1969》一文中,库恩指出:“在本书的大部分篇幅中,范式一词有两种意义不同的使用方式。一方面,它代表着一个特定共同体的成员所共有的信念、价值、技术等构成的整体。另一方面,它指谓着那个整体的一种元素,即具体的谜题解答把它们当作模型和范例,可以取代明确的规则以作为常规科学中其他谜题解答的基础。”[2]这里,库恩范式的概念在原有的范例基础上被扩展了,成为为科学共同体所接受的团体承诺,包括符号概括、模型、价值以及范例。显然,库恩将原有的基于范例的范式概念广义化了。这就是库恩所谓的“范式Ⅰ”,即我们一般理解的范式。在这一范式概念中,包含着众多的子集:符号概括是学科基质的形式的或易于形式的部分;模型包括本体论模型和启发性模型,为群体提供类比;范例,则是具体的题解。而成为子集的“范例”,被库恩称为“范式Ⅱ”。[3]从这个意义上说,范例可以视为范式的具体化、微观化,它实际地包含着探讨规则的方法论。可以看出,作为“范式Ⅱ”的范例,其优先性仍然是库恩所强调的。

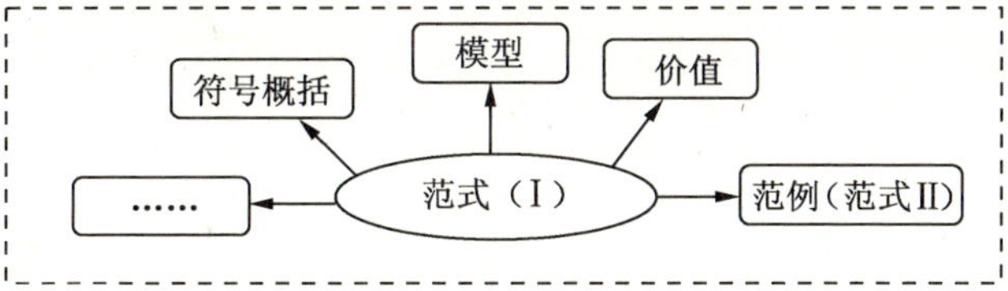

图 3-1　库恩的范式概念

库恩认为,“尽管在一段时期内明显存在着为一个科学专业的所有实践者都坚持的规则,但这些规则本身不可能囊括这些专家在实践中所共同具有的一切。常规科学是一种高度确定性的活动,但它又不必要完全由规则所确定。”[4]这里的规则,即已经被确认的公认的理论知识,它是新的研究的基础,影响着后继研究。但库恩认为,在规则之外,范例成为指导科学实践的重

〔1〕 杨斌. 库恩的“范式”概念及其借用中的误区[J]. 东北大学学报:社会科学版,2010,12(6):471－475.
〔2〕 托马斯·库恩. 科学革命的结构[M]. 金吾伦、胡新和,译. 北京:北京大学出版社,2003.
〔3〕 同〔1〕。
〔4〕 同〔2〕。

要因素，且相对规则而言，范例更具有优先性。即言："规则导源于范例，但即使没有规则，范例仍能指导研究。"[1]当代哲学家 A. 费拉雷在《范例的力量》中对范例的优先性做出了这样的解释[2]：我们栖身的世界是由三种主要的力量构造的，第一种，也是最有力的一种，是存在的事物的力量（what exists）——物的力量，我们以不同的方式经验着这种力量，文化的、惯例的、养成的实践的，还有公认的智慧的。但是，无论怎样，当我们试图改变世界时，我们总能感受到来自实在力量的必然的阻力。第二种，是应是（what ought to be the case）的力量——观念的力量，这是我们对实在理应如是的规范性的认识。我们依赖着这种应该如此的认识，从必然走向自由。除了实在和应是的力量，还有第三种力量支配着我们的世界——其应是（what is as it should be）的力量，即范例（example）的力量。范例之美，我们会用"真实、完美、魅力"等来形容，本质上其展现出的正是"自己的现实秩序和它所回应的规范秩序之间所实现和展现的独特的、异常出色的契合"。由此可见，范例的优先性是由它在"存在的力量"和"应是的力量"中所表现的张力决定的。

二、范例的作用机制

在明确了范例之于规则的优先性后，我们需要更清晰地理解范例是如何作用于实践的？

波兰尼在对传统学徒制的分析中，向我们展示了这样一种范例的作用机制。波兰尼说："通过对师傅的观察，直面他的范例，模仿他的各种努力，徒弟无意识地获得了该技艺的规则，包括那些师傅自己都不太明确了解的规则。"[3]可以看出，"学徒制"学习中，徒弟对师傅范例的"心追神摹"是第一位的，而对技艺规则的把握只是一种附带的收获。这种"心追神摹"带给学习者的，本质上就是一种"心领神会的能力"，是一种默会，把握与重组经验，以达到对理智的控制的能力。

在默会的背后，我们看到的是"范例"所激发的"类比思维"，即库恩所说的学习相似过程。事实上，在具体的问题解决中，我们通常会通过在具体的事物之间寻找某种"家族相似"来进行类比，找出不同实例之间的相似性和差异性，并进而通过对范例的模仿来解决当下的问题。在这一过程中，逐渐养成的是一种看清"不同问题情境之间的家族相似的能力"，即如前所说的默会能力。显然，这样一种"类比思维"，是与一般意义上通过规则的应用来解决

〔1〕 托马斯·库恩. 科学革命的结构[M]. 金吾伦、胡新和，译. 北京：北京大学出版社，2003.
〔2〕 A. 费拉雷. 另一种普遍主义：范例的力量[J]. 世界哲学，2010(4)：149－160.
〔3〕 郁振华. 范例、规则和默会认识[J]. 华东师范大学学报：哲学社会科学版，2008(4)：47－54.

问题的“演绎思维”所完全不同的。

事实上，通过对范例的模仿来解决问题，所依靠的不仅仅是“类比思维”，还有一种是我们称之为“反思”的“反思性思维”的作用。“范例”与“规则”不同，它一方面包含并反映了一种规范，但更重要的是，它比起规则更好地说明了实践的多样性和复杂性。因此，范例对于实践者而言，并不仅仅是如规则那样成为工具，而是成为实践者用以框定当前问题“框架”。实践者在对范例和当前实践不断地做出类比的过程中，还需对自己所做的判断、决定做出权衡，以更好地反馈于当前的行动，这就是“反思性思维”的表现。

由此可见，正是在“类比思维”和“反思性思维”的共同作用下，实践者在利用范例解决问题时，才不会限于机械的模仿，而更表现出一种创造性的超越，这也正是范例之于实践性知识养成的作用机制。

三、实践性知识培养中的“范例”与“规则”

以上我们论述了“范例”在实践性知识养成中的优先性问题及“范例”的作用机制问题，这并不是说我们完全否认了“规则”之于实践性知识的作用。

赖尔在谈及作为实践性知识的“knowing how”和关于其规则知识的“knowing that”之间的关系时，就曾经指出，这是两种既相互独立，又相互依存的知识类型。虽然，“knowing how”方面的缺陷无法通过“knowing that”的积累加以克服，但是掌握规则的知识，对于初学者而言，还是具有相当的教学意义的。赖尔说：“它们(指关于规则的知识)在教学法上是有用的，即在那些还在学习如何行动的人的课程中是有用的。它们属于新手的学习手册。……它们是蹒跚学步者的围栏，也就是说，它们属于方法论，而不属于有才智的实践的方法。”[1]事实上，不仅是初学者，即便是熟练的行动者，在他们的实践活动受阻时，也往往会诉诸规则。

那么，规则，即我们通常所说的理论知识，对实践性知识的养成的作用究竟体现在哪里呢？与“范例”追求的“特殊性”相反，“规则”更多地蕴含着抽象与普遍，因此，它更多地从“方法论”的维度指导着实践。尤其对于新手而言，对于一定规则的把握，有助于其构建解决问题的“脚手架”，并且在大方向上保证问题解决的基本思路的正确。这对于新手而言是至关重要的。或言之，如果缺乏了“规则”的指引和制约，新手的实践容易陷入不断地“试误”的轮回中，这样的实践不仅缺乏效率，也没有实质意义。而对于熟练的实践者而言，对于规则的深刻理解还有助于帮助其在对范例的相似性分析中，找到问题解决的关键。

〔1〕 郁振华. 范例、规则和默会知识[J]. 华东师范大学学报：哲学社会科学版，2008(4)：47－54.

当然,“范例”优先性的确立意味着,规则对于实践性知识培养的重要性也是借助于“范例”来实现的。这意味着,尤其是对于初学者而言,只有通过对范例的经验,才有可能更深刻的认识规则,而沿袭“技术理性”支配的“理论逐渐下行到实践”的路径,则有可能使得规则丧失了“活性”,进而丧失了对实践的“方法论”指导。这也正是舍恩所分析的传统的专业培养的问题所在。

以上从哲学认识论的视角对实践性知识形成的论证,解决了“范例”与“规则”的关系问题。即如何看待实践性知识学习中的“实践”与“理论知识”的关系问题。

3.3 实践性知识形成:对学习主体的考察

正如陈向明所指出的[1],和所有知识学习的过程一致,实践性知识的形成也是一个认知主体“建构”的过程。她借用了皮亚杰的“同化”“顺应”的机制对此做了解释。同化是指把新信息吸收到个人已有的知识系统中,顺应是指当新信息不能被个人已有的知识系统接受时产生的结构重组。相比之下,教师实践性知识的形成更多地依托于顺应。而成功的顺应需要满足如下条件:① 教师对原有知识不再满意;② 新知识具有足够的吸引力,被证明是有效的、合理的(因而行可能先于知);③ 原有知识系统同化新知识的努力被教师知觉为不成功;④ 新知识对教师产生了积极的情感体验。

笔者认为,陈向明的解释很好地解释了教师面对“外部知识”(包括理论知识、别人的实践知识等)的一种建构方式。顺着“建构”的思路,建构主义对学习的认识为我们提供了一个更为全面的解释框架。建构主义对学习的理解可以表述为:学习是学习者在一定的情境即社会文化背景下,借助于他人(包括教师和学习伙伴)的帮助,利用必要的学习资料,通过意义建构的方式获得知识的过程。这里突出强调了以下几点:① 学习是学习者主动建构知识的意义,生成自己的经验、解释、假设。知识的建构性本质,决定了知识不可能通过简单的符号传递而进入学习者的经验系统。因此,作为知识习得活动的学习,是学习者基于已有的经验,将其综合、重组甚至改造,以形成对新信息的解释的一个主动建构的活动。即学习不是简单的记忆、复制,而是理解。理解性的学习发生的必要前提是“人”和“经验”。② 学习实质上是经验系统的变化。经验是与知识和情境相关的,因此,建构主义的学习理论特别强调学习的情境性,情境是意义建构的基本条件。③ 学习不仅是个体的建构过程,更是社会建构的过程,协商、对话是意义建构的重要途径。

---

〔1〕 陈向明. 实践性知识:教师专业发展的知识基础[J]. 北京大学教育评论,2003,1(1):104-112.

在这一解释框架下，我们认为，教师实践性知识的形成首先源自于一个问题情境。无论是理论被问题激发(即陈向明所说的新知识有足够的吸引力)，还是问题被理论激发(理论应用时所遭遇的实践困境)，一个好的问题情境是实践性知识形成的基本条件，在某种程度上，问题都起到了催化剂的作用。

其次，实践性知识基本的形成机制是认知主体的意义建构，而这一建构过程是通过外界信息与已有知识、经验的相互作用而实现的。因此，无论是经由理论转化还是实践反思，教师的实践性知识的形成都源于基于以往经验对新信息的理解。这一过程可以用维特罗克(M. C. Wittrock)对理解过程[1]的分析来解读。

当作为认知主体的教师面对外来的知识或实践情境时，在问题的催化下，理解的生成过程大概经历了以下的环节：

① 长时记忆中的相关的知识、经验被提取出来，进入短时记忆。这些信息将影响个体的知觉和注意倾向，从而影响到主体对新信息的加工。

② 认知主体对新的信息进行选择性注意和知觉，这个过程需要主体的有意识的控制和努力。

③ 经过选择性注意和知觉的信息，通过主体的建构，与长时记忆中存在的有关信息建立某种联系，从而主动地理解新信息的意义，这是意义建构的关键。

④ 主体首先进行试探性的意义建构。即激活一些有关的知识，形成一定的理解，同时监控这种试探性理解是否合适。

⑤ 对试探性的意义建构进行检验。这通常是通过新旧经验之间的比较进行的。

⑥ 经检验，如果意义建构不成功，则回到感觉信息，检验感觉信息与长时记忆的试验性联系的策略。如选择性的注意与知觉是否可靠，从长时记忆中提取的经验是否合适等。如果有必要，则系统地考虑新信息与长时记忆中所有可能的联系。

⑦ 如果意义建构成功，则实现了意义的理解。新的信息就以同化与顺应的方式完成了与原有认知结构的关联，从而形成了新的认知结构。新的实践性知识就此形成。

显然，这一建构机制是以新的信息与长时记忆中的原有认知双向的相互作用为核心的。这也可以很好地解释舍恩提出的基于“行动中反映”的实践

---

〔1〕 参见：张建伟，孙燕青. 建构性学习——学习科学的整合性探索[M]. 上海：上海教育出版社，2005.

性知识形成。舍恩的“行动中反映”的基本结构是,对独特而不确定的情境进行反映性对话。在面对一个问题情境时,实践者首先是依据自己的“资料库”对情境进行问题框定,这种问题框定是依据“相似地看”来进行的。这本质上就是基于长时记忆信息对新信息的注意和知觉。接下来就是在察觉了情境的异同特征后,实践者以“相似地做”对当前可能采取的行动的框定——框定的实验。这种框定的实验,即在自己的框架内努力改变情境的尝试,本质上就是将新信息与长时记忆中的信息进行试探性意义建构的过程。框定实验有可能带来意料之中或之外的结果,这就是实践者对试探性意义建构的检验过程。由此可见,舍恩所指出的实践者经由情境—行动—反映的不断循环而最终获得问题解决的实践性知识生成过程本质上就是一个新信息与原有认知结构互动的意义建构过程。

再次,教师对实践性知识的建构不仅是个体的,更是社会的,它依托于一定的实践共同体。从这一视角理解教师实践性知识的形成,是基于对教师实践性知识形态的分析。从知识形态上来说,大多数的教师实践性知识是隐性的。大量的对隐性知识的研究表明,隐性知识首先是和个人身份联系在一起的,“人们生活在它们之中就像生活在自己的身体之中”[1]。因此,教师实践性知识,首先是和“教师”这一身份,或者是对这一身份的形成与认同联系在一起的。其次,隐性知识的获得总是与一定的特定的问题或任务情境相联系,需要对这一问题情境有一种直觉的综合与把握。因此,隐性知识是存在于一定的情景之中的,且以叙事和隐喻的方式存在。体现在教师实践性知识中,即教师实践性知识总是“黏滞”在一定的教育场景中的,这种“黏滞”意味着对其的把握,需要将有关的各种线索、细节、部分整合为一个综合体加以认识。因此,教师实践性知识的这种存在方式决定了参与实践、共享实践是其习得的根本条件。

Lave 和 Wenger 的“实践共同体的合法的边缘参与”道出了实践性知识的社会建构机制。Lave 和 Wenger 在对传统的“师徒制”做了深入的研究后,指出“实践共同体是知识存在的一个复杂条件”,“它提供了为其传承的东西赋予意义所必需的阐释性支持。因此,任何知识都存在于文化实践中,参与到这种文化实践中去,是学习的一个认识论原则”。[2]依据这一原则,教师的实践性知识存在于一定的教师共同体中,其习得途径是参与到教师共同体的文化实践中。所谓“实践共同体”, Lave 和 Wenger(1991)把它定义为“一群追求共同事业,一起从事着通过协商的实践活动,分享着共同信念和理解的

[1] 石中英. 知识转型与教育改革[M]. 北京:教育科学出版社,2001.
[2] J.莱夫. 情景学习:合法的边缘参与[M]. 王文静,译. 上海:华东师范大学出版社,2004.

个体的集合”[1]。Wenger 曾经指出:“一个实践共同体是三个基本元素的独特组合,即定义一组问题的知识领域,关心这个领域的人们的社团,以及他们所发展的在这个领域内有效的共同实践。”[2] 领域,是共同体个体成员间的共同交集,是共同体存在的基本原因。社团,创造着学习的社会结构,使共同体成为一组相互影响、共同学习、建立联系的人们。实践,“则是社团成员分享的一套构架、想法、工具、信息、风格、语言、故事和文件”[3]。从这个意义上说,在空间上聚集在一起的任一群体并不一定都是实践共同体。它强调要有共同的任务,使用工具、利用资源并通过实践活动完成任务,有共同的历史、知识基础与假设,以及各自担负的责任(Driscol,2000)。而“合法的边缘参与”则隐喻着一个新手成长为某一实践共同体核心成员的历程。“合法”是指随着时间的推移与学习者经验的增加,学习者合法使用共同体资源的程度;“边缘性”是指学习者在实践共同体中对有价值活动的参与程度与离成为核心成员距离的程度。形象地描述,“实践共同体的合法的边缘参与”为我们展示了这样一幅学习画面:在一个实践共同体中,新手作为一个“合法”的参与者,而非被动的观察者,在共同体的工作情境中渐进地参与共同体的活动,共享知识语境,通过对专家工作的观察和反思,与同伴及专家分享行动与见解,进行学习。这也许是对教师在其专业发展历程中,实践性知识不断成长的最真实写照。

以上,我们以“建构”为核心,从“个体性”和“社会性”两个维度探讨了教师实践性知识的形成机制。这实际上启示我们,教师实践性知识的养成既依赖于教师作为主体的主动建构,又依赖于对共同体的实践参与。前者更多地表现为主体的反思,后者则更多地表现为在实践共同体中的行动参与和交流协商,两者相辅相成,缺一不可,而参与实践则是两者共同的基础。

3.4　实践性知识形成:对实践主体的考察

教师的教育实践是教师实践性知识生成的土壤,但教育实践究竟怎样支持作为实践主体的教师发展并形成相应的实践性知识的呢?

一、“寓身”认知与实践性知识形成

生活中,当我们身处实践现场,以自身的行动对现场情境做出反馈时,都

[1] J. 莱夫. 情景学习:合法的边缘参与[M]. 王文静,译. 上海:华东师范大学出版社,2004.
[2] 埃蒂纳·温格等. 实践社团——学习型组织知识管理指南[M]. 边婧,译. 北京:机械工业出版社,2003.
[3] 同[2]。

会感受到现场给我们带来的特有的冲击力，我们称之为现场感。这种现场感，毫无疑问是实践性知识的一个重要来源。其独特魅力就在于，我们必须实时地行动，才能强烈地感受，但又无法用足够生动、贴切的语言去描绘它。显然，当我们深入思考实践对于实践性知识的形塑作用时，这种现场感所赋予的无疑是一份重要且又独特的营养供给。那么，如何理解这种现场感呢？“寓身”认知为我们提供了独特的视角。

在人们对思维的研究中，传统认识论一直秉承着一种“离身”的认知观。笛卡尔的心身二元论将认知看作是心灵的任务，而心灵不同于包含大脑的身体。现代认知心理学则将认知归功于大脑，这个大脑又是离开了身体参与的大脑。事实上，没有了“我”，就没有了“我”的思维和认知，而这里的“我”，则是经由意向性与环境动态关联的身体。事实上，人的实际认知情形首先就是一个活生生的身体(living body)在实时(real－time, on－time)环境中的活动。[1]“寓身”认知正是以此为基础来展开对人类认知的研究的。所谓“寓身”，即身体，不再是单纯的大脑或者孤立的身体，而是通过意向性将身体与外部环境联系起来的身体。此时的“身体”，是一个有灵性的“一种将全部肢体和器官、肉体和心灵、躯体和环境、身体和自然、主体和对象、自我和他物，都包容与整合为一体的身体场”[2]。基于心灵的意向性，使人类以“寓身”的方式获取了基本的认知。可以说，这样的身体是人类认知的基础。如何理解这种基础性？首先，人类特殊的身体构造，造就了人类特有的感觉和思维功能。而人正是基于自身的身体结构，在与环境的互动中，产生身体反应、身体行为和身体体验，并以此为标准对世界进行度量、理解和阐释。因此，身体体验构成了认知过程的基本素材[3]。其次，人类的抽象思维，是以人类基于身体体验而形成了原始思维为基础的。拉考夫、约翰逊认为，抽象思维主要是隐喻(metaphor)的。而最基本的隐喻恰恰是借用身体及其活动方式的隐喻。早期人类正是借助身体活动，形成了基本层面概念，并通过隐喻投射形成了抽象概念以及命题意义。梅洛·庞蒂将身体的运动机能看作是最初的意向性和意义生成场所。在他看来，我们常用的“陷入困境”“坠入爱河”等语词，在本质上，是基于我们的身体在与环境互动的过程中所感受到的空间感的一种投射。为此，他解释道：“这是因为身体自身及其器官始终是我的意向的支撑点和载体。”[4]。可以说，最早的人类正是感受到了这种基于身体场的行

〔1〕 费多益. 寓身认知心理学[M]. 上海：上海教育出版社，2010.

〔2〕 张之沧. 身体认知的结构和功能分析[J]. 南京师范大学学报：社会科学版，2010(3)：30－39.

〔3〕 叶浩生. 认知与身体：理论心理学的视角[J]. 心理学报，2013(4)：481－488.

〔4〕 梅洛·庞蒂. 行为的结构[M]. 杨大椿等，译. 北京：商务印书馆，2005.

为实践所产生的隐秘的或潜在的暗示，由此激发了表达的需要而产生了语言，并形成了相应的概念、范畴等。所以，身体经验是思维产生的基础。

由此，产生身体经验的“体认”，成为人类了解世界最基本也是最本质的方式。“体认”，是身体所引领的一种整体性认知。当人处于实践中时，认知发生在实时空间(即在线认知，online cognition)中，认知活动直接指向真实环境。这时候，身体通过与环境的互动产生与环境相符的认知操作，进而保证认知任务的顺利完成。这个过程正是实践性知识产生的核心过程。此时的“体认”具有以下特点：① 整体性。身体认知是在包含人类的感知觉系统和情感反应机制在内的身体整体与周围环境的相互作用中产生的。因此，身体、环境和认知是一体化的。② 借助非逻辑的认知工具。身体认知从本质上讲，是由不同的感觉运动通道产生的身体经验或对身体的体验构成的，因此，是非符号表征的。这就决定了“体认”“依赖的不是科学实验或逻辑推理，而是那些以直观、虚构、想象、猜测、臆想为特征的非逻辑的认识方法和认识能力。”[1] ③ 结果的默会性。身体认知所产生的知识是身体化了的悟性和想象，这也就解释了实践性知识在很多时候的不可言说性。

据此，我们就可以对“现场感”做出这样的解释：所谓现场感，是在人类整体的感知觉系统、情感反应机制共同参与下，由身体在与周围环境互动的过程中产生的对世界的基本理解。“寓身”认知以身体为基础展开对人类认知的研究，决定了其对认知主体的实践行为以及这种行为与思维活动的密切联系的关注。也让我们看到了其与实践性知识的紧密联系。在其对认知基本的认识框架中[2]，认知首先是情境的，认知活动发生在一个真实世界的情境中，并且内在地涉及知觉和活动；继而，认知是行动导向的，心智的功能是指导行动，而诸如知觉、记忆这样的认知机能必须根据它们有益于情境的适当行为来评价。综上，我们可以说“寓身”认知，正是实践性知识的形成的核心认知机制。

从“寓身”认知的机制对实践性知识的形成做出解释，我们可以这样判断：教育实践对教师实践性知识的形成，正是通过实践者主体的身体认知，借助于相应的认知工具而实现的。

二、实践逻辑与实践性知识形成

实践之于实践性知识产生，我们还可以从回答什么是实践出发，寻求答案。教育实践究竟是怎样的？对这一问题的追问，实际上就是要搞清楚在纷繁复杂的各种教学行为背后所遵循的“一般形式、结构和生成原则”，即对教

[1] 张之沧. 身体认知的结构和功能分析[J]. 南京师范大学学报：社会科学版，2010(3)：30－39.
[2] 费多益. 寓身认知心理学[M]. 上海：上海教育出版社，2010.

育实践逻辑的探讨。

什么是实践逻辑？布迪厄在《实践感》中将其称为“自在逻辑”，是“无视逻辑的逻辑”。这样的表述虽然有些玄妙，但所隐含的是实践逻辑之于理论逻辑的不同。我国学者石中英在《论教育实践的逻辑》一文中，通过布迪厄的实践逻辑的分析，将其总结为由习性、意图、时间和空间等因素构成，是一些经由文化的长期积淀而形成的“实践图式”，它支配的对象主要是“身体——包括了思想、说话、姿态、动作和行为等完整的身体”〔1〕。因此，实践者的实践是受实践逻辑所规定的，而以此为土壤所滋养的实践性知识也必然会受到实践逻辑的影响。

（一）习性与教师身份认同

“我是一名教师，我应该……”，这是所有教师教育实践的起点，这句话所涵盖的则是教师个体的身份认同对教师行为的导向。而由身份认同所构建的自我知识正是教师实践性知识的重要组成部分，那么，教师的身份认同从何而来？在笔者访谈一位实习教师小Q时，他对他的同伴做出了这样的评价：“某某同学站在讲台上，很严肃的样子，很有老师的范儿。”“很有老师的范儿”其实就是对“教师应该是什么样的一种认同”。然而这种认同往往并不完全是教师个体的主动选择，它是教师在进入这个实践领域之前就已经被规定好了的。这就是“习性”(habitus)的浸润的结果。布迪厄的“习性”指的是一种历史生成的、持久的、社会的“潜在行为倾向系统”，一种先于个人而存在并赋予个人以某种社会身份的文化系统和心理习惯。〔2〕

习性往往是教师无师自通的，因为，它是“占据了同一位置的人的集体无意识”。但正是这样一种“无意识”隐性地影响着教师实践。习性的功能表现在：“它确保既往经验的有效存在，这些既往经验以感知、思维和行动图式的形式储存于每个人身上，与各种形式规则和明确的规范相比，能更加可靠地保证实践活动的一致和它们历时不变的特性。”〔3〕因此，习性塑造着教师的“集体同一”，并通过这种无意识的影响，传递着教育实践的共同表征形式，指导着实践者对行为的选择和评价，从而通过社会对教师这一角色的规定性，规范着教师的实践。当然，教师对“我是谁”的问题的回答，除了在无意识中遵循着习性的规范外，还在一定程度上建构着与他人区别的一面。正如小Q一方面认同教师的“严肃”(社会自我)，另一方面却希望自己的教师形象能够“让人感到轻松、愉快”(个体自我)，所以教师的身份认同就表现在“社会自我”和“个体自我”之间保持适当的张力上。

---

〔1〕 石中英. 论教育实践的逻辑[J]. 教育研究，2006，27(1)：3—9.

〔2〕 皮埃尔·布迪厄. 实践感[M]. 蒋梓骅，译. 南京：译林出版社，2003.

〔3〕 同〔2〕。

通过以上分析，我们认为，习性是以一种隐性的方式规范着教师实践性知识的习得。

（二）“实践场”与教师实践性知识的现场生成

如果说对习性的分析更多是在历史的纵向轴上进行的，那么“实践场”的视角则更多地表现在实践性知识生成的“当下”——每一个实践场景。以“课堂教学”这一实践场景为例，对这一“当下”的分析，不仅包括了实践者的意图，还有这一场景所赋予的时间和空间构成。

在课堂教学的场景中，教师有很多的实践行为，从总体上说，教师的这些行为是为教学的总体目标服务的，但如果仔细分析这些行为，则会发现作为行为人的教师发起这些行为的原因千差万别，这就是“意图”的差别。之所以存在这样的“差异”，是因为受“实践场”中各种复杂甚至是不可预知的因素的影响，教师的教学行为实际上演变成一系列的问题解决过程。而作为行为人的教师始终处在不断的识别问题、界定问题、选择策略、解决问题的过程中。因此即便是同样的教育行为（比如提问，沉默），由于其旨向的可能是完全不同的问题，所以其隐藏的教师的“意图”就可能是完全不同的。因此，就局外人而言，如果不能体验到这种差异，就无法真正理解教师的行为。反过来，只有作为当事人的教师个体才真正有可能从这种“实践场”的经历中经由自我的感知、反思而促进自我行为的改善。

对“实践场”分析的第二方面，即布迪厄非常强调的“时间”。他认为，“实践在时间中展开”，具有“不可逆性”；“实践的时间结构，亦即节奏、速度，尤其是方向，构成了它的意义”〔1〕。从时间的单向性来考量实践，使得实践赋予了行为人强烈的“紧迫感”。这也就意味着，教师在有限的课堂时间中，必须在可能信息不充分，无法预见行为后果的情况下采取行动。这时候，实践者大量依靠的除了“习性”，就是头脑中“资料库”的存储。在这种情境下催生出的实践者对即时问题的判断力成为促进实践性知识形成的重要因素；此种情境下产生出的实践性知识，也必然地带上了较多的非理性色彩。

与时间相伴，构成“实践场”的还有一个就是“空间”。“课堂教学”的空间体现，不仅仅是身体被安置的物理的教室空间，更重要的是在教师与学生之间无形的心理与社会空间〔2〕。所谓心理空间，是实践过程中师生在态度、情感和价值观等方面相互信任与相互理解的空间；社会空间则是实践过程中，师生社会身份及其关系的结构。教师的教学行为对这些特定空间有着强烈的依赖性。例如：教师在讲台上特有的“讲演”风格就是出于对教室物理空间

〔1〕 皮埃尔·布迪厄. 实践感[M]. 蒋梓骅，译. 南京：译林出版社，2003.
〔2〕 石中英. 论教育实践的逻辑[J]. 教育研究. 2006，27(1)：3－9.

感知的行为回应;教师经常需要依靠"课堂氛围"判断学生对所教内容的理解;甚至还有一些只有现场的教师和学生才能心领神会的东西。显然,对此类"空间"的感知能力在教师实践性知识的形成中也起到了至关重要的作用。

借助于实践逻辑的构成要素,我们分析了教师在真实的教育实践中得以发展实践性知识的各种影响因素。事实上,教育实践最终的效果,取决于习性对教师的内隐支持,取决于教师对"实践场"的时空感知,更取决于教师作为行动主体所采取的策略。正是习性、行动者意图以及实践场的时空特征构造了教师在其教育实践中遵循的实践图式,也决定了实践图式之于认知图式的区别,即模糊性、内隐性、非精确性等。对这些影响因素的深度剖析,将帮助我们在思考职前教师实践性知识培养的问题上进一步厘清思路,寻找合适的路径。

3.5 实践性知识形成:整合的观点

通过以上不同视角的分析,在寻找职前教师实践性知识养成的可行的路径时,我们得出两点基本的思考:① 教师的实践性知识的生成是由教育实践所启动的,一定的"实践体验"是师范生理解和学习教学的先决条件。② 实践提供了实践性知识的生成土壤,但作为主体的实践者的主体建构仍然是位于核心位置的要素。从教师教育的视角来看,我们更关心这一由实践所启动的主体建构的过程究竟是怎样的,因为对这一问题的回答将直接影响到职前教师教育中我们对课程资源及相应的学习方式的选择。

一、Korthagen 的整合模型

荷兰学者 Korthagen (2010)通过多年对教师行为和教师学习的研究,结合传统的认知心理学和人类学对学习的理解,提出了教师实践性知识发展的整合模型[1]:

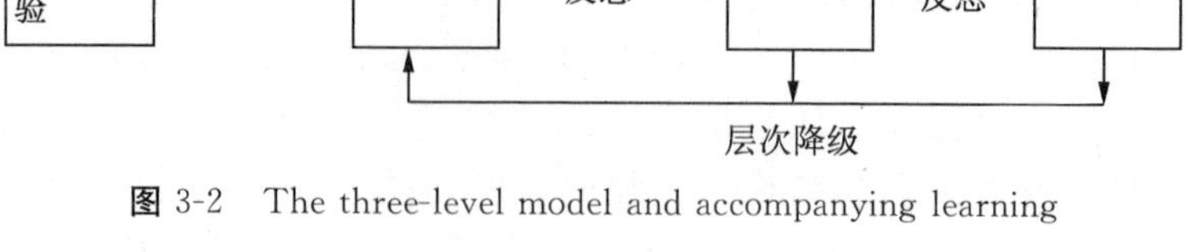

图 3-2 The three-level model and accompanying learning

[1] Fred. A. J. Korthagen. Situated learning theory and the pedagogy of teacher education: towards an integrative view of teacher behavior and teacher learning[J]. Teaching and teacher education, 2010(26): 98-106.

Korthagen 认为,教师知识的发展首先源自于可感知的实践所塑造的"格式塔"。研究表明,教师的很多行为往往是下意识的,这被称作是"即时行为"(immediate behavior)(Dolk,1997)。在教师实践性知识的研究中,我们把这种行为视作是一种"惯例"(routine)。问题的关键是惯例从哪里来?教学实践的不确定性和紧迫性决定了教师在"当下"的教学中,其很多行为是无法经过深入的反思的,或者说是由身体认知决定的。正如 Epstein(1990)所指出的,人类的行为是以所谓的体验的身体——意识系统为中介,并且在短时间内高速处理各种信息的结果。而这一系统包含了认知、情感、动机及行为本身等各种因素。这意味着教师的下意识的教学行为反应,正是被该系统中的某种意象、情感、观念、价值、需要等瞬间激发的,而恰恰是这些因素交织在一起,成为具备整体性和包容性的"格式塔"。借助于认知心理学中的"格式塔"概念,Korthagen 强调了影响教师行为的因素的完整性,认知的、情感的、动机的各种因素构成一个"格式塔",并且这一"格式塔"是一个动态的、不断变化的整体,包含了教师对"此时此地"的情境的整体感知。Damasio(1994)认为,人的行为是根植于许多平行的身体系统的,其中情感对于基本的决策过程起到了至关重要的作用。"格式塔"的发展过程是一个内隐学习的过程。它并不是以概念发展为特征,而是一种意识的发展。这也就解释了以往研究中学者们所揭示的个人生活经历对教师实践性知识的影响机理。在"格式塔"的学习过程中,觉察力(身体认知能力)的培养显得尤为重要,即教师对教学情境的敏感程度和审视的视角。因此,格式塔的形成是与日常生活和工作中对类似教学情境的多维度、反复浸润的结果。

在由无意识中的格式塔向有意识的图式发展的过程中,反思起了至关重要的作用。心理学研究表明,对无意识行为进行刺激(反思),储藏在大脑中的有意识因素会被激活,并重新建立起系统的联系。这里的图式,实际上是一种意识到的概念网络。当教师对某些类似的情境以及自己的行为进行深入的反思时,他就主动地建构着与此情境相关的概念之间的联系,这一心理结构就称为图式。由格式塔发展为图式是教师实践性知识发展过程中重要的步骤。显然,这一过程必须根植于丰富的教学情境,它发生在教师与情境的多次的互动与认识中。教师反思的介入本质上是教师将类似情境中的核心要素进行提炼的结果。这个抽象过程是教师依托一定的教学理论框架对情境进行提炼的过程,即"情境化的归纳"。当然,作为实践性知识的图式,它是带有鲜明的行动色彩的,是以行动为旨向的,而不仅仅是对某些教学情境的理解。

实践性知识发展的最高层次就是实践者形成了所谓的"理论",即以一定的逻辑顺序构建图式之间的关系。理论的形成要求实践者对教学情境有着深入的、概括的理解,只有专家级的实践者能到达这一层次。

我们再把视线投向教师的"即时行为"。显然,当专家教师在某种他所熟悉的情境下时,他的行为也是一种下意识的,然而,这一行为的"激发"显然是由他所把握的"理论"指导的。这就意味着,专家教师的实践性知识在具体应用时,由于对这种有意识行为的反复操练和运用,已经达到了自动化,即由理论经由"层级降级"进入激发行动最直接的"格式塔"系统,直接决定着教师的教学行为。正是这一必要的"层级降级"保证了专家教师能够在对教学情境直觉把握的基础上瞬间做出判断,实施合适的教学行为,并保证了教学行为的流畅性。显然,此时专家教师的"格式塔"与初任教师的"格式塔"有着本质的区别。如果说初任教师的"格式塔"更多是基于"常识"的话,那么专家教师的"格式塔"则由于反思的介入而更具有"理性"的色彩。

Korthagen 的教师实践性知识发展模型描述了教师专业成长的进程中其实践性知识发展的综合机制。它通过对教师的"即时行为"的研究,向我们揭示了教师的教学行为在某种意义上是一种"格式塔"驱动的活动。因此,对职前教师教育而言,要求我们重新审视教师教育课程,即,应该组织什么样的经验,既能有效地促进职前教师合适的格式塔的形成,同时又能引导职前教师关注这些经验,以一定的理论框架为支持对其进行理性的反思,从而促进其图式的发展。这就是促进职前教师教育实践性知识养成的基本思路。

二、启示

Korthagen 的知识发展模型,最大的特点是动态地揭示了教师实践性知识发展的阶段性产物。"格式塔""图式"和"理论"三个阶段的划分,揭示了教师实践性知识作为一种知识的独特品质,即它的"情境依赖"和"整体性呈现",因此,它的生成不仅仅是一种认识过程,更是一种主体的"身体—思维"系统整体参与的过程。另外,这三个阶段的划分,不仅解释了教师实践中的"即时行为"的发生机制,更描述了在教师专业成长过程中,这三个阶段的流转。其核心的思想是,教师实践在本质上是由其内在的"格式塔"启动与决定的,而"格式塔"的来源可以是来自常识、经验,也可以是借助于反思得以提升为图式、理论后的一种回归。而这正是初任教师与专家教师在实践性知识上的区别所在。

以 Korthagen 的知识发展模型为基础,综合以上多重视角对教师实践性知识形成机制的解读,我们认为,教师实践性知识的形成大体是一个由教育实践所激发的"格式塔"不断发展、循环的过程。这一主体建构的过程最初是一个由教师个体的个人生活经历、学徒经验等形塑的内隐的过程,真正有效的主动建构过程则发生在教师面对真实教育实践时。通过直接的身体认知,以及对实践中所遭遇问题的反思与行动支持的图式化过程，也是教师实践性知识真正生成的过程。当然，这一过程不仅是个体的，也是社会的，体现在社会及教学情境所内隐的“习性”对教师建构过程的影响，也体现在这一过程基于教师与实践共同体的成员之间的互动支持上。通过以上对教师实践性知识形成机制的分析，我们认为，就职前教师教育而言，如何帮助师范生养成主动建构的意识，发展主动建构的能力，形成主动建构的习惯，就显得非常重要。例如，对以公共知识呈现的理论知识的学习，需要让师范生经历这样一个主动建构的过程，才有可能真正实现“内化”，从而实现其对于师范生实践性知识形成的滋养作用。这一主动建构的过程，可以是依托理论知识对自己先前经验的重新审视，也可以是一定的教学问题情境下所激发的对理论知识的深入认识，更可能是在自己所亲身经历的教育实践中对自己的教学行为的理性反思。唯有此，才有可能真正改变职前教师的学习方式，并最终实现其实践性知识基本养成的教师教育目标。

本章小结

本章从不同的视角解释并分析了影响教师实践性知识发展的各种因素及其作用机理。首先，实践性知识的知识品性决定了一个基本的原则，那就是“范例”之于“规则”的优先。这里的“范例”，本质上就是作用于“实在之物”和“实在理应如是的观念”之间的具体的实践。因此，“范例优先”也暗含了“实践优先”的原则，这一点也得到了来自实践者自身经验的证明。从学习者的角色来考察，实践性知识的形成是作为一个由问题情境所激发的，来自外部的新信息和学习者原有认知结构互动的意义建构过程。从实践因素来看，“寓身”认知，以作为整体的身体参与来解释“在线认知”时身体以非逻辑的途径与环境相互作用形成身体认知，向我们揭示了实践之于实践性知识产生的认知机制。而通过对“实践逻辑”的分析，则向我们进一步展现出“实践”之复杂性，也进一步揭示了实践之于实践主体改变的影响途径，来自习性的，来自“场”的时空要求的，这些都不断改变着行为人的意图而最终影响其实践能力的改变，这也正是所谓“田野经验”的真正作用机制。在综合了来自不同视角的观点后，本章借鉴了 Korthagen 的实践性知识整合模型，提出以教师实践性知识的阶段生成为线索，以“格式塔”“图式”“理论”三阶段产物为旨向的教师实践性知识养成的综合路径。结合职前教师群体的特殊性，提出职前教师教育应以教师的“格式塔”为起点，在通过一定的理论框架支持其对教育实践进行理性分析、反思的基础上，促进其图式发展以培养其实践性知识的基本思路。

第四章　职前教师实践性知识发展现状

研究指出，教师实践性知识的发展与众多因素有关，如信念、实践情境、学习经历等。那么职前教师在经历了当前职前教育所赋予的学习经历后，其教师实践性知识的发展状况如何，这些因素又是如何影响其发展的？本章将围绕对这一问题的思考而展开。鉴于当前职前教师教育普遍的“先理论、后实习”模式，教育实习承担着提升职前教师教育实践能力的要求。因此，教育实习既是职前教师实践性知识发展的重要因素，也成为检视职前教师实践性知识的重要情境。

4.1　研究设计

教育实习是职前教师与教育实践的第一次亲密接触，是他们体认教师角色，养成教学专业知识的重要场景。事实上，尽管也许不为他们所意识，他们的教育行为表现也是受其“实践性知识”主导的。因此，针对探究职前教师在实习阶段所表现出来的实践性知识及其影响因素这一问题选择合适的研究方法，首先需要回顾一下作为研究对象的实践性知识的特点。在对实践性知识的研究中，研究者都认可实践性知识具有以下特点：① 个体性。从某种意义上来说，实践性知识是每个个体所拥有的，并且受个体因素（个体特质、经历等）影响。② 情境性。实践性知识是和实践场景——教室情境密切联系在一起的。③ 反思性。实践性知识是个体经由对实践的反思而形成的。④ 缄默性。由于受制于个体的理解，受制于情境的特殊，这样的知识很难用明确的语言加以表征。⑤ 内容相关性。教师的实践性知识与所教授的学科高度相关。

考虑到实践性知识的以上特征，在研究方法上的一个基本定位就是，遵循现象学的方法逻辑，走进实习现场，进行深度挖掘。具体做以下的考虑。

一、研究对象的选择

从研究目的而言，我们希望通过对职前教师实践性知识现状的挖掘，发现现有的职前教师教育模式中的主要相关因素（即共同影响因素）的影响，从而为选择较为适合的职前教师教育模式奠定基础。因此，尽管实践性知识具有强烈的个体性，但如果仅选择个体进行研究，显然不利于研究最终目的的达成。事实上，我们可以看到，实践性知识，就不同的个体而言，仍然是具有一定的交集的。首先，教师的实践是存在于一定的"场域"之中的。在同一场域内的教师有着相类似的观点、态度和处事风格，甚至会逐渐形成一种"习性"，这可以视作是以教师群体理念和思维方式为核心的一种教师文化，这也是教师之间相互理解的基础。基于此，教师极具个性化的实践性知识，虽不可言说，但却是可以相互意会的，因此，这一"场域"，也凸显了教师实践性知识作为"公共知识"的一面。其次，就"情境性"而言，以"案例"的形式存储的情境知识在某种程度上是可以迁移的。这正是荷兰研究者尼克·温鲁普(Nico Verloop)等人所研究的实践性知识的一定程度的"普适性"。尤其是对于同一年龄阶段的学生、相同的教学内容而言，这样的迁移是完全行得通的。

基于这样的研究思路，我们认为，针对本研究中职前教师实践性知识研究，可以通过对具有相似境况的群体的研究，在强调实践性知识基本特征的基础上，找出这类群体的实践性知识构成的相似处。这有利于我们对影响其实践性知识的共同因素作深入探究。因此，本研究将研究对象定位于苏州大学 2007 级教育技术(师范)专业的职前教师。

二、研究方法："关键事件"的叙事

"关键事件"，最初是英国教师教育专家特里普(David Tripp)提出的一种教师教育研究范式。特里普认为，"关键事件"，其关键就在于揭示我们的习惯和倾向是如何影响我们的教学的，从而增强我们对实践的理解并表明我们的行动。这种无形的"关键"，恰恰就是支撑教师行动的教师实践性知识。因此，"关键事件"成为我们探究教师实践性知识的很好的窗口。本研究主要依托研究者对职前教师课堂教学的观察，以"局外人"的视角，剥离出一些典型的教学事件，进而以此为媒介，通过与职前教师的深入交流，揭示其真实的感受；或是借助于录像视频，通过对当事教师的刺激回忆，帮助其对自己的行为进行反思，从而形成研究资料。

在呈现方式上，以"叙事"为主要的表征方式，这是因为实践性知识本身就具有叙事的特质。作为一种高度情境化的知识，其拥有者很难用精确的语言，而必须借助于对相应故事情节的叙述来加以反思和表征。因此，故事是理解个人经验的最好途径。当然，作为研究者，"叙事"目的更重要的在于对这些故事进行诠释，生成意义。这就是本研究的"叙事取向"。

4.2 职前教师实践性知识分类分析

一、实践性知识的构成

也许是因为实践性知识通常是伴随着教学实践行动而整体地呈现出来的缘故，其本质上是一个综合的、连贯的整体，文献中对教师实践性知识的具体内容分析鲜见深入的阐述。作为最早对教师实践性知识进行系统研究的学者，艾尔贝兹曾将实践性知识归纳为五类[1]：① 关于自我的知识(knowledge of self)，即将自我作为资源与自我作为个体；② 关于环境的知识(knowledge of the milieu)，包括课堂、教师与领导的关系、政治关系和社会环境的创造；③ 学科内容知识(subject matter knowledge)；④ 课程知识(knowledge of curriculum)；⑤ 教学知识(instructional knowledge)，包括学习理论、学生和教学，如教学信念、教学组织、师生互动关系和评价。

这样的分类方式，与大家所熟悉的舒尔曼(Lee S. Shulman)关于教师知识的分类非常类似。舒尔曼认为，构成教学专业的知识基础有七类[2]：① 学科知识(subject matter knowledge)；② 一般教学知识(general pedagogical knowledge)，指那些超越具体学科的关于课堂管理和组织的广义的原则和策略；③ 课程知识(curriculum knowledge)，指对作为教师的"行业工具(tools of trade)"的教材和教学计划的掌握；④ 学科教育知识(pedagogical content knowledge)，指将所教的学科内容和教育学原理有机融合，以适应学习者的不同兴趣和能力，使学习者能更容易理解与掌握的知识；⑤ 关于学生及其特性的知识(knowledge of learners and their characteristics)；⑥ 教育情境知识(knowledge of educational contexts)，包括从班级或课堂的情况、学区的管理和经费分配，到社区和文化的特征；⑦ 教育目的与价值的知识(knowledge of educational ends, purposes and values)。

比较以上两种分类方式，舒尔曼的这种分类是基于将教学视为专业，对从事这一专业的人的共同的、公认的知识基础的要求的应然的概括。显然，作为一种公共的知识基础，也必然会在个体化的实践性知识中有所反映，只是每个内容维度依据教师个体的差异会呈现区别。另一方面，实践性知识的知识论基础决定了以教师信念为核心，包含教师对自我角色的认识、教师的

---

〔1〕 姜美玲. 教师实践性知识研究[M]. 华东师范大学博士学位论文. 2006.

〔2〕 Shulman, L. S.. Knowledge and teaching: foundations of the new reform[J]. Harvard Educational Review, 1987, 57: 1-22.

个人特质等内容的教师自我知识在实践性知识内容维度中的重要地位。因此，综合以上分类，同时参考美国教师教育委员会的大型报告《为变革的世界培养教师——教师应该学会的和能够做到的》一书中对教学和教师教育的知识基础的框架分析，我们大致构建了实践性知识的类别：① 教师自我知识，包含对自我的教育信念的认识，对自我个性特质的认识等；② 学科内容知识，包括教师所教的学科知识及其对该学科基本结构的认识；③ 教谁的知识，即学生知识，包括理解学习者及其对相应学科学习的一般规律等；④ 关于教的知识，即课程与教学知识，包括设计、运用各种课程资源，运用各种教学方法进行课堂教学等。

二、职前信息技术教师的实践性知识的分类分析

（一）教师自我知识

教师的自我知识，是指教师的自我价值观、个人特质、教学认知以及教学信念等。它是教师对自己的一种自觉的认识。而这里的“自己”，既是作为“我”的个体认知，即核心自我(core self)，更是对作为“教师群体”中的“我”的认知，即教师自我(teaching self)。因此教师的自我知识是核心自我与教师自我互动的结果，是和“教师”这一群体建立关联的自我知识，这种关联表现在职前教师上，是对“我是否认同自己作为教师”以及“我能否成为教师”这两个问题的回答上，即自我的教师身份的认同和成为教师的自我效能感。

1. 对自我的教师身份认同

身份认同是人们对“我是谁”“我何以属于某个特定群体”这些问题的理解和确认，“是人所赋予自己的以及被别人所赋予的各种意义”[1]。人们在思考这一问题时，一方面在寻找“我”之为“我”的个性，即“个体自我”；另一方面也在以“社会习性”所支持的对“特定群体”的角色认识(即“社会自我”)为标准对“我”进行着衡量，而“认同”则代表了两者同一性的程度。相比职业教师，实习赋予师范生的是一个特别的“待定”位置，他们拥有了“准教师”之名，却没有作为职业的“教师”之实。因此，教育实习在某种意义上，给了他们更多将“自我”放在“教师群体”中加以认识的机会，这一过程也是其“教师自我”不断建构的过程。

叙事 4.1　信息技术教师——“我”的未来？

小 L 老师在一所高中实习，实习第一天，就让他感受到了信息技术教师的“与众不同”。因为学校安排给他们三位同学的指导老师分别来自校办、总

〔1〕 Beijaard, D. Teacher's prior experience and actual perceptions of professional identity[J]. Teachers and Teaching, 1995, 1(2): 281－294.

务处、教务处，一打听才知道，信息技术教师因为课时不多，同时兼管学校的很多行政事务，所以他们的半个编制在学校的行政部门。不过，对于自己的指导老师，小L还是非常佩服，“他技术很强，而且什么都做，可以说在学校的各个角落都能看到他的身影。学校的设备，都是他负责。那段时间正好评四星，机房的电脑要换，要重装，图书馆的电脑、网络什么的，跟着他真是学到以前在学校里学不到的东西。他上课经常上到一半就被什么人叫走了，比如哪里出问题啊，要他去解决，真是消防员啊。”然而，难道这就是自己今后所要承担的角色吗？在访谈中，小L坦诚：“我是不太想当信息技术老师了，我实习之前，各个方面想得都挺美好，但实习给我的想法带来的都是挺消极的。首先，做一个信息技术老师，往往是一个人身兼数职，既要会网络、硬件，又要教学，从目前的能力方面，我觉得是欠缺的；其次，即便是我能做这些事情，我觉得自我价值实现上面，也不够令人满意。从教学上讲，能考核的就是会考，YQ中学目前都是100%通过，校长认为足够了。现在高一一个学年，高二半个学年，会考考完，课也就结束了，那么，作为教师，他的工作意义体现在哪里呢？”

叙事4.2　“我”能像她那样吗？

小Q的指导老师很牛，是一名市级的学科带头人，但是，通常在信息技术教师的办公室里很难看到她，因为她同时还承担年级组长的工作，大部分的时间都在那间初一年级的大办公室里。小Q和两个年轻的信息技术教师工作在一起，实习刚刚两个星期，小Q就感受到了信息技术教师工作的“烦琐”：负责学校网站的改版，为学校的大小活动承担摄影任务，帮助一位语文老师完成她所需要的《泰坦尼克号》电影视频的剪辑，还有最让她头疼的为每一位教师拍摄标准身份证照。“学校要每个老师交证件照，结果就变成学校给每位老师照一张，拍证件照这样的事情，很烦琐，不仅要凑老师的空，拍完了，还要给她们P一下，信息技术老师干的就是这些琐碎的事情。”小Q发现，她的指导老师从不需要干这些“杂事”，在必要的时候还敢于“say no”，于是小Q感慨道：“如果做一个信息技术老师，像沙老师那样，能多专注于自己的教学，多参加一些教研活动或是比赛什么的，能往上走的话，就挺好的。但如果不这样的话，你就永远只有像勤杂工那样了。”虽然有些纠结，但小Q还是觉得：“其实现在当老师，说实话待遇还是挺好的，收入说高不高，说低也不低，更何况还有两个假期啊。还是看个人吧，我们女孩子，一般还是图一个安逸的生活，当老师也挺好的。”

考察教育实习中职前教师“教学自我”的发展，以上两则叙事让我们感受到实习教师在这一过程中经历着对教师职业的角色认知和自我认同，感受着来自于“社会自我”和“个体自我”的张力。实习期间，实习教师经历的是其作为教师社会化过程的起始阶段，其所有的行为旨向就是“成为一个教师”，对这一“教师”角色认识，首先来自一种社会规定。当实习教师以一个准“圈中人”的身份近距离地进入信息技术教师的生存环境时，他们对“信息技术教师是什么”会做出怎样的回答呢？“消防员”！“勤杂工”！小L和小Q都用了这些和“教师”看似风马牛不相及的意象。“半行政、半教师的身份，什么都要管的工作任务，随时救火的工作性质，学校对信息技术学科教学的低要求”构成了小L眼中的信息技术教师角色；同样，小Q从办公室的年轻教师身上也感受到，“勤杂工”阶段是初入职的信息技术教师必然会有的一个工作过程，而且有可能贯穿其职业生涯。然而，信息技术教师毕竟还有着作为职业的“教师”身份，这一身份，在社会习俗里又被赋予“一份好工作，尤其是女性适合的工作”的含义。小Q在访谈中所提及的对“教师”职业的认识其实正是“社会习俗”对这一职业的总体规定。对其的认同，也构建了小Q的“教学自我”中的重要成分。而就实习教师的“个体自我”而言，两位老师都表达了对个体所从事职业的一种意义追求。在小L看来，职业除了一种谋生的手段外，更应该是个体生存意义的体现。因此，当他所感受到的作为“勤杂工”的“社会自我”与“追求作为教师的工作意义”的“个体自我”的偏差后，就产生了一种身份认同危机，其“教学自我”发展结果就是逃避、放弃现有的身份角色。而小Q对“能专注于教学的教师”的向往，也表现出其“个体自我”与“社会自我”的冲突。但是，与小L不同，小Q对这样的冲突选择了包容，这是其对“教师是女性适合的工作”这一“社会自我”接受的结果。

叙事4.3　闹哄哄的课堂

现在的中小学信息技术课堂是什么样子的？几乎所有的信息技术职前教师在实习前最关心的就是这样一个话题。经过实习，对他们来说，印象最深刻的就是“闹哄哄”。“我们的课堂不仅闹，而且非常的闹。我听课的时候就发现了。”“我在听课的时候就注意到，老师上课，他们都可以把网线拔了，在下面打游戏，更何况我这个实习生呢。”实习生们发现，哪怕是指导老师的课堂上，“闹”也成为一个不可回避的话题。为此，甚至会有指导老师告诫：“他们来上信息技术课，就是为了玩的，为了过来娱乐的，他们的最终目的就是为了有一段时间上网，他们不关心你上课花多少时间，他们只关心你留多少时间给他们玩。”显然，信息技术课堂的“闹”构成了对这些职前教师最大的挑战，如何应对就是头等大事。面对课堂的“闹”，职前教师们可谓八仙过海各显神通，但都离不开一个词——“严厉”。为此，小L曾经在课堂上把一个“不做任务，瞎闹”的学生请出教室；而生活中一向乐呵呵的小C，则被他的学生们评价为“从未见过他笑，特严肃”的老师；即便是温柔的女生小Z也选择把“严厉”放在前，而只是“私下对他们好点”以保持自己的亲和力。“高中生就是欺软怕硬，比如像小 L 那样，比较严肃的，他们就会收敛一些，但如果看你好说话，他们就会欺负你一下。所以，在大面上你要严肃点，但私下里，比如对个人，个别辅导的时候，就好一点，这样学生会觉得你这个老师可以亲近，但又有一定的距离感。”

从某种意义上来说，教学是教师和学生的互动。初入课堂，课堂管理成为大多数的职前教师面对的棘手问题。客观地说，在强大的学习压力下，信息技术课在学生眼里被视为一门可有可无的副科，确实存在着学习动机不强的问题，这也直接造成了课堂的“闹”。但是从职前教师的普遍应对来看，他们并没有理性地分析学生“闹”的原因，而是习惯性地扮演了“社会规范”中的教师形象，即“在学生面前树立起威严”，即便这样的形象本不是其“个体自我”的本色。正如 Britzman(1991)所说：“成为一个教师有时意味着成为不是你的那个人。”[1]。其实，这样的角色何尝不是对“学徒经验”中的那个教师意象的模仿呢？显然，职前教师的如此应对，当然有出于维护自我的“安全感”的需要，也让我们看到了“社会习性”对于职前教师“教师自我”形成的重要影响。

有学者研究证实，教师专业身份是“由个体和教育内外的社会、结构关系共同构造的”。无论是小 L 的选择放弃，小 Q 的选择接受，还是职前教师们对喧闹的课堂的应对，都让我们看到，职前教师“教师自我”的形成中，以社会习俗表现出来的“社会自我”和以个体的核心价值观为主体的“个体自我”的激烈斗争。显然，当职前教师的“个体自我”屈从于来自外部社会规定的“社会自我”时，在其行为得到很好的规范的同时，也使其丧失了自我发展的原初动力。当一个教师习惯于应对各种外在赋予的角色时，他对自身应该成为一个什么样的教师也就缺少了一份自觉的反思，而缺少了这些，教师实践性知识的发展又从何谈起呢？

2. 职前教师的自我效能感

“自我效能”，作为一个心理学的概念，表达的是“个体应对或处理环境事件的有效性”。这种有效性被个体感知到，就成为自我效能感。这里，我们借助这个概念，想探究的正是职前教师对自己在什么水平上完成教师的职业活动的信念、判断和主体的自我把握与感受。这也是教师“教师自我”形成的心理表现。

叙事 4.4 “老师，我让你失望了吧。”

听小 Y 的课，真让我替她捏把汗。这是一堂高一的信息技术课，上课五

[1] Britzman, D. P. Practice Makes Practice: a Critical Study of Learning to Teach[M]. Albany: State University of New York Press, 1991.

分钟了,虽然小Y很努力地在推进着她的教学,但课堂里的“本底噪声”似乎从未停歇过。小Y无奈地停了下来,看着学生,她希望用沉默告诉学生,“请大家保持安静”,可是情况依旧,大部分的同学对小Y的暂停似乎没有感觉任何异样,仍然沉浸在各自的交谈中。这时候,令小Y和全班同学没有想到的,一个“很活跃的男生”站了起来,他先对着班上的同学说:“不要讲话了,上课了。”然后又对着小Y说,“老师,你声音大一点,霸气点呢。”也许是被这突如其来的一幕给怔住了,同学们安静了下来,小Y尴尬而又略带惭愧地看了一眼那个“拯救”她的男生,继续了自己的教学。下课了,小Y面对我的第一句话就是“老师,我让你失望了吧”。我心里咯噔一下,我知道,小Y真正在乎的,不是我对她的失望,而是自己对自己的失望。

实习对于职前教师而言,是一次真正的实践历练,也因此被很多实习教师视作检验自己“是否适合做教师”的一次机会。下课后,小Y的一句自我评价“看来,我真的不适合做老师”让我感受到了她本已不高的自我效能感的下降。以往研究表明,影响教师的教学效能感的直接因素往往是教学行为的结果。成功的经历能提高教师的自我效能感,而多次的失败往往会降低之。显然,对实习教师而言,所谓教学行为的结果,直接表现的就是学生对自己讲解的关注,而吵闹的课堂无疑是一个非常失败的结果。另一个对教师的自我效能感有很大影响的因素来源于他人的评价、劝说及自我规劝。在小Y的课堂上,那个虽然拯救了她的男生,却构成了小Y自我效能感下降的另一个重要因素。在课后的交流中,小Y这样描述自己当时的心情:“觉得自己真是丢人,还要靠学生来帮自己维护秩序。”显然,这个男生的援助,由于其“学生”的身份使得其原本正向的行为产生了负向的作用。事实上,职前教师正是在其真正的教学实践中,感受着自我的教师身份,而教育实践中的诸多复杂因素,也形塑着职前教师“教师自我”的发展。

以往研究表明,对于教师实践性知识而言,教师自我知识处在极其重要的核心位置。作为“教师自我”建构的结果,赋予了自我知识一种信念的力量,影响着教师实践的行动表现,并且引领着其他实践性知识的发展。作为补充,本研究所支持的是,教师自我知识发展的复杂性机制:一方面,它深受社会文化背景中来自“习俗”的影响,另一方面来自复杂的教学实践情境也在形塑着教师自我知识的发展。

(二)学科内容知识

学科内容知识(subject matter knowledge)指教师所教学科的内容知识,即该学科内部互相联系的主要事实、概念及其相互联系的知识结构。就信息技术学科而言,学科知识具有鲜明的技术知识特点,表现在学习方式上就是以实践操作为基本形式。但是,从技术的本质看,“某项活动的技术是我们头脑中对该项活动进行实施的必要手段的总和”[1]。因此，技术知识除了当然的表现在技术操作层面上，更重要的是技术方法、技术思想的内涵。正如布鲁纳对“学科基本结构”所强调的，就技术知识而言，技术方法与思想作为技术知识的真正内核，才是信息技术学科的“基本结构”。显然，教师对学科的这一基本结构的理解，决定了其课程与教学的策略与深度。

叙事 4.5　这是一个好的教学吗？

在一次教学法的讨论上，教师呈现了下面这样一个案例[2]。

教学内容：

小学信息技术资源管理模块中的“文件与文件夹”的建立、复制、删除等操作。

教学方法：

先由学生利用建立文件夹和文件的方法设置游戏环境，然后分组和交换进行游戏，在游戏中使用复制、粘贴、剪切等操作。文件与文件夹操作中使用的游戏是“藏树叶”。规则如下：

(1) 藏树叶

建立“藏树叶”文件夹，并建立多于五个的子文件夹，在每个文件夹下面再建立多于两层的子文件夹。在其中某一个文件夹中，建立“树叶.bmp”文件。

(2) 找树叶

两同学互换计算机，在“藏树叶”文件夹下及其子文件夹中找树叶。如果在 10 次鼠标操作(或一定时间)之内找到树叶，就取得了胜利。否则，就失败了！

(3) 擂台赛

多个同学轮流到一台计算机上，看看谁在 10 次鼠标操作之内找到树叶。如果某同学找到了树叶，就由他再藏树叶。否则，再换人找树叶。

对这样的教学，职前教师会如何看呢？在讨论中，几乎所有的师范生都认同这一教学设计，认为“这样的设计将枯燥的操作训练蕴含在有趣的游戏活动中，提升了学生的操作学习兴趣，有效地保证了操作能力的习得”。很显然，对于“文件及文件夹”的管理这部分知识，师范生只关注了“如何操作”本身，却忽略了其背后隐藏的真正的技术思想——方便文件管理。而“藏树叶”的游戏在设计激发学生学习兴趣的表象下恰恰违背了这一技术思想。由此可见，缺乏对技术本质的理解，使得师范生在对学科内容知识的把握上单一地关注技术操作本身，极易导致“技能倾向”的教学。

叙事 4.6　教学用语的“山寨化”

小 P 老师边操作边讲解“填充柄”的使用：“同学们请注意，先选中单元

[1] 李芒. 技术与学习——论信息化学习方式[M]. 北京：科学出版社，2007.

[2] 注：本案例选自王爱胜老师的博客 http://blog.cersp.com/index/1005943.jspx?articleId=482857.

格,把鼠标移动到单元格的右下角,看到鼠标变成了一个小十字,这时候,按下鼠标左键,往下拉到底(中学指导教师此处的标准用语是"将鼠标拖拉至目标单元格")。"

在访谈中,小 P 老师坦言:"完全没有意识到这个问题,我们平时自己学的时候,只是关注操作本身,不会去关注这些所谓的标准用语。会操作就行了。"事实上,"山寨化"的教学用语现象在实习教师的课堂中成为一个较为普遍的问题。究其原因,就是他们对技术知识的理解所造成的。技术知识虽然大部分为程序性知识,但却是以陈述性知识的理解(如上文中的"目标单元格"就属于技术知识中的基本概念)为前提的。正是对这些技术知识中的"基本概念"的有意无意地忽略,导致了实习教师在教学实践中的"重操作演示,轻规范讲解"。

职前教师的学科内容知识是大学理论教学的主要内容,但是通过教育实习检视,反映出职前教师对本专业的学科内容知识停留在较为浅层次的"知识掌握"层面,缺乏对学科知识本质的深层认识。

(三) 学生知识

在舒尔曼的分类中,学生知识强调的是关于学习者及其特性的知识。在一般意义上,这主要是对某个年龄段的学生在认知、情感发展上的特点的认识。结合学科教学,学生知识还重点反映在教师的学生学科学习观(包括学生学习动机),以及对学生在学科学习中常见的困难、错误的认识等。这就要求教师对学生的学习有深刻的理解和敏锐的反应。研究发现,这是职前信息技术教师实践性知识中最为匮乏的一面,也是在实习过程中得以丰富建构的方面。

1. 对学生学习困难的前认识

叙事 4.7　这个任务不合适吗?

这是一堂初中的信息技术课,内容是 Excel 中公式的应用。在设计练习任务时,小 P 老师采用"拿来主义",选择了配套光盘中的一个任务案例:利用 Excel 表格解方程(如图 4-1 所示)。一听说 Excel 还可以解方程,同学们都想一试身手,可是大多数的同学看到这张表格,却一头雾水,这表格怎么跟常见的 Excel 表格长得

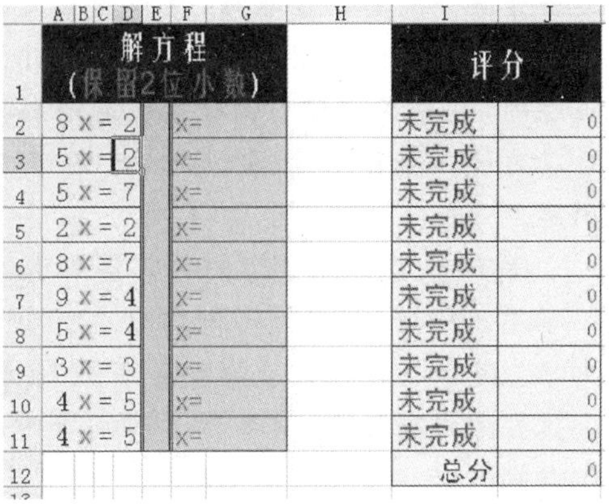

图 4-1　利用 Excel 表格解方程

不一样啊。这下,大多数同学犯了难,这个问题该怎样解决。小P老师完全没有意识到这点,在巡视了一阵后,她要求完成任务的同学举一下手,这才发现情况不容乐观。小P老师很困惑,这个任务真的不合适吗?为什么大多数同学做不出来呢?

其实,这个任务并没有超出学生的认知能力。关键是,小P老师没有意识到,学生在解决这类任务时,会遭遇两个主要问题:① 由于这张经过处理的表格隐藏了原本的单元格线,导致学生无法正确地认知单元格,即这时候学生仅仅依靠同化机制会产生认知上的失衡,这一点是学生完成这个任务时的瓶颈。② 现有表格中的"="号会对学生产生干扰,容易在运用公式法中漏掉关键的"="而导致错误。由此可见,这一资源不是不合适,关键是如何用。而小P老师在这一教学资源利用上的失误,归根到底是对学生的认知能力缺乏恰当的估计和判断。

2. 对学生学习行为的即时反应

对学生的学习行为能即时地、恰当地做出反应,适时调整自己的教学行为,甚至将学生的反应视作课堂生成的宝贵资源加以应用,这是教师实践性知识的充分体现。显然,我们的职前教师,距离还很远。

叙事4.8 探究学习之惑

小P老师今天的课题是《让图说话——Excel数据表格》,对此她信心满满。因为教学设计源自指导老师的一个公开课课例,指导老师在教学设计中以任务贯穿整个教学,凸显了学生学习的自主性和探究性,小P对这样的设计很是欣赏。上课开始,一切进展顺利,通过表格和图表以大家喜爱的麦当劳各个热销产品的销量比较,学生感受到了图表的魅力,很快进入了学习状态。在讲解了不同类型的图表的特点后,小P老师抛出了第一个任务:根据麦当劳某一天的销售账目,制作图表反映当天各套餐的销售数量情况。小P老师要求大家依照图表向导的提示,自主探究完成任务。安静的课堂开始有点喧闹,小P在巡视中忙碌地做着个别指导……

为什么同样的教学设计,我的课堂效果就不如意呢?小P老师很是困惑。

事实上,这是实习老师经常遇到的问题。探究学习把学习的主动权还给了学生,教师的作用更多地体现在如何引导上。教师如何在学生探究之前,为学生的学习建构好支架?在本例中,教师要求学生在图表向导的帮助下自主探究图表的制作,但忽视了对向导中出现的术语的解释,以致学生在探究中遇到困难。在今天的信息技术的课堂里,学生会经历更多的体验、探究(很可能是错误的),也会产生更多的问题,而实习老师由于缺乏对学生学习的理解,缺乏对学生可能出现错误的前认识,导致其在面对这些错误时缺乏足够的应对能力。反映在教学上,他们很容易表现出两种倾向:一种是在学生出错时,急于告诉他们应该怎样去做,频繁把学生从自主探究中拉出来(通常选择用广播控制);一种则是不厌其烦,一个个地、一遍遍地个别指导,导致教学节奏出现严重拖沓。经历过几次这样的"探究之惑"后,实习老师通常会选择在布置任务之前更多地讲授,当然这样的讲授多数是以"广播"形式的操作演示,以避免学生出现各种各样的问题。这样,"任务驱动"也渐渐变成了"讲练法"。正如小 P 老师所说:"任务驱动看似很美好,实施起来才发现没有这么美。"

另外,我们也发现,很多职前教师在实习中都表现出或多或少类似小 P 的"教学知识倒退"的现象,对于大学课堂里习得的一些教学理念,他们从一开始的跃跃欲试,到经历失败以后的"打道回府"(回归传统教学),个中的原因非常复杂,本文将在下一节中重点分析。

(四) 课程与教学知识

"课程"是什么?对于课程的理解通常有两个极具代表性的观点,即作为"学习内容"的课程和作为"学习经验"的课程。前者将课程视为教学之前规定好的"公共框架"与"教育计划";而后者则将课程视为教与学从计划到实施的动态过程,从这一视角理解课程,暗含着在规定的框架内,选择合适的教学资源,通过教与学的活动,积累学生经验这一课程观。那么,职前信息技术教师的课程观是怎样的呢?

1. 课程资源意识

叙事 4.9　奇特的自我介绍

这是一堂小学三年级打字课的课堂实录:

实习老师小 P 开始了她的第一堂课。"同学们,今天由我来给大家上课。我姓潘,大家可以叫我潘老师,初次见面,大家一定有好多问题要问我。"同学们倒也不怕生,一个个举起了小手。"老师,你叫什么名字?""老师,你从哪里来啊?""老师,你为什么来我们班上课啊?"同学们话音未落,潘老师已经熟练地把问题打了出来。教室里传来了一片惊叹声。潘老师顺势引出了今天的课题:"同学们很羡慕老师吧,今天我们就一起来学习中文打字,相信只要同学们勤学苦练,一定也能成为老师这样的打字高手的。"孩子们一个个兴致盎然!

实习老师上课前通常会做一个简单的自我介绍,小 P 老师把自己作为课程资源,设计了一个很有趣的情境导入,为课程教学做了很好的铺垫。

基础教育新课程改革的一个基本理念是课程权利的下放。教师不仅是作为制度性话语国家课程的实施者或执行者,也是课程的参与者和开发者。顺应这一理念,目前的中小学教材内容相对精简,给教师的教学留下了较大的空间,同时也对教师相应的课程知识提出了较高的要求。由于教材的精简,教师在进行教学设计时一个很重要的任务就是围绕着知识点,结合学习者特征,设计合适的课程资源。

叙事 4.10 “鸡兔同笼”

这是一堂艺术高中的高一信息技术必修课,内容是 Excel 表格信息的处理。实习老师小 L 是一位编程高手,针对高中生,应该选择什么样的任务驱动,既能抓住同学们的眼球,又能很好地贯穿所讲的知识点呢。小 L 老师经过思考,选择了经典的“鸡兔同笼”问题。“今有雉兔同笼,上有三十五头,下有九十四足,问雉兔各几何? 这是我国古代大约 1500 年前,《孙子算经》记载的经典的鸡兔同笼问题,这个问题我们用 Excel 怎么来解决呢?”小 L 老师把问题抛出后,同学们都饶有兴趣,但不知如何去做。于是小 L 老师打开了事先准备好的表格,开始了他的讲解。同学们一开始还努力地在听,慢慢地注意力开始涣散,有点云里雾里了。小 L 老师似乎有所感知,匆匆结束了这个环节。课后,指导老师的评价是“案例选择有新意,但不符合学生特征。”

应该说,“鸡兔同笼”作为讲解 Excel 解决问题的课程资源,是一个很有创意的想法。但很显然,小 L 老师忽略了艺术高中的学生在这方面的理解力,在依托课程资源展开相应的教与学的活动设计时,欠缺了一定的学习支持设计。由此可见,职前教师在对待课程资源方面的表现可谓喜忧参半。一方面,职前教师敢于突破教材内容,表现出年轻人特有的创造力和想象力;另一方面,由于对学生学习经验了解的匮乏,导致教学活动效果差强人意,这也是职前教师最普遍的困惑,即为什么看似很好的教学设计总是很难取得好的教学效果。

2. 教材处理能力

叙事 4.11 下节课我该上什么?

小 J 老师即将开始初中一年级数据处理单元的教学。指导老师也将这一单元的课时安排的主动权交给了她,由她自己决定、安排具体的教学课时与内容。小 J 老师顺理成章地按照教材设计的节次(第四章第一节)开始了第一节课的教学,“数据的收集与录入”。在分析了本节的主要知识点——单元格地址的表示方法、录入和修改单元格中的数据,及工作簿、工作表、单元格等基本概念及三者之间的关系之后,小 J 以校运会的成绩汇总为任务,设计了课堂的教学环节:情境导入、初识 Excel(与 Word 比较)、进一步认识 Excel、任务实践(数据录入与修改并保存)、课堂总结。课堂进展一切顺利,在距离下课还有十分钟左右的时间,小 J 尴尬地发现,她布置的数据录入与修改的任务同学们都顺利地完成了,这该怎么办? 小 J 灵机一动,临时给同学们布置了新的任务:“同学们已经把每个班的各项比赛成绩都记录在表格中了,那么我们怎样才能计算出各个班的总分呢?"同学们在接受了新的任务后,兴致盎然地开始了新的探索。很快,铃声响了。第一节课总算有惊无险地过来了。

课后的讨论自然地聚焦到这样临时增加的任务上。小J坦承"没想到同学们做得这么快,所以就临时增加了计算总分的任务,填充时间的",并且很纠结下一次的教学是按照教材的顺序讲解第二节"表格的修饰",还是承接这堂课的任务,直接进入第三节"数据的统计与分析"。

这样的场景在职前教师的课堂中并非鲜见。出于对教材的绝对"膜拜",职前教师的教学安排往往是"跟着教材走",因此,其对教材的处理缺乏对单元(模块)的整体把握,而呈现出一种机械分割,从而使课堂呈现出容量不足或者容量过度。

3. 教学策略与方法

新的信息技术课程最大的特点是突出课程的实践性,将"实践探究"活动贯穿整个教学过程,体现在教学策略上就是重视学生的过程性体验,让学生在经历实践的过程中产生丰富的个性化体验,以促进理解、提升素养。在具体的教学实施时,实习老师经常困惑的是"总是不很清楚,究竟是应该我来讲呢,还是让学生自己探索?"换句话说,他们在观念上并不认同"将所有的步骤直接呈现,让学生按图索骥亦步亦趋地操练"的做法,但又不知道该如何去引导学生探究。

叙事4.12 "广播"——上课的法宝?

这是小X老师给三年级学生上的一堂小学信息技术课,课题是用Word来制作贺卡。在进行了课题导入后,小X老师开始了新课的教学:

下面,同学们跟着老师一起操作,打开你们的Word,开始、程序、Office,选择Office Word。那么我们做贺卡的第一步应该干什么呢?是不是可以直接放图片和文字了呢?对,第一步我们应该先做一个边框,然后把图片和文字都放在边框里。

下面看老师来做边框,在Word中有一个自选图形工具,我们可以用它来做边框。插入图片——自选图形,我们选择圆角矩形,这时候出现了一个外框,请大家选择Esc键,把它取消。然后,在页面上拉出一个边框出来。

好,有了边框,下面我们第二步做什么呢?插入图片?我们先插入文字作为贺词。看好老师的操作,在Word中,有一个工具,叫作艺术字,利用艺术字,我们可以做出漂亮的字体。好,看好老师的操作,插入、图片、艺术字,这里有很多的样式。老师现在选择一种样式,单击确定。然后输入贺词。

小X老师讲解了将近10分钟后,才让同学们开始贺卡中边框和文字的制作。

"广播"是网络教室环境下的特殊的讲授法,教师可以通过网络教学软件的控制，使学生通过自己面前的电脑屏幕观看老师的操作，而无法自主操作电脑。在课后对上课录像的刺激回忆中，小X老师反思道："这里怎么全都是我说了？"事实上，在后面学生的操练中，小X老师已经发现，这样的教学效果似乎不太好。因为同学们在做的过程中仍然不停地询问，特别是"插入自选图形中的那个外框如何取消"。小X老师很是困惑，"我明明前面已经讲过了(注：见上文波浪线部分)，而且还很强调了Esc键，为什么还是不会呢？"当研究者提示她，"是不是可以让学生自行尝试插入自选图形，由他们自己发现问题，然后再引导他们具体的操作应对"，小X老师这才若有所思地点了点头。

通过这一叙事，我们看到，在很多职前信息技术教师看来，特别对于此类以技能为主的教学内容，他们采用的主要的教学策略是"示范操练"(注：见上文画线部分)，在潜意识中，他们认为学生是通过对教师示范的"认知复现"来学习的，因为他们自己都曾经这样地学习。基于这一教学策略，"广播"成了他们最常用的教学方法。在访谈中，当研究者提问："在教学中，选择教师演示还是学生自主探究时，你们是如何思考的？"小X的回答很有代表性："其实，我也觉得，像今天这堂课，学生已有了插入图片的知识后，插入艺术字的知识点确实可以由学生自己尝试迁移，但，我可能不放心吧，担心他们不会，或者担心他们自己探索会出更多问题，我无法招架，所以，我通常选择，大部分我讲，小部分让他们试着自己做。"这里，再一次凸显了实习教师的一个普遍的态度，即对自身的关注往往主导着其教学行为。对于实习教师而言，初次走上讲台，扮演一个自己并不熟悉的角色，并且成为这个空间的焦点，而教学又是如此的充满不确定性，所有的这些因素给他们带来了强烈的"不安全感"。这时候，课堂实践中的不可控因素，往往被实习教师视为一种对自身安全的"威胁"。因此，这时候，实习教师的教学行为往往失去了理性思考的支持，而更多地表现为直觉(维护安全感的需要)引发的行为。

通过以上对职前教师实践性知识的分类分析，让我们感受到，教育实习确实为职前教师们提供了一个在真实情境中学习教学、提升自身实践性知识的重要途径。但是，我们也看到，由于缺乏基本的学生知识、情境知识等实践性知识的支持，实习教师的教学行为更多的是一种纯粹经验支持的行为，这恐怕也是当前教师教育模式下，人们对教育实习效果普遍不够满意的原因之一。显然，教师实践性知识培养不是单一教育实习所能承担的，这应该是一个贯穿整个职前教育阶段的核心任务。

4.3　实践性知识发展的动态考察——来自胡老师的个案分析

一、实习故事

在对实习生胡老师两个月的上课观察和访谈中，我发现了一个很有趣的现象：在最初的教学中，她的教案充满了“设计”的元素：比如“游戏策略”“小组合作教学”，然而越到实习的后期，教案的设计愈发显得中规中矩，类似的“颇具亮点”的设计也愈发地少了。这是为什么？

叙事4.13　教学“处女秀”

这是一堂小学信息技术的英文打字练习课。教学目的是掌握正确的打字坐姿；通过打字游戏熟悉键盘的键位分布，明确手指分工，掌握击键要领。为了激发学生的打字兴趣，教案设计采用了游戏策略，并“以小组间比赛的形式开展练习训练并设置相应荣誉称号，以提高学生学习的积极性”。具体的小组竞赛的方法是：每一轮游戏完毕，学生在游戏成绩记录表上记录下成绩，成绩最高者为下一任小队长，交接分队旗帜。最后，统计学生的成绩，评出“最佳打字小分队”“打字小翰林”等荣誉称号。

场景一：在简单的教学引入之后，胡老师宣布了“课堂小要求”。“在同学们开始玩游戏之前，老师要提几点课堂小要求：第一是听从指导，同学们在玩游戏的时候一定要一步一步听老师的指导，否则在游戏的世界里你要迷路的。第二要遵守秩序，坐坐好，不要随意讲话。（孩子们刻意地挺了挺身子，胡老师非常满意）第三要团结合作，我们的比赛是以小组为单位的，所以大家要互相帮助。”

场景二：进入本课重点“指法”的讲解。胡老师要求孩子们拉出键盘，并按照广播课件的图示将手定位在各个基准键上。随后，胡老师逐个发出指令，孩子们遵照要求，进行指法训练。

场景三：胡老师指导孩子们制作成绩记录表，然后开始了“拯救苹果”的游戏。孩子们很投入地开始游戏，有的在认真练习，有的则胡乱击键，还有的在窃窃私语，更有的大声求助。各种各样的情绪开始爆发，懊恼、沮丧、得意扬扬、羡慕、失落………课堂里很是喧闹，胡老师穿梭于教室中，忙于指导各种学生问题。

场景四：一个男孩一直在键盘上胡乱敲击，但是游戏的成绩还不错，他很是得意；相邻的孩子则一直很认真地打，但速度很慢，眼看着苹果一个个摔烂在地上，显得很无奈。

场景五：自由练习环节。孩子们可以任意选择金山打字通软件中的喜欢的游戏进行练习。几个男孩子显然很兴奋，大叫“耶”，开始了金山打字通中的“警察抓小偷”“赛车”等游戏，只有个别的女孩继续在完成“拯救苹果”。课堂里愈加喧闹，胡老师则忙于计算孩子们的成绩而无法顾及，只是偶尔抬起头，提示一下注意打字姿势。听课的指导老师开始巡视教室，个别指导。

场景六：下课铃响了，胡老师有点无奈地抬起头，开始了课堂小结。因为最后的成绩没有统计出来，胡老师勉强地说：“到底谁可以成为打字小翰林呢，老师下堂课再宣布，好不好？”“好——”，课堂里零零落落地有了几声回应。

可以看出，胡老师的教学“处女秀”，基本可以分为两个部分，前半段的教学指导和后半段的学生练习。因为考虑到本课的练习以游戏的形式进行，而且还有着前面一位实习生的“前车之鉴”(课堂非常吵，老师几乎无法控制)，胡老师一开始的教学即以“广播”控制，并制定了“课堂小要求”，而前半段的课进展也算顺利，用胡老师的话说，“基本在我的掌控之中”。从设计上讲，本课也有很多突破“常规”的地方，她非常注重学生对学习活动的主动参与，并试图通过各种方法(评选打字小翰林等)激励这样一种主动学习。但是令胡老师始料未及的是：由于游戏策略涉及的活动众多，胡老师既要应对学生的各种问题(操作方面、纪律方面等)，又要忙于学生成绩的统计，不仅疏于对学生进行必需的指导，而且，由于数据较多，直到上课结束，最终的成绩统计也未完成，事先许诺的奖励也未及兑现。对于这样的一个结果，胡老师在课后反思中写道：“原以为以游戏比赛的形式开展打字训练可以调动学生的学习积极性，不过貌似没有取得想象中的效果。这节课最失败的就是收尾得草率了，因为没能掌控好上课时间或是因为我统计学生游戏成绩的方式太烂，在同学们自由练习的时候，我一方面没有巡回指导，纠正学生错误，巩固知识学习；另一方面我也没能在有限的时间里统计出同学们的成绩，所以最后的奖励环节就没能进行，以致最后的课堂小结也被忽略了，导致这节课就这么草草收尾了，觉得挺对不起学生的，让他们空欢喜一场。”

叙事 4.14　小组教学，想说爱你不容易

这是胡老师小学信息技术的第三次课，课题是“欣赏音乐”，内容的着眼点在于寻找网络音乐资源和播放 MP3。这一次，胡老师又进行了“小组合作学习”的尝试。在探究新知的环节中，胡老师让学生以小组形式完成指定的下载任务(第一小组：红河谷。第二小组：愉快的梦。第三小组：铃儿响叮当。第四小组：红蜻蜓)，并为每组指定了一位组长和监督员，并宣布了组长和监督员的职责(组长：带领小组成员完成任务。监督员：监督相邻小组的纪律情况，不允许做与任务无关的事情)。从课堂的教学实施看，对于指定的任务，每个小组都顺利地完成了，而胡老师所期待的“小组合作”的场景却没有出

现，最多也就是体现在相邻同学的同伴互助上。而所谓的组长、监督员则完全忙于自己的任务而无暇顾及所谓的职责。这又是一次可有可无的小组合作。在课后反思中，胡老师写道："在这节课中我又插入了小组学习的环节，不过又像上次一样没用起来，我觉得原因还是在我没有详细仔细地设计小组活动的环节，没有充分结合机房这样一个环境来设计，对各个成员的职责设计不够明确。"

在随后的一次"搜索引擎"的教学中，胡老师再一次地尝试了小组合作完成任务的方式，效果仍不理想，于是认为："上了几节课，也遇到了一些阻碍吧，我觉得不适用吧，所以后来索性就不用了。"

实习生胡老师从最初的"不知不觉中喜欢小组合作的教学设计"，到亲历小组设计的不成功的教学，再到最后的放弃，这一过程似乎印证了美国学者泽兹纳提出的那个著名的术语"wash out"(师范生通过接受职前教师教育，学到许多教育理论，并形成一些对于教育教学的个人观点，然而一旦进入学校现场，即遭遇"现实冲击"，所学的理论也就被抛入脑后，都"wash out"了)。然而，我更关心的是为什么会有这样的变化。

二、故事分析

1. 充满矛盾的"意象"

"意象"是实践性知识分析中一个非常重要的概念。所谓"意象"，可以理解为以隐喻的形式表现的一种直觉形象，它结合了教师的感觉、价值、需求以及信念，是教师赋予自己和自己实践场景的一种极具个体化的形象。"意象"是怎样建构的，又是如何起作用的？克兰迪宁认为，意象包含着"一个人的经历，通过实践表达出来，提供了看待新的经验的角度"[1]。而对于实习生和初任教师而言，他们的教学就是"从教学像什么和教学应该是什么的意象开始教学的"[2]，教师的教学常常受教师自身的经历影响，尤其是他们求学时代的经历影响，这也就是我们常说的"学徒观察"的经验。

在对胡老师的访谈中，胡老师曾经提到她所经历的信息技术课："我所上过的信息技术课都感觉贫乏无味，老师按部就班讲知识，下课前给我们点时间上会儿网。"在这样的描述中，"教师控制"成为她对"教学是什么"的认识，而与此相对应，"安静的、有秩序的课堂"成为其"意象"。然而从语气中我们

[1] Clandinin, D.J. Classroom Practice: Teacher Images in Action[M]. London: Falmer Press, 1986.

[2] Johnston, S. Images: a way of understanding the practical knowledge of student teachers[J]. Teaching and Teacher Education, 1992, 8(2): 123－136.

又明显地感觉到她对这种教学情感上的不接受,“安静、有秩序”几乎接近“死板”。显然,从学生的视角出发,对这样的教学她是不满意的,“学徒观察”给胡老师带来的是一种相对负面的经验,但也正是对这种负面经验的深刻体验,让胡老师对“教学应该是什么”充满了期待,也曾有这么一堂课给了她一个“好课”的模糊的意象。“那节课老师为了提高我们的会考复习效率,不是一道一道的讲题,而是将操作题展示出来,让学生按顺序一个一个上讲台操作,没想到效果出奇的好,平时看来乏味的会考题,这个时候竟成了大家争相表现的舞台,每个学生都很积极,”“当遇到大家都有点困难的问题,老师就给大家讲解一下,整堂课下来,感觉每个同学都像做了回小老师,给其他同学讲解了题目,所以大家都很有成就感。”可以说,这堂课让胡老师初步感受到“老师主导、学生主动学习的方式”,也构建了胡老师对“以学为中心”的意象——“积极的、踊跃表现的课堂”。另外,大学的课程学习也在支持着这一意象,“教材教法课上经常讲建构主义,以学为中心,我觉得小组合作就是以学为中心啊”。显然,通过大学的学习,胡老师接受了,信息技术课以提升学生的信息素养为目标,倡导“以学为中心”的理念,而“学生的主体地位是依靠学习方式的转变来实现的”。因此,在她最初的教学中“不知不觉地喜欢小组合作的方式”。另外,她在大学期间的一次颇为成功的“小组合作”学习体验更是强化了这样的认识。因此,在“教学应该是什么”的层面上,胡老师对自己的课堂有了这样一种期待:“希望我讲的时候,学生能安静,但抛出问题的时候,要有比较热烈的反应。我布置的任务,他们能投入地去做。太吵了,感觉管不住;太冷了,也不好。”这是融“教学控制”与“学生中心”为一体的一个意象。由此可见,“学徒观察”阶段的经历塑造了胡老师对教学颇为复杂的意象。

2. 实践激遇:失衡的“意象”与实践规则之产生

艾尔贝兹指出,意象几乎容纳了教师对自己、课堂教学情境、教材和学校环境等方面的多数体验,似乎起到了组织这些领域的体验的作用。因此,意象以直觉的形式指引行动。在故事接下来的发展中,我们看到了胡老师颇为矛盾的“意象”在与教育实践情境碰撞中的流变与走向。分析胡老师的第一次课,在整个教学进程中,前半堂课的定位是新知的讲授,“我大多数采用教师广播的形式,再加上在设计时在脑子里进行了一些情景模拟,所以课堂情况大体上还在自己的掌控之中”,“大多数同学跟着我的讲解一步一步进行练习,让我的教学流程也按照先前设计的顺利进行”。显然,这部分的教学充分体现了教师的“掌控”,通过事先制作的精美的课件,以“广播”的形式,控制着整个教学的流程,课堂表现出“安静、有秩序”。

但是,到练习环节,即以小组竞赛的方式来组织教学的时候,一切变得不可控起来。先是有学生开始嚷嚷事先准备“游戏太简单”,让胡老师小有挫败感。接着是一系列事先未及考虑的因素开始干扰课堂的运转:游戏所激发的学生的各种反应让胡老师始料未及;由于学生的个体差异以致在一些细节上面(制作计分表)耗时导致教学节奏的拖沓;特别是胡老师一方面忙于完成学生游戏成绩的统计任务,另一方面又要应对个别学生由于操作不熟悉而导致的各种提问,让胡老师后半节课的表现可以用"忙碌、慌乱"来形容。真实的教学情境中的各种复杂性因素在"以学为中心"的教学实践中突然地摆在了胡老师面前。

在这样的实践情境中,胡老师的实践性知识会发生怎样的变化？胡老师与课堂的第一次亲密接触会怎样形塑她的实践性知识呢？正如米德所说:"个体的行为不是对外界刺激的机械反应,而是个体在符号互动中对情境进行定义,并依此设计出自己的行为。"[1]在符号互动论看来,人们依据事物对他们所具有的"意义"来行动,而事物的"意义"产生于个人与他人的社会互动中,是行动者在互动的过程中互相协商、建构出来的。这堂课对于胡老师的"意义"又是什么？从前半段的"按照先前的设计顺利进行",到后半段的"草草收场",教学实践的"不确定性"因素凸显了出来,但由于缺乏对这些"不确定"因素的应对能力,胡老师的感受也从"满足、愉悦"跳转到"慌乱、有点小郁闷"。显然,胡老师进一步的行动取决于她对这一次教学感受所赋予的"意义"。与此前的学徒观察不同,此时的"意义"完全是以"教师"的身份来建构的。Furlong 和 Maynard(1995)对实习教师的专业发展研究表明,实习教师大致会经历"理想化""生存关注""任务关注""影响力关注"等几个阶段。[2]"而一旦开始真实的教育实践,面对课堂现实,实习教师的理想化会很快消失,他们会更关注于个体的生存。"关注于个体生存,则意味着"适应"一种教师常规,特别是,"对课堂的控制"。此时,胡老师对自己作为教师的"生存关注"占据了主导。"第一次上课,总的来说还行,特别是前面一段,基本上和我预期的差不多,问题主要出在后半段,但我想这也是我第一次上课,对这种教学方式不熟悉,没有想得更细一点。"显然,前半段"安静的、有秩序的课堂"所带来的"舒适感"成为核心的意义建构。而对于后半段课堂中的问题,胡老师归因为自我行动主体的改进——"把小组教学的设计想得更细致一点"。通过以上分析,我们发现,胡老师对教学的复杂"意象"确实指导着她的实践。然而出于对自身"生存"的关注,"安静的、有秩序的"课堂意象被强化了,自然也产生了相应的实践规则——"用广播的方式控制学生",而"学生中心"意象

〔1〕［美］米德. 心灵、自我与社会［M］. 上海:上海译文出版社,1992.

〔2〕Furlong,J. &Maynard,T. Menoring Student Teachers: the Growth of Professional Knowledge［M］. London:Rouledge,1995.

下的所遭遇的实践困境以及由此产生的对“自身生存”的威胁，让她无从发展相应的实践规则。

带着这样一种“意义赋予”，胡老师开始了第二次、第三次的课堂实践，作为对自己“需要更细地进行小组设计”的反思的回应。胡老师的第二次小组学习设计赋予了小组成员相应的职责，然而不具操作性的职责设定，仍然没有产生出她心目中的“小组合作”的场景。“学生中心”意象下有效的实践规则仍然没有建立起来。于是，胡老师开始求教指导老师。“确实也问过薛老师，不过在机房这样一个环境中，有教学经验的薛老师也觉得小组教学法要付诸实践还是要做细致的设计，多做推敲才可以，这还是一种比较冒险的教学法。”显然，这次交流后，胡老师把反思的焦点转移到了“教学环境”上。在访谈中，胡老师这样解释自己的思考：“感觉机房的环境不太适合小组合作学习，这也许和机器的摆放方式有关，而且，讲的都是操作性的问题，一人一台电脑，大家就各顾各的，很难有所谓的合作了。”从这段描述中，我们可以提炼出胡老师此时的实践规则：在竖向排列的机房环境中，针对操作性的学习任务，基本不适合小组教学。显然，在“学生中心”的意象下建构出这样的一条负面的实践规则，使得原本就复杂、充满价值冲突的关于教学的意象“天平”出现了一定的倾斜，即“控制”的意象相对增强了。

从胡老师的几次上课的经历看，作为首次接触真实教学情境的职前教师来说，她的行动与反思基本属于“试误”意义上的，即尝试的教学行为如果成功(对我有意义)，则会被强化；反之，如果失败，则很容易被忽略。而职前教师选择评价这种“意义”的标准往往有两方面：一是自我安全感的满足；二是“教案”，即以教案是否顺利展开为框架来搜集教学信息支持对自己教学行为的评价，并根据实际教学与“教案”的符合程度来调整教学行为。显然，在这个“意义”标准里 “学生是否真正地学”被有意无意地忽略，或者置于次位了。这样的“试误”意义上的反思，也许是必须经历的一个阶段，但确实妨碍了职前教师对教学实践中深层次的问题的把握和思考，在某种意义上，阻碍了其实践性知识的生成。

通过以上分析，我们认为，教育实习在某种程度上导致了职前教师的实践性知识发展的“倒退”或者“偏离”，使得职前教师更倾向于循规蹈矩，陷入所谓的“常规教学”，而失去了创新的意识和能力。这可能在某种程度上帮助他们更快地适应现实的教学，但从长远意义上，使得他们失去了专业发展的最基本的原动力。

4.4　结　论

本章主要以职前教师的教育实习为考察情境，分析了职前教师在实习过程中实践性知识发展的状况，通过分析，得出以下结论：

第一，关注职前教师在教育实践中“教学自我”的形成。从“学习教学”的视角出发，“学习什么”和“怎样学习”，都受到“要成为什么”的限制、选择和塑造。作为学习者，职前教师在整个教育实习中，都在努力扮演“教师”角色。实习的过程，成为职前教师伴随着这一身份的“教学自我”(teaching self, Tang, 2002)不断发展建构的过程。教师是一个高度情境化的身份，对职前教师而言，踏入学校，在学生面前，才使他们真正意识到了自己的“教师身份”。“人拥有某种身份，不仅意味着他所拥有某些头脑中的知识，更意味着他知道在某种情境下做出某种行动。”[1] 显然，身份的建构与实践性知识的获得是相伴相生的，“你正在成为什么人，决定性地、根本性地形塑着‘你所知道的’”[2]，当职前教师努力建构着自己的“教学自我”，努力地要“成为教师”时，真实教学实践也就形塑了他们所知道的——教师实践性知识。

第二，关注职前教师的“学生经验”的影响。荷兰学者 Korthagen 曾经说过：“学会教学是一种发展足够格式塔的过程，不是学习应用来自学术教科书的理论的问题。”“格式塔”是作为先前生活经验结果的个人需要、忧虑、价值、意义、偏好、情感等的集合体，它在无意识情况下指导教师行为，它的积累依赖大量的实践经验。[3] 因此，作为“实践性知识”的格式塔的发展，是以“先前经验”为基础的。教师教育培养的是教育实践者，但与同称为“专业实践者”的医生和律师不同，在职前教师以专业实践者的身份(教师身份)踏入教育实践场景之前，他们实际上在同样的场景中以另一种身份生活了很多年，这甚至伴随着他生命的大多数的时间，这段经历给他带来的对教育教学的认识积淀在其“格式塔”中，因此，在职前教师“教学自我”建构的过程中，曾经的“学生身份”的影响及其与“教学自我”的互动，是一个重要的考察方面。

第三，丰富职前教师对于“好的教学”的意象。研究表明，“学徒观察”带给职前教师的很多是对当前的教育的负面态度，这种负面的意象实际上强化了职前教师对“好的教学”的期待。但是，由于与实践的严重脱离，我们的大学课程以纯理论灌输的方式，最多给予职前教师一个单薄的、空洞的“教学理

---

〔1〕 赵健. 学习共同体——关于学习的社会文化分析[M]. 上海：华东师范大学出版社，2006.

〔2〕 同〔1〕。

〔3〕 高文. 学习创新与课程教学改革[M]. 广州：广东教育出版社，2007.

念”,反映在教育实习实践中,传统教学的意象成为主导,影响着他们的教学行为,这也就是“wash out”现象的根本原因。

第四,以反思性实践提升教学实践的质量。就整个教育实习而言,影响其实践性知识发展的最核心因素还是课堂教学实践。实践意味着“行动”,但又不仅仅是“行动”。显然仅仅基于“试误”、基于直觉的行动并不能促进真正的实践性知识的生成,恰恰有可能将实践简化为机械的操练,从而使实践失去了意义,严重影响教育实习的效果。正是在这个意义上,有学者指出:“单纯的实践并不比单纯的理论好到哪里去。”教育实习为职前教师提供了真实的教学体验,但如何将这种体验上升到经验,是提升教育实习质量的关键。“体验”上升到“经验”,需要对教学情境中“问题”的感知能力和对问题的深入思考的能力,即系统地反思自己实践的能力。只有基于此,教学体验才能真正带来实践性知识的增长,而这一切的基础,就是教师将自我或自己的教育教学活动本身作为意识的对象而不断地进行审视、追问、探究与评价,即进行反思性实践。

本章小结

教育实习是当下的教师教育模式下,职前教师发展其教学专业知识的重要场景。本章以现象学的方法逻辑为指导,通过深入挖掘苏州大学 2007 级教育技术(师范)专业职前教师实习现场中呈现的关键事件,以叙事的方式对职前教师实践性知识现状进行了考察分析。研究表明:① 教育实习的过程中,职前教师对教师职业的角色认知和自我认同所形成的自我知识,深受社会文化背景中“习俗”的影响,同时复杂的教学实践情境也在形塑着其自我知识的发展。② 就学科内容知识而言,职前教师显示出浅层次的“掌握”层面,缺乏对学科本质的深入理解。③ 学生知识是职前教师实践性知识中最为匮乏的一面,也是在实习过程中得以发展程度最高的一面。④ 就课程与教学知识而言,职前教师一方面表现出较好的资源把握和课程设计能力,另一方面由于对自我行为的更多关注,又表现出其教学行为往往缺乏理性思考的支持,而更多表现为一种直觉行为。在此基础上,通过对胡老师的个案研究,动态地考察了教育实习对职前教师实践性知识发展的影响。

第五章　职前教师实践性知识发展之路径选择

对教师实践性知识的关注，表明了教师教育从主要关注教师的外在行为逐步转向关注教师的内在思考。因此，教师教育的目的，不仅仅是旨在让教师习得一些教学行为，获得一些教育教学知识，更重要的是帮助教师构建有个人意义的、旨向教学实践的对教育教学的理解，这就是从“给教师的知识”到“教师自己的知识”的转变。完成这一转变，首先需要的是帮助职前教师对“给教师的知识”形成自己的意义建构。作为对这一要求的回应，职前教师教育课程改革势在必行。课程成为促进职前教师实践性知识发展的现实抓手。那么，以实践性知识发展为根本价值取向的职前教师教育课程应该如何重构？本章将围绕对这一问题的思考，探讨职前教师实践性知识发展的可行路径。

课程的设计与实施，是建立在“知识”和“学习”这两个核心概念上的。也就是说，如何看待知识，如何理解学习，决定了课程开发的基本走向。因此，在以实践性知识发展为旨向的教师教育课程开发中，必须要处理好两个重要的问题：以教育教学理论为表现的“公共知识”和以个人经验为载体的“个人知识”的转换问题，即如何处理理论与实践的关系问题以及适应这一转换机制的职前教师学习方式变革。

5.1　对教师教育课程的审视

一、对职前教师教育课程的历史回溯

教师教育应该如何设计课程，这一问题是与人们对教师这一职业的认识，以及从事这一工作所需的知识基础的认识联系在一起的。以此为线索，职前教师教育课程大致经历了以下阶段。

（一）传统学徒制的技术培训

1861 年拉萨尔在法国兰斯创立世界上第一所师资培训学校，奠定了师范教育的“工匠型”传统。在师范学校的环境中，“教育学”被理解为“教学实践

的艺术”,而教学技艺成了理解教学实践的全部。教师被赋予了教学技术工匠角色。于是,作为手工技艺传承的主要方式的“学徒制”也就被自然地引入师范学校。学生们在学习相关学科知识之后,就作为有经验的教师的“学徒”,通过模仿、接受“师傅”的指导和建议来学习行业技艺或称为教学技能。显然,在这一教师教育的模式中,理论性知识是缺位的,当然,这源于当时教育的理论体系还远未形成。所以,这一专注于技能培养的方法,在后期的教师教育中广受诟病,尤其是,随着教育科学化的进程,人们对这些基于个人经验、传统或常识的所谓的“教学技能”的科学性提出了强烈的质疑,对教师角色的认识也突破了“课堂执行者”的角色,“学徒制”的培养模式也就渐渐淡出了人们的视野。

(二)“实验理想”的实践性学习

在教师教育的历史上,杜威和他的芝加哥大学教育学院可以说是描绘了浓墨重彩的一笔。杜威于 1904 年发表了论文《教育中理论与实践之关系》,提出了作为“专业学院”的教育学院中教师教育的构想。他指出,教师教育的基本原则必须从师范学校的“学徒观念”转向大学的“实验理想”。[1] 他总结了医学院、法学院等专业学院的特征:① 在专业学习之前要求学科知识的武装;② 在专业学习的核心部分开发“应用科学与技术”的学习;③ 提供集约性、典型性的实践而不是囊括性、细枝末节的实践,组织实践性的“准专业学习”。并以此为基础,提出了教师教育的三大要素:以教养教育为前提,以开发专业原理与技术教育的课程为核心,以实践性、临床性经验为基础。

杜威的这三大要素的提出,构建了专业教师教育课程的基本结构,也是基于他对教师教育中的“实践因子”的理解。他认同教师教育中一定量的实践工作的重要性,却也指出了“学徒观念”的培训中将教育实践仅仅定位于给教师提供培训的局限性。他提出:“我们可以将实践作为进行真实而重要的理论教学的工具,作为学科内容和教育原理的知识。这代表了一种实验室态度。”[2] 这一对待“教育实践”的态度,本质上是将“实践”作为理论学习的一种方法,寄希望于通过这种“实践性学习”使师范生形成“知性方法”(intellectual method)。所谓“知性方法”[3],是指基于心理学、教育学原理的教育技术。但它不应当被理解为运用心理学与教育学原理于实践之中的技术;也不是凭借心理学、教育学的原理从外部理解与控制儿童学习的技术,是对于“心智成长的根本条件”——“内在兴趣”进行“心理学洞察”。由此可见,杜威的

---

〔1〕 佐藤学. 课程与教师[M]. 钟启泉,译. 北京:教育科学出版社,2003.
〔2〕 刘静. 20 世纪美国教师教育思想的历史分析[M]. 北京:北京师范大学出版社,2009.
〔3〕 同〔1〕。

"知性方法",不同于师范生通过学徒式的实践所获得的技术知识,而更具备了我们所说的"实践性知识"的意蕴。而获取这一"知性方法"的途径则是"实践性学习"(practical work)。

杜威的"实践性学习"与他一直倡导的"探究"方法是相辅相成的。"实践性学习"指的就是在教育实践中展开"观察"(observation)、"洞察"(insight)、"反思"(reflection),本质上是对教育实践展开的心理学、教育哲学和伦理学意义上的探究,目的在于为实施教学提供理智的判断和明智的方法,实现教育实践同教育学、心理学理论的结合。

显然,杜威对教师教育改革的思想是与当时的"教育科学化"背景契合的。他的"实验理想"的提出,本质上寻求的是将师范生的学习从"经验式"上升到"科学式"的方法。从某种意义上也向我们展示了弥合理论与实践紧张关系的基本思路。但是,随着"教育科学化"进程的不断加剧,"教育研究"和"教育实践"的距离越来越远,杜威的思想并未得到很好的传承,以至于被"技术理性"支配下的教育实践取代。

(三)技术理性支配下的教师教育

承前所述,20 世纪是教育科学化的年代,教育学者致力于按照实证主义的科学标准来打造教育科学,将教育实践视为应用教育科学所生产的科学知识和技能解决教育问题的活动。在这样的思维框架下,课程设计的细分化走向极致。课程设计遵循着将教师从业所需具备的信念、知识、技能等逐一剖析,并通过设置相应的课程加以培养的思路。大量的教师教育课程以课程的标准形态——学科课程的样式呈现出来。学科课程以理论知识为主要内容,以符合逻辑的方式呈现知识的发展过程,注重知识的系统性、完整性。它的出现,其积极意义在于大量的教育科学理论得以进入教师教育课程中,充实了教师作为专业的知识基础;但其潜在的假设和预期是,教师的教学专长是可以通过学科课程所传递的理论知识的堆砌而发展的。这一技术理性的预期在具体的课程实施中暴露出越来越多的弊端。一方面,不断地细分,造成了课程庞杂,理论性课程实现了对实践类课程的完胜;另一方面,课程实施脱离师范生的经验,而导致理论指导实践的效果有限。细分化的思想也渗透进以技能培训为主的实践性课程中。在科学的视野里,教学的知识和技能都是非情境化的。因此对于教学技能的培训而言,可以通过系统分析,将复杂的技能细化为个别的、简单的行为及其之间的关系,而学习只需要以小步子的原则,程序化的学习个别的技能,再加以联结就可以完成。受行为主义的程序化培训模式的影响,教师教育中的"教育实践"再一次演变为似曾相识的"技术培训",其代表就是"微格教学"模式。

最早的微格教学模式由斯坦福大学的阿伦(Allen)和麦克唐纳(McDonald)等人提出。阿伦将其定义为“一个有控制的实习系统,它使师范生有可能集中解决某一特定的教学行为,或在有控制的条件下进行学习”。其基本的思想就是将教学实践分解为14项课堂教学技能,首先由教师借助于相应的技能示范录像和技能评价表予以介绍,然后师范生针对某1~2个教学技能进行实践模拟,其间配合录像记录,接着学生小组和指导老师借助录像进行评价反馈,最后是学生修改后的再次实践训练。由于以小组形式、每次训练1~2个教学技能而得名微格教学(Microteaching)。微格教学的斯坦福模式后虽因其对教学技能的孤立分割而遭诟病,并且有了相应的变式(加州模式和芝加哥模式),但仍然得以在教师教育机构中广泛推广,并成为后来的能力本位的教师教育的基础。

能力本位的教师教育(competency－based teacher education,简称CBTE),是指“根据预先的详细规定,职前教师或在职教师获得能够促进学生达到预期教育目标的教学表现、倾向和能力的教师培训”。显然,能力一词虽然包含很广,但真正能落实的往往是一个所谓的“有效教师的表现模式”,即阐明好教学的具体的、可观察的标准,或者指明可迁移的能在未来教师身上产生所期望的行为。由于追求行为上的具体性,甚至产生了近千种“能力”,且不说这样的基础本身是否科学,但至少在操作上是不可行的。可以说,能力本位的教师教育是“教育科学化”追求极致的反映。其基本的思路是遵循着所谓“科学”的——系统、理性、客观分析——方法对教师学习的设计,因此,更多地拥有了一种形式上的意义,而缺乏实质性的内容。教师教育的实践也没有给予其实证性的支持。

人们逐渐认识到,作为教师教育重要环节的教育实践,如果仅止于帮助师范生实现由习得性知识支持的行为即所谓的教学技能的话,这样的训练对于教师真正的教育实践帮助甚微。正如杜威很早就意识到的,“技术的或能力的训练形式将师范生的注意力导向教学方法的外在形式而不是学生思想的过程,师范生可以学会管理课堂,但未必能学会理解学生如何学习,不知道如何帮助学生思考;他们可以模仿教学实践,但却不能解释贯穿这些实践的原则和方法”[1]。杜威的思想重新得到了人们的认可。

在此基础上,舍恩重新建立了挣脱“技术熟练者”羁绊的“反思性实践家”的专家形象,开启了“实践—反思”范式下对教师教育中教师实践的重新审视。

(四)反思性实践者范式

舍恩认为,情境是实践的核心。专业实践领域往往是一个由不断变化且

---

〔1〕 刘静. 20世纪美国教师教育思想的历史分析[M]. 北京:北京师范大学出版社,2009.

相互作用的问题所构成的复杂系统，呈现出不确定性、复杂性、不稳定性，这就是他所谓的“沼泽地”。在这种情境中，问题是不明确的。因此，专业实践也是不可化约的，而寄希望于工具性的实践模式，通过条分缕析地分析，建构起目标—方法之关系的知识去解决问题恰恰是造成现实中对专业知识信心危机的根源。

他认为：“在专业实践的各种地形图上，有一块坚实的高地俯视着一片沼泽地。在这块高地上，易控制的问题通过应用基于研究的理论和技能得到解决。在沼泽低地，棘手而混乱的问题无法通过技术手段解决。”[1]显然，我们需要将注意力从以往的“高地”转移到“沼泽地”上，即专家是如何应对这片“沼泽地”的，这才是真正的专业实践。事实上，专家们所面对的不是一个个结构化的问题，而是混沌一片的情境，他们所做的，是基于自己的行动、反思，提炼问题，选择、判断可能的解决问题的策略，并最终解决问题。因此，这样的一种实践是行动与反思交织在一起的，这就是反思性实践。与完全从功利出发，努力满足某种外在的愿望和利益的操作性实践不同，反思性实践更是一种伦理意义上的实践。反思性实践的基本成分是“反思”和“行动”。正因为有了“反思”，行动才脱离了单纯的“操作”层面，通过对实现目标的各种可能性加以权衡，“择其善者而从之”；反之，也正是有了“行动”，反思才不是一种所谓的纯粹的理性的思考，而是依托于具体的情境而具有了一定的“实践性”。反思与行动的互动，使得行动的过程和效果始终可以在实践自身中得到明确解释，目的与行动融为一体。

在“实践—反思”范式下，教师教育应以培养师范生的反思力为核心，“帮助师范生实现以习得性知识支持的行为为主向以理性经验(反思而形成的案例性知识、实践性知识)支持的行为为主的转化”[2]。显然，教育实践在教师教育中获得了前所未有的重要地位，它已经不再是教育理论的“应用场所”，而贯穿于教师教育的全过程之中。

二、当前教师教育课程实施现状

课程实施是课程的具体开展过程，其结果直接反映了教师教育的质量。在技术理性的课程实施中，以下问题尤其值得重视。

(一)“先前经验”的影响被忽略

建构主义学习理论的一个基本命题是，任何学习者都不是空着脑袋走进

---

〔1〕 舍恩. 培养反映的实践者——专业领域中关于教与学的一项全新设计[M]. 郝彩虹、张玉荣等，译. 北京：教育科学出版社，2008.

〔2〕 朱元春. 对教师教育中教育实践的重新审视[J]. 教师教育研究. 2007，19(5)：35－39.

教室的。这就意味着作为师范生的职前教师在踏入大学,接受专业学习之前以学生身份生活在学校的情境中所默会的一些"教育教学"的信念(布鲁纳称之为"坊间教育学"),形成的一些"教育教学"的意象,对其专业学习有着重要的影响。正如罗蒂(Lortie,1975)所言,"准教师是带着他们多年在教育系统中做学生的经历中产生的知识、态度与信仰进入教师教育机构的"[1]。事实上,"先前经验"不仅来源于其"做学生的经历"(罗蒂称之为"学徒观察"),而且还受其所接受的家庭教养以及社会文化等多方面的影响。"先前经验"不仅来源复杂,其对职前教师的作用机制也异常复杂。在很多层面上,它是以一种内隐的"信念"作用于职前教师的学习,起到了"过滤器"的作用。国外研究表明(Rushon,2004;Kane,2002),师范生经过长期的"学徒观察"已经在心目中确立了一种教师的形象,同时伴随着怎样进行教学的具体意象,因此,他们大多通过模仿自己过去的教师成为好老师。但我国学者林一钢对职前教师实习期间实践性知识的发展的研究表明,中国的学生在其"学徒观察"的经历中,"更多习得的是对当前学校教育讨厌的负面态度,而在教育实习开始时,表现出试图改变这种课堂教学现状的愿望与倾向"[2]。林一钢对此的解释是"中国目前基础教育中弥漫着应试教育文化,导致学生所观察到的尽是应试教育的教学方法"[3]。笔者在前文中对信息技术职前教师实践性知识的现状研究也表明了这一点。因此,我们可以认为,我国的职前教师在进行专业学习之前所拥有的"先前经验"包含了对其专业学习不利的负向作用的因素,所以在职前教师教育的课程设计中,尤其要重视对其教育教学"先前经验"的挖掘。

(二)讲授式教学一统天下

笔者在前文中探讨实践性知识的形成机制问题时曾指出,哲学认识论奠定了实践性知识习得的基本原则——"范例"之于"规则"的优先。但目前主流的教师教育设计都无一例外地选择了"理论"起点的学习。当然,问题并不在"理论"本身,在于"理论起点的学习如何是有效的"。建构主义的学习观认为,真正的学习是学习者在原有经验的基础上发展起来的对"新信息"的意义建构。因此,面对新的信息时,学习者能建构其"意义"成为学习的重要标志。所谓"意义",是新信息与原有知识系统发生碰撞后,学习者形成的一种个人理解或价值判断。显然,师范生在接受这些与他们的实际生活关系较为疏离

---

〔1〕 Dan C. Lortie. School Teacher: a Sociological Study[M]. Chicago and London: the University of Chicago Press, 1975.

〔2〕 林一钢. 中国大陆学生教师实习期间教师知识发展的个案研究[M]. 上海:学林出版社,2009.

〔3〕 同〔2〕。

的“理论”知识时,必然面临两种不同的情况:一种是其“先前经验”中具有了与之相关的经验知识,这时候,理论知识有了其可以依附的生长点,从而使原有的经验知识得以明晰化、显性化。两者的互动过程,正是意义生成与建构的过程,其结果是理论知识得以转换,最终能为师范生提供实践指导。另一种则是,由于“先前经验”中缺乏相应的知识、信念基础,使得“理论”的学习缺乏了可被理解的土壤,“理论”生长的“无根化”最终导致了“理论”与“实践”的两张皮,本应交集的两条线却始终若即若离。较好一点的情况是,师范生在“信奉理论”的层面上接受了“理论”,但一旦付诸实践,由于各种原因而导致负面回应时,他们会选择回归其“先前经验”。前文中信息技术职前教师胡老师的案例正是这一情况的典型呈现。由此,师范生的职前学习被视作“鸡肋”,职前教师普遍认为,实践经验而不是大学课程,才是最好的“老师”。

（三）教育实习的“经验化”

作为现有课程设计中唯一旨向教育实践的课程,“教育实习”虽然被职前教师普遍认为是职前学习中最具价值的知识来源,但实际上,教育实习的价值却仍然相对有限。其原因就在于,现有的教育实习所遵循的依然是传统意义上的“学徒制”模式,无论是指导老师还是职前教师,都把学习的重点放在了所谓的“教师经验”上。这就导致了教育实习的质量对指导教师个人因素的严重依赖。现实的情况是,受制于指导教师自身的专业发展水平,很多指导教师由于缺乏对新知识(尤其是理论知识)的学习和理解,使得他们所谓的“经验”更多地成为一种惯性思维,处于一种缺乏监督和发展的封闭状态。这样的“经验”,不仅限制了其自身的专业发展,更遑论对职前教师学习的价值了。还有一种情况是,抱着“实践出真知”的思想,指导教师只是强调对职前教师进行教学实践的训练,而忽视了对他们的指导,使得职前教师的“教育实习”成为一种自生自灭的“试误”式的学习过程。杜威认为,“经验”存在两个水准,一是尝试错误水准,二是深思熟虑水准。显然,职前教师经过这样的教育实习,收获的只能是前者。如此“体验式”的教育实习,对于职前教师实践性知识的发展,着实价值有限。

就本质而言,这样的课程现状是整个教育领域愈演愈烈的“分离”现象——“教育研究中的理论与实践分离”的必然结果。

5.2　实践融合:教师教育课程的现实转向

教师的专业特征决定了教师教育课程的目标设计。正如前文中所分析的,教师工作的最大特点是不确定性(混沌性)。复杂的教育实践情境要求教师随时做出灵活的应对,这是教师专业的核心特征。因此,实践性知识必须纳入教师教育课程目标之中。但是,“实践”应该如何进入课程?

一、双向互动:教师教育课程构建的基本原则

(一) 争议:理论与实践孰先孰后

“理论先导”,无疑是当前教师教育的主导模式。但随着实践性知识的提出,针对教师教育课程设计,也出现了另一种声音。正如 Kessels 和 Korthagen(1996)所指出的:“实践性知识的关键就在于知识是来自感知觉的,而非概念性的。”〔1〕毫无疑问,实践性知识的起点是经验。因此“实践先导”成为另一种教师教育的思路被提出来。争议,由此产生。如何看待这样两种观点?

首先,“理论先导”遵循的是专业教育的通行路径。如同最早被认可的专业(医生、律师)一样,人们认定,这些领域的实践是由相应的专业知识(包括基础科学和应用科学的知识)的成熟度支撑的,因此,其从业人员的专业性就体现在问题解决时对专业知识的应用上,且只有当问题的解决建立在系统的、倾向于科学的知识基础之上时,实践能力才具有专业性。正如在未经正规的理论教育之前,任何人不可能被允许站上手术台或走向律师席一样,教师的专业性也必须通过相应的专业知识来支持。正是这一思路铸就了大家所熟悉的专业教育模式:首先是相关的基础学科,其次是相关的应用学科,最后才是实践课。然而,人们逐渐发现此类模式的最大弊端:因为强调作为实践者的教师通过“对理论的应用”来进行教学实践,在很大程度上消解了“具有自我监控能力的教师对自身教育实践情境的分析和反思,从而将教师置于对教学知识体系被动接受的状态,造成理论与实践的分离,影响了教学实践水平的提高”〔2〕。这样的教师教育培养出的至多是一些“技术熟练者”,却不是真正的“实践领域的专家”。这就是舍恩所谓的“对专业教育的信心危机”。造成这一危机的根源就在于:忽略了实践性知识作为专业知识的重要性,将专业实践理解为科学运用于技术,从而“把实践理性降低到技术控制的地位”〔3〕,即操作性实践。“理论先导”模式的另一弊端在于,容易导致“信奉理论”与“使用理论”的分离。大学学习的理论通常是教学理论研究的最新成果,而这些成果在实践教学中的体现往往是滞后的。这就导致学生对理论的理解停留在“信奉”的层面上,在具体的教学实践中很难去真正“使用”,其结

〔1〕 Kessels, J. P. A. M. & Korthagen, F. A. J. The relationship between theory and practice: back to the classics[J]. Educational Researcher, 1996, 25(3): 17－22.

〔2〕 宋秋前. 行动研究:教育理论与实践相结合的实践性中介[J]. 教育研究, 2000, 21(7): 42－46.

〔3〕 唐纳德·伯恩斯坦. 超越客观主义和相对主义[M]. 郭小平等,译. 北京:光明日报出版社, 1992.

果就是理论知识对实践性知识生成本应有的巨大的支持作用无法体现出来。

"实践先导"正是针对以上弊端提出的一种解决方案。尤其在教师教育领域,已有一些尝试正在进行。这是因为与医生、律师不同的是,职前教师在数十年的学生生涯里,一直生活在真实的教育情境中,他们有着丰富的"先前经验",因此,他们完全可以直接在实践中学习。这一模式也得益于舍恩的思想。舍恩从发生学意义上,颠覆了传统的"理论逐渐下行到实践"的路径,而提出了"行动中求知"(knowing-in-action)的相反路径,其结果就是实践者在反思性实践中获得实践性知识。这一路径的提出,本质上是将审视理论与实践关系的主体重新赋予了专业实践者自身,当教师以实践主体的身份投入到教育实践中,其行动就不再是简单的操作、应用,而是"更多地凭借着经验、尝试错误、直觉及摸爬滚打来面对问题"[1],更多地依靠"行动中反映"在行动与情境的互动中去解决问题。从这个意义上说,"从实践主体——教师的经验去理解理论与实践的关系,那么一切的教育实践都是有意识无意识地立足于教师自身的认知、见识、信念基础上实施的,从这一点上说是'理论性实践',而一切的理论都是在实践中发挥作用的'实践性理论'"[2]。据此,"实践主体"的赋权,是"实践先导"的关键。Tom Russell 在其对加拿大皇后大学的实践先导模式(小范围的学生在开始教育课程之前先进行四个月的教学实践)所做的实证研究表明,"实践先导"的最大优势是强化了师范生对理论学习的动机,由于在实践教学中遭遇各种各样的问题,使得他们对理论学习有着更深的渴望。但是,经验不仅产生问题,也有可能成为一种"过滤器",这也就造成了这一模式面临的一些危险,比如:师范生面临着被既有的教学文化同化而陷入一种"教学常规",以致丧失了对新的教学理论的兴趣;再者,对师范生而言,他们如果单纯地依靠对自我实践经验的反思去改善自我的实践,有可能只是一条反复的"试误"之路。显然,舍恩的"反思性实践"之路是以"反思"为基础的,而一味对经验的强调有可能导致以牺牲正确吸收理论知识为代价而获取教师实践性知识的生成,这在本质上可能是教师教育的简单倒退。

通过以上的分析,我们认为,对教师教育而言,理论抑或实践的先与后并非问题的本质,这种线性结构反映出的是我们习惯的二元对立的思维。如果采用这种思考方法,两者的弊端都是显而易见的。教师教育的现实选择应该是遵循实践性知识的形成机制的客观规律,在重视职前教师作为行动者主体

---

〔1〕 舍恩. 反映的实践者——专业工作者如何在行动中思考[M]. 夏林清,译. 北京:教育科学出版社,2006.

〔2〕 佐藤学. 课程与教师[M]. 钟启泉,译. 北京:教育科学出版社,2003.

的前提下，将经验学习与理论学习结合，并在提升其反思力的支持下，促进教师将理论所代表的“公共知识”通过个体的体会、感悟与直觉融入个体的整体经验之中，并将其转化为对教学实践的判断和相应的解决教学问题的能力，这就是以实践性知识为旨向的教师教育的目的所在。反映在课程设计上，即理论与实践互动的课程整合模式。

（二）互动：课程整合的构建机制

实践性知识的形成机制向我们传达了一个基本的思想，即实践性知识的习得与发展是借由反思推动的学术知识与教育经验的持续整合的过程。这就确立了教师教育课程必须立足于教育学术知识与教育经验的整合。整合应该如何进行？在改造传统学术课程的时候，我们首先遭遇的问题是：师范生的教育经验从何而来，如何帮助其建立起教育经验与学术知识的联系？

按照美国著名教育学家杜威的观点，“经验”是人与世界的互动中建立起来的联系，也是作为主体的人与作为自己认识与改造对象的客体之间建立联系的中介，前者是作为结果的“经验”，后者则是作为一种活动过程的“经验”。[1]换句话说，只有经过能称得上“经验”的活动过程，才能收获真正的有品质的经验。他在《民主主义与教育》一书中指出：“经验包含了一个主动的因素和一个被动的因素，这两个因素以特有形式结合着。只有注意这一点，才能理解经验的性质。在主动方面，经验就是尝试——这个意义，用实验这个术语来表达就清楚了。在被动的方面，经验就是承受结果。我们对事物有所作为，然后它回过来对我们有所影响，这就是一种特殊的结合。”[2]这段文字表达了这样一个思想：当我们仅仅是去做，而没有去承受结果，或者是没有发现“做”和“结果”之间的关系时，经验是不足以产生的。事实上，杜威认为：导致这种特殊结合产生的核心是人作为主体的“反省性思维”，这才是有品质的经验产生的必要条件。以此来审视师范生的教育经验，其来源主要是：作为学生的被教育的经验，经验教师的他人经验，作为教育者的实施教育的经验。仔细审视这些经验的品质，我们发现：作为学生的被教育的经验，是师范生与教育世界联系的最早结果，他们是带着这样的经验走进教师教育课程中的，但是，这样的经验更多是感性层面的把握，缺乏主体的反思；而来自于经验教师的经验则是师范生在角色转换中积累教育经验的起点，它主要以教师的教学案例为载体，进入课程，但如果缺乏对其深入的分析，很容易成为师范生简单模仿的范本；作为教育者的经验则是师范生作为教育实践主体，亲历教育实施（通常是教育实习）所产生的，这个过程也由于其自身的教育性设计

〔1〕 李学农．论教师职前教育的经验课程[J]．课程·教材·教法，2008(10)：79—83.
〔2〕 杜威．民主主义与教育[M]．王承绪，译．北京：人民教育出版社，2001.

不足、持续性差等因素的影响，真正有力的影响也有限。也就是说，在当前的教师教育课程中，虽然这些经验都有所涉及，但教师教育并没有取得我们所期待的结果。症结就是这些“经验”没有真正地被“经验”。所以，教师教育课程的重构，关键在于如何帮助师范生借由课程的设计与实施，提升其经验品质。

杜威将经验品质的提升交给作为主体的人的反思。在他的思维五步中，人在一个基于问题解决的情境中，通过面对情境—发现问题—提出假设—进行推断—行动检验来连接自己的“做”和“结果”，在这样的反省性思维中产生真正的经验。这是一个以实践为主导的过程，同时，我们也看到，在问题解决的每一个环节，作为实践与反思主体的人，必须懂得如何利用工具，为自己的反思设定框架，理性地建立起自己的行动与结果的联系，而这个工具，就是我们所说的理论。理论在整个过程中，起到了为实践提供分析、解释、质疑等作用；而实践体验，只有在有理论支持的反思支持下，才可能产生有品质的经验。由此可见，经验品质的提升是理论指导与实践体验互动建构的结果。这一思路为整合式教师教育课程的构建与运行提供了基本思路。具体而言，就是在将上述三类经验引入学术课程的同时，强调在课程设计与实施中，以问题解决为线索，通过运用理论知识为学生的问题解决提供具体的、有指导性的帮助，并支持他们对问题解决过程的反思来促进理论与实践、学术性知识与实践体验的互动，最终强化理论思维和实践性知识。

在这一思路指导下，设计导向成为整合式课程构建的一种新的尝试。

二、设计导向：整合式教师教育的课程形态

所谓设计导向，核心的思路是突破传统学科课程的桎梏，以教学设计为导向，以针对具体教学问题进行教学干预的设计任务驱动而不是以学科理论体系为线索来组织课程内容。设计导向的课程，从教师工作的设计属性出发，以任务驱动、问题解决为线索，以设计活动的进程激发理论与实践的互动，成为实践取向教师教育的一种新的课程形态。

（一）教师工作的设计属性

教学，毫无疑问，是教师工作的核心组成。其全部的目的，就是为了通过教师的教，促进学生更好地学。由于教学专业的工作对象是有生命的、不断变化中的人，其所带来的教学情境的不确定性，使得教学成为一种探究，成为一种劣构问题的解决活动。这些都使得教师的工作成为某种意义上的设计活动。

设计最早被认为是“人设想的为实现某物而做的方案或计划”〔1〕。在著

〔1〕 李昂.设计活动的价值分析[J].包装工程，2012，33(10)：147－150.

名认知学家赫伯特·西蒙(H. A. Simon)对设计科学的界定中,设计是一种"旨在生成一定的过程、工具和活动原则等将当前状态转换为人所需要达成的目标状态"[1]的一种活动。按照这样的解释,教师的全部教学工作都可以视为通过生成一定的教与学的过程、工具和活动方案,将学生的认知、情感和动作状态转换为一定的目标状态的活动。由此可见,教师工作具备了设计活动的基本内涵。设计科学的范式将设计活动视为由构建和评估两类核心活动循环迭代而成。构建,是人工产品的构建过程;评估,是指运用开发标准对人工产品的绩效进行评估。设计活动,就是以一定的目标为旨向,通过对达成目标的条件进行明确分析,构建人工产品,并对其进行绩效评估,进而反馈改进人工产品的循环、往复的过程。以此,我们可以更进一步深入考察作为设计的教师工作。

教学作为一种课程实施的活动,是教师将规划的课程方案付诸实际教学行动的实践。这一实践活动的起点就是教学方案的规划。这一工作需要教师厘清教学的目标,分析教学内容,针对学习者特性选择相应的教学策略,从而为学习的真实发生创造一系列的条件,并形成方案。而教学的实践过程,则是一个设计方案在情境敏感的环境下被不断修正的过程,这需要教师以教学目标的达成为目的,在践行相应的教学方案的基础上,针对现实教学的具体情境做出适当的调整,并且通过一定的教学评估和教师在实践中的反思和决策,促进教学方案的不断改造与生成。显然,以上对教学工作的描述,凸显了教学方案的构建和基于实践、评估的再生产过程,也清楚地呈现出教学工作的设计属性。甚至,相对于普通的设计工作,教师的教学设计工作更凸显出教师在教学现场对原先教学方案的即时决策、直觉等心智要素,以及教师的反思性实践等对设计工作改进的重要性,而这恰恰是教师实践性知识生成的重要土壤。

(二)设计导向的教师教育课程设计

将教学工作定位于一种设计活动,以此来构建教师教育课程,可以更好地实现教学理论与实践的互动。"'设计'这一术语,意味着在开发某些事物或者是为了解决问题而执行计划之前,要经过一个系统的、精细的规划和观念生成过程。"[2]这使得传统的教师备课得以从经验层面予以上升。这样一个观念生成和检验的过程,即是从设计科学的视角对教学的审视。这将有助于真正还原教学的问题解决的过程,这个过程涉及教学目标的确定,学生

[1] 张建伟. 关于美国教育技术研究发展的反思——设计科学的视角[J]. 北京大学教学评论,2013(3):32—48.

[2] P.L.史密斯,T.J.雷根. 教学设计(第三版)[M]. 庞维国等,译. 上海:华东师范大学出版社,2008.

当前学习水平和认知特征的分析，进而选择什么样的教学策略对教学活动和教学评价进行设计。这一活动的每一个环节、步骤都有相应的教学理论介入，指导设计过程。因此，设计导向的教师教育课程，可以以问题解决为线索，在设计任务的驱动下，帮助教师实现教育理论和教育实践深度互动，从而有效提升教师的实践性知识生成。

就具体的设计导向而言，我们应该看到，传统的教学设计基于内在的系统化方法产生了若干设计模型，但这些模型都可以归为三个成分之间的线性联系，即分析、策略和评价〔1〕。其结果是教学设计停留在通用性的描述上，教学设计过程流程化、程式化，忽略了真实、复杂、多变的教学现场与情境所导致的教学设计的复杂性。这对于设计的初学者而言，当然可以为其提供基本的设计线索，规范其问题解决的过程。但在某种程度上，这种将教学视作可预设的教学程序的观念以及简单地将教学设计进行技术化诠释的方法，容易给初学者带来“僵化”“老套”的不良设计体验。因此，设计导向的教师教育课程要避免这种“静态”的设计思维的引导，更应该将设计工作更为重要的关键要求——想象和独创性引入其中。为此，有学者提出了“基于原则的设计”(principle－based design)思想〔2〕，即要求教师在理解教学的核心原则及其实施和表现方式的基础上，进行教学方案的设计，并强调教师在教学实施的过程中，在与学生互动的过程中进行持续的计划和反思，从而进行有效的教学活动的展开。这一设计思想虽不完全适合初级阶段的教师学习，但它的提出，更强调了渗透于教师的整个设计与实践过程中的对理论反思的重要性。正是这种反思，帮助教师深入感受教学现场的情境细节，及时洞察与审视自己教学行为的绩效，并借由这类评估行为，改进自己的教学方案的构建，最终内化为教学情境敏感的“弹性”教学设计图式，生成独特的教学实践性知识。显然，这种基于反思调整的“动态”设计的理念应该成为教师教育课程构建的重要导向。

具体而言，“动态”设计是指在技术化地实施教学设计的各个步骤的同时强化师范生在实施每一个步骤的过程中主动地通过反思和信念识别的元认知过程，在对具体的教学方案进行反复的递归设计的过程中，生成富有“弹性”的设计模式。因此，设计导向的课程设计的基本思路是：将“动态”的设计理念融入传统的教学设计的基本流程中，在基本教学设计能力达成的基础上，借由教师反思的推动，拓展教师教学设计的想象力和独创性。这也应该

---

〔1〕 P. L. 史密斯，T. J. 雷根. 教学设计(第三版)[M]. 庞维国等，译. 上海：华东师范大学出版社，2008.

〔2〕 张建伟. 关于美国教育技术研究发展的反思——设计科学的视角[J]. 北京大学教学评论，2013(3)：32－48.

成为课程构建的重要原则。以下,我们将以"学科教学法"课程的改造为案例,具体探讨设计导向的教师教育课程构建。

三、开发实例:设计导向的学科教学法类课程

(一)"学科教学法"课程的困境

就我国目前的教师教育课程结构而言,学科教学法是直接旨向师范生教学能力提升的重要课程。但是这样一门实践旨向的课程,在课程组织形态上,依然保留着传统的学科课程围绕学科逻辑体系来构建的模式。课程的基本内容围绕着"教什么""怎么教"的问题展开。近几年,随着"课程"理念的迅速发展,"学科教学法"课程纷纷更名为"学科课程教学论",开始尝试以课程的框架来组织内容,形成了以学科课程目标、课程内容、课程设计(包括学科课程标准、教材分析)、课程实施(含教学设计、教学方法)、课程评价为基本线索的学科组织形态。这样的结构体系暗含着教师教育者对增强师范生课程意识的重视,希望借由课程理念的贯穿,加强师范生对本学科课程目标、内容、课程资源开发、课程实施策略的宏观认识,避免陷入对教材的盲目依赖,从而提升准教师的专业自主意识和能力。但现实是,以学科逻辑体系来架构的教学法课程让人产生了明显的认知偏颇。教学法的课程重"法"轻"教",如何帮助师范生走向课堂?这样的知识架构能够为学生走向课堂提供具体的、有效的支架吗?于是,有学者指出:"当前对教学法课程的改进,就是要把长期被忽略的实践维度重新纳入教师教育课程的核心。"〔1〕

但是,实践维度在教学法课程的深入应该如何体现?大多数的研究者把视线投向了课程实施的环节。案例教学的提出,加强大学与中小学的伙伴关系建立,改进师范生的实习等措施都是围绕着这一思路进行的。这一举措当然是教师教育课程改革的重要方面,但如果所有的实践只是为了丰富师范生的经验层面,这仍然不是一个有效的方法,毕竟,实践的真实性往往伴随的是支离破碎的体验。对于这样一门学科课程的改造,重点在于加强课程与实践的关联性。因此,以理论与实践互动为原则对教学法课程的重构必须在为师范生提供完成教学工作的基本概念框架的基础上,将教学法课程结构、体系纳入实践维度的思考。设计导向就是以这样的思路完成对教学法课程的重构的。

(二)"设计任务"驱动的学科教学法课程开发

1. 确定"设计任务"

以设计任务为线索来统整学科教学法的内容,首先需要确定设计任务。

〔1〕 王芳,卢乃桂. 教学内容知识:教师教育中教学实践课程的重点[J]. 教育发展研究,2010(2):69-73.

按照教学设计的一般过程模型，教师的教学设计任务主要有分析、策略开发和评价[1]。其中，分析任务主要包括学习需要分析、学习任务分析、学习者分析以及学习背景分析等。策略开发则涵盖了学习方式的设计、教学组织形式的确定、教学方法的选择、教学媒体和教学材料的选择等。评价则包含了两大方面：一方面是评价学生达成目标的情况；更为重要的是，以研究者的视角，对教学设计与成果进行研究性数据收集和在此基础上对是否达到设计目的评定与判断。按照此模型，结合教师教学实践工作，教学设计的基本任务包括：① 依据学习内容，确定相应的学习类型，并陈述教学目标；② 学习任务分析，通过任务分析，解释学习的内部过程和条件；③ 设计具体的教学活动，即通过确定相应的教学策略、合理选择教学媒体与资源，规划促进学习的课堂教学活动；④ 设计学习评价，针对不同的学习类型，以具体的学习目标为导向，设计学习评价。以上四个环节，构成了基本的教师教学设计任务。

教学设计的过程模型虽然为我们提供了技术化的设计任务，但很显然，单纯地以这样的技术环节切割设计任务，容易使教学任务陷入去情境化和碎片化的状态。因此，针对此类复杂学习任务，荷兰开放大学教授范梅里恩伯尔(Jeroen J. G. van Merrienboer)提出四要素(4C/ ID)设计模式。其核心思想就是真实的“整体任务”的设计。即迫使受训练者在“做”真实的学习任务时，以一种协调和综合的方式运用所有相关的技能，从而提高他们在复杂认知技能操作上的整体能力。它有别于传统教学设计中将整体任务分解为一个一个的小片段，并且以片段学习的累积来促进整体学习任务的完成的原子模型模式，将真实的任务直接推向学习者。这一设计理念，针对复杂性学习需要学习者对知识、技能、态度高度融合的特点，以针对工作实践的复杂学习任务取代了传统教学中被人为分割的个别化简单任务，以各种不同性质技能的综合协调为重心，达到提高和改进学习者在专业领域的业绩表现的目的。任务的整体性呈现，旨在强调学习作为一种图式的建构与重构，目的是帮助学生形成特定的问题情境与具体规则和行动路线相结合的整体图式。据此，“学科教学法”课程任务必须是针对真实教学内容的完整的教学设计结果，唯有此，才可能帮助师范生在整体视野下理解教学设计的各个环节。

但是，此类学习任务对真实性的强调往往意味着任务元素之间具有高度的复杂性关系，这是作为初学者的学习者很难驾驭的。因此，整体任务设计中还需考虑一个重要问题，即如何处理作为整体任务呈现的复杂性问题。范梅里恩伯尔对整体任务的界定——“一种不忽略任务元素间的复杂性关系，

[1] P. L. 史密斯，T. J. 雷根. 教学设计(第三版)[M]. 庞维国等，译. 上海：华东师范大学出版社，2008.

而能合理处理任务复杂性的任务”[1],不仅强调任务的完整性,更是以对任务复杂性的合理设计为前提。因此,任务设计就需要在不牺牲任务整体性的前提下,对相关知识、技能进行各种形式的简化。范梅里恩伯尔认为:“一项学习任务的复杂程度究竟如何,这不仅同所涉及的具体知能的数量有关,还同知能之间的联系是否密切以及涉及多少相关的旧知能有关。”[2]换言之,当任务所需的知识、技能以组块的形式与整体任务和学习者先前知识形成紧密联系的时候,任务的复杂性程度就可能被简化,但又不影响任务的整体性呈现。因此,可以通过对任务所涉及的相关知能及其关联性的人为设计,使学习任务的设计呈现出一个从简单到复杂的序列。

我们知道,教学设计的基本思想是建立在有效的学习分类的基础上的,教师必须对教学内容所指向的特定学习类型进行判断,进而依据该学习类型所规定的学习内部条件规划教学的过程与活动,并通过合理的评价设计对教学目标的达成程度进行检验。就学习分类而言,无论是布鲁姆的教学目标分类,还是加涅的学习结果分类,都是对教学内容或达成目标的层级化划分,其复杂性程度呈现递增的趋势。因此,相应的设计任务之复杂性也渐次增加。如是,按照不同学习类别安排相应的设计任务,就可以较好地规划任务的复杂性程度。这里,我们将教学设计任务大致进行如此规划,见图 5-1。

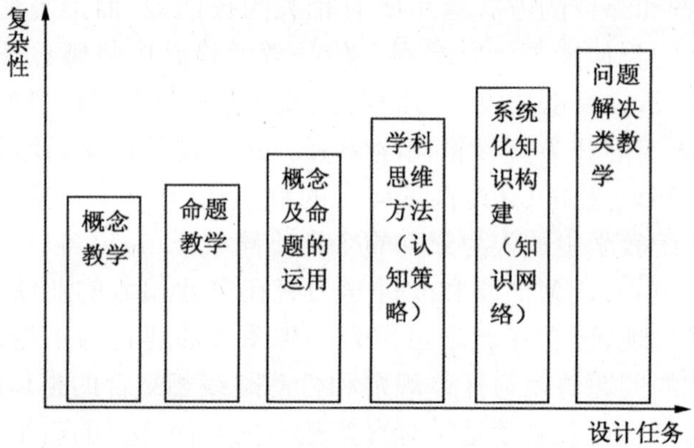

图 5-1 学科教学设计任务示例

对任务的复杂性安排时,还可以通过对影响任务的因素的类型化(组块化)处理,以对某种因素的重点设计来引导学生在完整的设计中对个别设计

---

[1] 倪其育,刘丽丽. 基于认知复合理论的复杂学习整体任务设计探讨[J]. 现代教育技术,2009(3):39—41.

[2] 盛群力,马兰. 面向完整任务教学,设计复杂学习过程——冯曼利伯论四元培训与教学设计模式[J]. 远程教育杂志,2010(4):51—61.

要素的重点把握。例如，针对不同的教学活动安排，可以包括基于讲授的课堂教学设计方案（重点在于教学传递策略设计和教学信息设计）、基于探究的教学方案设计（重点在于学习问题设计、学习情境和学生学习活动的设计）、基于小组活动的教学方案设计（重点在于小组教学的过程设计）等。同时在具体教学实施时，还需处理好任务整体性呈现与相关技能训练的关系。即在具体的设计活动考虑中，可以以专项操练的形式，强化其完成复杂任务所需的个别程序化技能的训练，以调和复杂任务与单项技能训练之间的冲突。例如，在针对概念的基于讲授的教学方案设计中，就可以将有关概念教学的常规方法（概念形成、概念同化）作为专项技能加以训练。

2. 为任务完成提供支架

从复杂学习设计的要求来看，支架的设计可以围绕学习者问题解决的结果与过程，以帮助学习者形成一定的心理模式和认知策略。具体策略如下。

(1) 结果支持：提供范例。

所谓结果支持，就是提供任务解决的最终方案。表现在设计型任务的学习中，就是提供相应的设计范例。对于复杂学习任务而言，其主要的学习过程就是“图式建构”，而图式建构是和一定的具体经验相结合的。因此，首先应该鼓励学习者学会从具体经验中进行心智抽象。范例就是提供具体经验的最好载体。这一点，与教师教育中强调的案例教学是殊途同归的。作为支架的设计案例，要避免成为学习者单纯模仿的对象，其目的是通过激发对案例相关问题的思考，帮助学生形成一定的心理模式。

(2) 过程支持。

过程支持指向的是学习者问题解决的过程，其目的是帮助学习者形成有关特定问题解决的认知策略。设计型任务完成的过程支持首选专家示范的方法，即由专家（或教师）讲解在类似的教学方案设计时，其思考的路线和问题解决的过程，这一支持可以通过专家的出声思维来呈现，也可以以文字形式与范例结合加以呈现。专家示范是帮助学习者从榜样示范中归纳出认知策略的前提条件，但在具体实践中，仍需帮助学习者对专家示范进行深入思考，例如，通过问题清单引发学习者对专家思维的深度理解。对过程的支持还体现在对学习者设计活动的具体约束和指导上，表现在为学习者呈现相应的设计流程及帮助材料，以帮助学习者熟悉规则、运用规则。例如，在探究学习设计中，探究学习的一般程序的呈现，特定探究工具的使用指导等。值得注意的是，此时的支持材料应当以“组块”——相对较小的信息量形式来呈现，以减轻学习者的认知负荷，并且使相应的支持更具针对性。

(3) 反思支持。

反思支持指向学习者对问题解决过程的评价，其目的是帮助学习者对自已解决问题的过程和结果做出反思,从而完善心理模式,精致认知策略。常见的方法是由设计者撰写设计小结以及进行小组讨论、同伴评价等。值得一提的是,教师对教学问题的解决所进行的设计通常是以一定的计划方案的形式呈现的"软作品",它对于真实问题的解决还取决于教师实施这一方案的能力,而真正的反思也应该是在实践之后基于教学实施结果的评价。

3. 开发实例

根据以上策略,学科教学设计课程可以做如下安排(图 5-2):

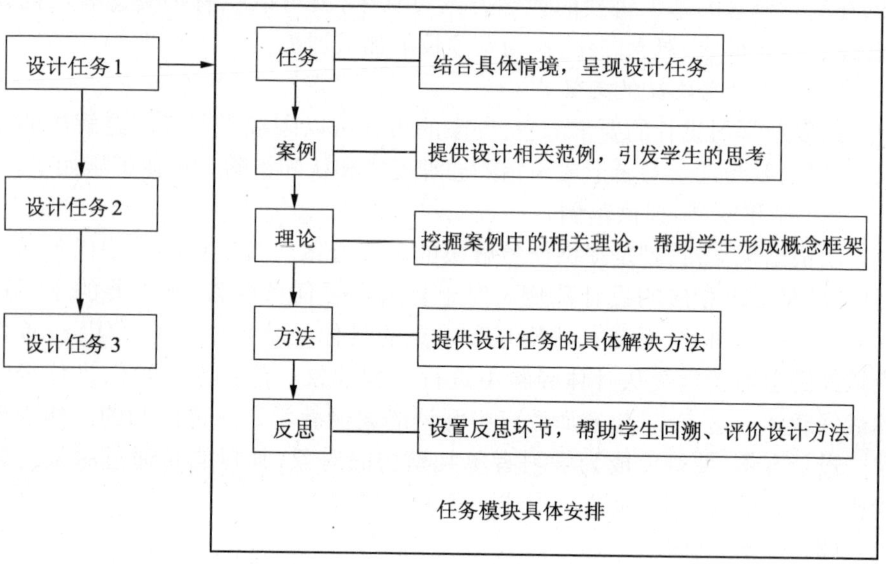

图 5-2 设计导向课程体例安排

以下,我们将给出一些具体实例。

表 5-1 实例 1:"物质的密度"概念教学设计

设计任务 1	学习目标设计,并尝试设计与学习目标相匹配的作业练习。
案例分析	选择某真实教案的目标陈述部分,结合相关练习题,用布鲁姆的教育目标分类法分析教学目标陈述的科学性及相关练习题与教学目标的匹配度。
理论解读	布鲁姆教育目标分类思想,新课程的三维目标解读。
方法支招	分解课程目标,遵循 ABCD 规则撰写学习目标。
反思与改进	对学生物理概念的识记、理解、运用的不同要求如何体现在学习目标的撰写上?

续表

设计任务 2	分别用"概念形成"和"概念同化"的方法设计不同的教学活动。
案例分析	体现两种不同方法的真实教案。
理论解读	奥苏贝尔有意义学习理论。
方法支招	概念形成教学和概念同化教学的基本方法。
反思改进	在教学中,采用两种不同的教学方法对学生的思维活动有何影响,如何将其体现在目标设计上?

表 5-2　实例 2:"单摆"探究式教学设计

设计任务	结合 PhET〔1〕"单摆"程序,设计一个以学生自主探究为主要学习活动的教学方案。
案例分析	给出一个相关的探究式教学设计方案,并结合探究学习理论,详细分析探究学习活动的设计。
理论解读	探究式教学理论。
方法支招	实验研究类课题的教学设计〔2〕。
反思改进	在探究式学习活动中,学生将经历怎样的思维过程?教师如何引导?

总之,设计导向的教师教育课程,是与传统的强调学科逻辑体系的课程完全不同的课程组织样式。所谓"设计导向",强调以教师面临的具体教学任务为线索,在完成任务或者问题解决的过程中,综合各类理论知识的应用,产生具体可行的问题解决方案,并在这个过程中,培养师范生的反思意识,使之对教育理论之于教育实践的理解和评价作用产生更为深刻的认识。因此,本质上这是一类综合课程的形态。在教师教育完整的课程群中,它当然不能取代分科课程,但这样一种基于问题解决的综合课程,是对分科课程的有益补充,也是实践取向的教师教育需要大力开发的课程形态。

5.3　基于情境学习的学习方式转变

在试图为职前教师实践性知识的发展寻找可行的路径时,学习方式的转变成为我们必须考虑的要素。最近 20 年,学习理论经过行为主义、认知主义到建构主义的演进,对人类的学习研究越来越多地考虑到了心智与情境的关系。因此,当教师的学习与教育实践如此紧密地联系在一起的时候,心智与

〔1〕 注:PhET:交互式科学仿真程序,科罗拉多大学物理教育技术项目。
〔2〕 陈刚. 物理教学设计[M]. 上海:华东师范大学出版社,2009.

情境的关联也自然地进入我们的视野，这就是情境学习理论。

一、情境学习理论解读

情境学习理论是在对传统学校教学中“知行分离”的批判和对传统学徒制模式的借鉴的基础上产生的。早在1929年，怀特海(Whitehead)在其《教育目的》一书中就提出，学生在学校学习知识的方式导致了“惰性知识”(inert knowledge)的产生，这样的知识仅仅为考试做准备，却无力应对现实问题。因此，在“去情境”的条件下获得的知识，经常是惰性的和不具备实践作用的。随后，雷斯尼克(L. Resnick，1987)通过对校内学习和日常生活的学习比较指出，与“个体化、去情境化、抽象的”校内学习不同，日常生活的学习是充满“合作的、情境化的、具体的”，这也许正是校内学习的问题所在。布朗、柯林斯与杜吉德(Brown, Collins&Dugid)则在认知和发展的科学性原则的基础上，借鉴传统学徒制的优点，首次相对完整地论述了情境认知与学习理论，他们强调知识的情境性，认为学习者是在情境中通过活动，与情境交互而习得知识的。因此，学习和认知本质上都是情境化的。与此同时，以莱夫(Lave)为代表的人类学家也从人类学的视角对情境认知与学习进行了研究。他们从传统学徒制的分析入手，提出了学习是学习者通过在实践共同体中，以“合法的边缘性参与”(legitimate peripheral participation)为路径，逐步走向中心并获取身份的过程。

情境学习理论的基本前提是，否认知识和概念是“去情境化”的独立实体，而将其“视为类似工具的东西，只有在使用的过程中才能完全获得理解”[1]。正如布朗等人在其《情境认知与学习的文化》一文中所说的：“知识只有放在它产生及应用的活动、情境与文化中去了解与学习，才能使学习者获得真正的理解与应用能力，孤立于情境之外的抽象概念学习，往往不是效果不彰，就是让学习者不知学习所为何用。”[2]基于此，情境学习理论对学习的理解远远超过了知识的获得，学习包含着建立一个“对他们在其中使用工具的世界，和对工具本身进行日益丰富的内在理解”(Brown 等，1989)。学习是被建构它的情境脉络决定的，知识是学习者自我发展的“工具”，学习者学习的过程就是在运用工具的过程中去理解工具。正因为此，这样的学习所获得的知识才具有高度的迁移性。因此，只有在社会文化的、以活动为导向的情境脉络中的学习，才是最真实和最有意义的。

---

〔1〕 Brown J. S. ,Collins A. &Duguid, P. Situated cognition and the culture of learning. Educational Researcher,1989,18(1):32－42.

〔2〕 同〔1〕。

情境学习的主要观点来自两个领域，基于心理学基础的情境认知和基于文化人类学基础的情境学习。由于研究视角和方法的差异，这两者对“情境”的解读有着各自的偏重，从另一角度讲，自然也就丰富了我们对“情境”的理解。

源自心理学的情境认知更为关注知行关系，其核心观点是知与行是交互的——知识是情境化的，通过活动不断向前发展。学习总是处于活动之中，并在活动中得到发展，也就是说，学习和理解是围绕着实践而构成的。其基本的分析单位是学习者情境化的活动，在此，情境认知表达了对有意义的学习活动的高度重视。但是，这里的学习活动绝不能简化为学习者的个体活动，而是在解决特定问题的合作者之间形成共享的目标和理解的基础上，通过成员之间的协商、互动而共享的实践。正如罗素(Russell，1997)指出的：“一个活动系统是任何一个正在进行的、目标导向的、历史条件下的、具有辨证结构的、工具中介的人类互动。”[1] 在情境认知的视野中，学习活动本质上是包含着主体、工具、客体、分工、共同体和规则等各项要素的活动系统。情境化学习活动，是学习者采用的行动与导致其行动的原因、所使用的资源、特定任务的约束等要素之间的互动。因此，反映在具体的实践形式上，为了促进学生的情境学习活动，教学设计的起点就是明确学习什么，行为发生的真实世界情境是什么，强调的是为学习者创设特定范围的行为与经验，而将学习活动抛锚于真实应用的情境中，这被称为创建“实习场”的方法。

与此不同，源自人类学的情境学习关注的不是意义或内容的情境性，而是将学习置于共同体的境脉中，强调实践共同体及其对学习的意义。其核心观点是个体通过参与共同体而获得自我发展，并在代际的传承中，推动着实践共同体自身的发展。这里的发展，不仅仅是个体知识和技能的获得，更重要的是通过对共同体身份及文化传统的认同而带来的发展。“实践共同体”的环境对于个体而言，最大的优势就在于镶嵌其中的经验。这种经验通常以故事(叙事)的形式呈现，并为共同体成员分享。正是这些经验铸就了共同体的文化传统，也因此赋予了每一个共同体成员的身份，而身份的获得是个体自我发展的中心性要素。Lave 和 Wenger 用“实践共同体的合法的边缘参与”描述了个体参与实践共同体的发展轨迹。“合法的边缘参与”隐喻着一个新手成长为某一实践共同体核心成员的历程。形象地描述，即在一个实践共同体中，新手作为一个“合法”的参与者，而非被动的观察者，在共同体的工作情境中渐进地参与共同体的活动，共享知识语境，通过对专家工作的观察和反思，与同伴及专家分享行动与见解，获得身份，传承文化。因此，在这个意

[1] 乔纳森.学习环境的理论基础[M].郑太年、任友群，译.上海：华东师范大学出版社，2002.

义上，情境更多地意味着一种文化价值传统，情境学习的核心在于“对实践共同体的实践参与”。

综合以上理解，我们认为，情境学习真正有效之处，正是源自其对学习中“经验”的关注。“经验”不仅源于任务，更重要的是蕴含在任务实践的过程中的有意义活动，以及在实践共同体中由任务所激发的学习者与专家及各个共同体成员互动所带来的营养供给。从“理论学习”与“经验”融合的视角，情境学习具备了以下几个关键特征：第一，它是实践指向的，这就要求知识的学习是镶嵌于真实的探究世界、完成任务的活动之中，知识的获得是为了更深刻地认识世界、解决问题。第二，从活动形态上讲，它是探究性的，即学习是以任务驱动的，强调学习的问题解决过程。第三，情境的社会性支持。无论是心理学意义上的“实习场”中各成员基于问题解决的共同目标的共享理解，还是文化学意义上的“实习共同体”中基于经验分享的文化传承，情境学习都强调作为社会关系的情境对学习者学习的支持。

二、教师情境学习的三种范型分析

（一）“行为学徒”：传统学徒制分析

如前所述，教师教育最早的教学模式就是学徒制。在学徒制的学习中，没有今天意义上的说教式教学，学徒通过观察、模仿、在实践中接受师傅指导来进行学习。因此，传统学徒制可以被视为教师情境学习的早期原型。对这一原型的分析，将有助于我们对旨在促进教师实践性知识养成的职前教师学习的理解。

应该看到，传统学徒制对于准教师更快速地把握教育实践的优势主要体现在“学徒经验”的获得上。首先，学徒制是一种现场教学，即在真实的教学情境中，准教师通过观察、接受指导和实践操练的组合学习方式学习教学知识。这里的教学知识并不是单纯的学习对象，而是准教师教学实践能顺利完成的必要条件，是行动的“工具”。也就是说，在这样的学习中，学习者不仅仅是获取“工具”，而是在尝试使用“工具”的过程中构建对“工具”的丰富认识。其次，对于学徒而言，学徒制中蕴藏着一个重要的信息来源，即师傅。作为一个专家实践者，师傅的教学实践，即专家处理复杂任务的过程，以范例的形式呈现出来。师傅的技能与经验，成为准教师自我知识建构的主要信息源。因此，学徒制中主要的学习是借助于师徒之间的互动来完成的。再次，从学习机制上看，学徒制蕴含的首先是一个外显的学习途径：学徒教师的学习启动于真实的教学场景，在现场实践中，随时接受着师傅的指导，从而形成了良好的反馈机制。从行为主义的学习理论来看，即时的反馈对于技能的学习是非常重要的。更为重要的是，在这种现场学习中，教师学徒从最初的观察、模仿到实际的操练，这种实践的参与性在不断地加强。而伴随着这个“逐渐逼近”的参与过程的，是其对场景的默会的理解力的不断增强。这可以视为此类学习的内隐途径。这样一种内外途径的协调，是“学徒制”培养的最大优势。此外，学徒制的教学往往依附着一种强烈的身份意识和情感体验。所谓“一日为师，终身为父”，不仅是师徒之间，同门之间也容易建立起一种积极的情感和身份，而这无疑对准教师的学习产生了重要的影响。本质上，这也是一种实践共同体文化的体现。由此可见，学徒制的学习中，技能学习和身份认同成为相辅相成的两个重要内容。

另一方面，我们也确实看到了传统学徒制与其历史背景相融合的先天不足。传统学徒制的产生源自社会对教师职业的技能性和经验性的强调。所谓师傅的经验大都仍停留在习俗的、无意识的水平，因此，学徒制基本没有现代意义上的理论教学。杜威认为“学徒从字面上讲就是‘通过做去学’”[1]，这也导致了“工业社会之前的职业实践形式反对和阻挠理论指导”[2]，故而理性思考的缺乏成为传统学徒制的最大弊端。传统学徒制中“思”的缺失，使得学徒更多地成为“行为学徒”，即准教师的学习大多停留在技能的模仿上，使得学习丧失了一个“精致化”的过程。

通过以上分析，我们认为，情境学习重在处理好三个关键要素的关系，即以“情境”为核心的“做”和“思”的关系。传统学徒制的优势在于“情境”与“做”的紧密结合，即“做中学”，但对“做”与“思”的厚此薄彼导致了学徒们缺乏对一定情境“思”的能力，也削弱了“做”与“思”之间的联系，其结果是作为“行为学徒”，他们也缺乏了创新实践的基本能力(图 5-3)。因此，教师情境学习，不是简单的“做中学”，更应倡导“思中学”，实现“行为学徒”向“认知学徒”的转变。

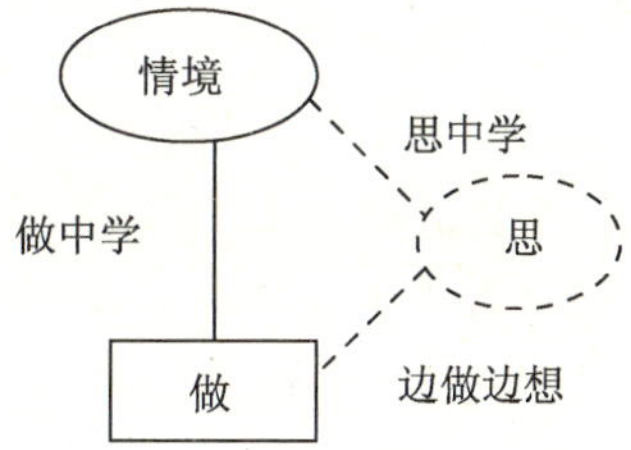

图 5-3　传统学徒制学习

（二）“认知学徒”：认知学徒制分析

简单地说，认知学徒，就是思维的学徒。柯林斯(Collins)、布朗(Brown)及纽曼(Newman)等人针对传统学校教育中学习与情境隔绝、做与思分离的弊端，提出了作为思维工具的知识，其获得方式与学徒学艺的方式在一定程度上是相同的，并在对传统学徒制改造的基础上建构了一种情境学习模式，即认知学徒模式。与传统学徒制相同，认知学徒制的学习发生在专家与新手

〔1〕 约翰·杜威. 确定性的寻求——关于知行关系的研究[M]. 傅统先，译. 上海：世纪出版集团，2004.

〔2〕 尤尔根·哈贝马斯. 理论与实践[M]. 郭官义、李黎，译. 北京：社会科学文献出版社，2004.

互动以完成某项任务的过程中，它“通过允许学生获取、开发和利用真实领域中的活动工具的方法，来支持学生在某一领域的学习”[1]。这体现了其强调“做中学”的一面，而且，认知学徒制在继承传统学徒制的核心技术(示范、指导训练、搭建脚手架等)的基础上，更强调对思维可视化的要求，即师生双方的思维都必须尽可能地外显给对方，这体现了其对“思中学”的强调(图 5-4)。由此可见，与传统学徒制不同，认知学徒制更强调了以“思”作为“做中学”的中介。正是基于这样的一种深入，使得认知学徒制突破了传统学徒制技能训练的限制，在现代教学中有了更为广泛的应用。

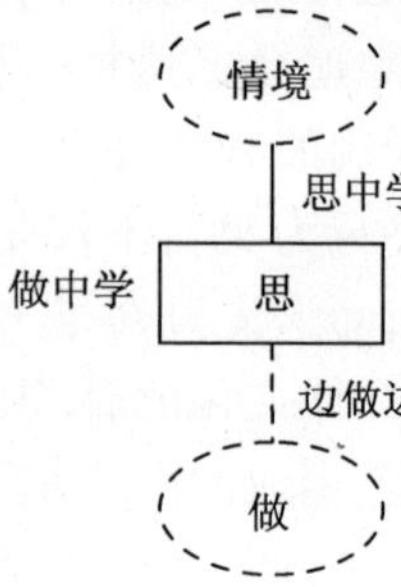

图 5-4 认知学徒制的学习

A. Young(1997)曾经总结认知学徒模式的几大特点。① 协作性的社会互动：强调学习共同体中的合作与分享的机制。② 真实性：任务反映真实世界的问题，将更有助于学生产生学习所需的内部动机；另一方面，真实性意味着在学习中任务以整体而非局部样式呈现，具有一定的复杂性。③ 支架：即在新手执行任务时提供的支持。④ 对认知过程的阐释和反思：是思维可视化和提高元认知意识的举措。[2]

以传统学徒制的核心技术为基础，认知学徒制由六个教学方法构成，大致可分为三组：

1. 示范、指导训练和搭建脚手架

作为传统学徒制的核心技术，这些方法贯穿于学生学习的整个过程。示范，即专家执行一项任务，让学生观察，并建构这个任务执行过程的概念模型。这一方法重在引导学习者在观察中学习，并对整个任务执行进行整体的感知。指导训练是专家对学习者学习过程的“监管”，并且在适当的时间，运用适当的策略，引导学习者及时把握情境中的有效信息，并对学习者的实践做出反馈。搭建脚手架则体现在专家针对学习者的当前状态而提供的支持。这种支持通常是针对学习者学习过程的不同阶段，对学习者将会面临的问题提供预设性的建议、帮助或提示，并且这一脚手架会随着学习者的逐渐熟练而渐渐隐退。

〔1〕 高文. 以认知学徒模式改造现行学校教育——迎接人类有史以来的第二次教育革命[J]. 外国教育资料. 2000,29(6):71－77.

〔2〕 Young, A. Higher－order learning and thinking: what is it and how is it taught? [J]. Educational Technology,1997,37(7－8):40－41.

2. 清晰表达和反思

这两种方法的设计是基于认知学徒制的“思维可视化”理念的。如前所述，学徒制的核心技术——示范和指导是以专家和学习者的相互观察为基础的，但是单纯的观察仅仅是一种外显的信息的收集，并不能有效地挖掘行动背后的策略、思想，尤其是伴随着实践运作的知识的学习，包含着大量的默会知识，对其进行尽可能的清晰表达，将有助于学习者对其的理解，也是共同体成员有效互动的基础。而反思则是基于学习者清晰表达基础上的一种比较，例如通过将自己的问题解决过程与专家和他人进行比较，从而帮助自己更清晰地对自己的实践做出反应。

3. 探究

探究使得学习者的学习摆脱了更多的结构化的限制，它赋予了学习者更多的自主思考的机会。正如柯林斯所指出的：“探究是促使学生用类似于专家解决问题时所用的过程去尝试他们的假设、方法和策略。”[1]因此，探究方法注重的是让学习者“像专家一样思考”。

认知学徒制最大的优势在于，通过以“思”为中介的“做”，将理论知识与真实情境结合，使得知识的“活性”被充分地挖掘，提升了学生对所学知识的理解，但同时，我们也应该看到，认知学徒制在某种程度上是针对学校环境对传统学徒制的改进，因此，尽管引入了真实的问题、情境，激发了学生的做，但这里的“情境”和“做”毕竟还带有一定的虚拟性(图 5-4 中用虚线表示)，与真实的实践还有一定的差异。相比之下，舍恩对学习者“思”的强调则更重视对真实的情境，尤其是学习者与情境互动(即“行动中反映”)的强调，我们不妨称之为“实践学徒”的培养。

（三）“实践学徒”：舍恩的“反映的实践者”培养模式分析

舍恩从其倡导的“行动中反映”(reflection-in-action)的实践认识论出发，提出了什么样的专业教育才能与之相适合的问题。他以“建筑设计工作室”为原型，构建了他的“反映的实践者”(实践学徒)的专业教育模式。

舍恩的模式以他所倡导的“行动中反映”为核心，以帮助学生逐渐学会以“一种超越固定规则的行动中反映”的方法来进行专业实践。其所倡导的“实践课”(图 5-5)，采用的也是一种类似于师徒制的人员构成模式，学生在作为辅导者的资深实践者的引导下进行实践，但与“认知学徒制”不同的是，这里的“情境”是完全真实的，因此，学生的“做”也是完全真实的(图中用实线表示)，其对“思”的强调更侧重于“边想边做”(即行动中反映)。作为辅导教师，

---

〔1〕 陈家刚. 认知学徒制[A]∥高文. 学习科学的关键词[M]. 上海：华东师范大学出版社，2009.

他们的主要职责是示范、建议、询问和评论，同时借由谈话的方式，“教授学生、交流信息、提倡理论、描述实践中的事例”。在这个过程中，舍恩非常强调通过学生与辅导教师的对话（他称之为“彼此互惠的反映性对话”），显性化专家在“行动过程中所表现出来的思考”，如专家是如何应对实践中的模糊地带的，专家是如何与情境资料作反映性的对话的。同时，他也非常重视同为学习者的学生之间的互动以及他们的学习发生的接近真实的学习环境的“浸润”作用。正如舍恩所说：“实践课的工作是通过某些联合体完成的：学生的做中学、他与辅导老师以及其他学生的互动以及一个更加离散的‘背景学习’（background learning）的过程。”[1]

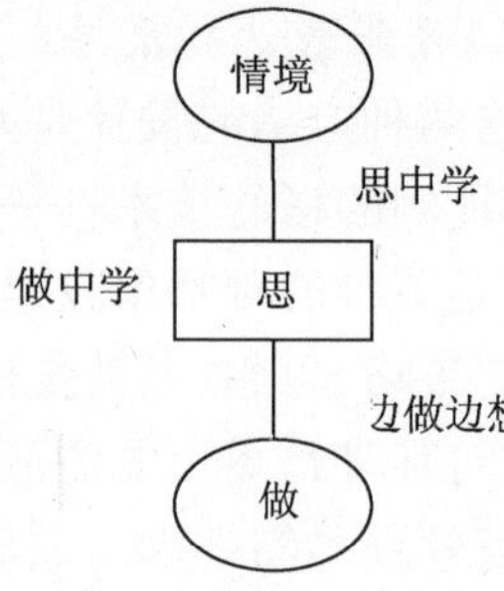

图 5-5　舍恩倡导的实践课

舍恩认为，“实践课”最核心的是发生在师生之间的言语和行动的对话。根据这种对话方式的不同，舍恩将实践课的辅导模式分为三大类：“跟我学”“共同实验”和“镜道”。

“跟我学”（follow me）模式是反映性实践的基础，其主导的形式就是示范和模仿，学生通过吸收辅导老师示范中的基本要素来建构自己的实践，其间，教学活动主要是在示范、模仿和评价的不断循环中展开的。虽然看似最为简单的模式，舍恩仍强调了这一模式得以成功实施，作为辅导老师和学生必须具备的技巧。对于辅导老师而言，首先要具备对实践中的整个行动及其部分之间的关系的一种把握能力。他所呈现给学生的必须是以对行动的整体意象为核心的，即便是某种层次的分析和解剖也是为了这种整合而服务的。其次，对于辅导教师而言，还有一个重要的能力在于“他利用一个包含介质、语言以及描述方法在内的广大的锦囊库的能力，这个锦囊库的目的是为了用各种不同的方法来表述他的想法，从而寻求那些能够与这个特殊学生‘一拍即合’的意象”[2]。对于学生而言，学习的技艺表现在，学会观察辅导教师的实践并领会行动背后的意义，这一阶段要求学生悬置自己的意图和目标。舍恩认为，“跟我学”对于实践初期的学习者是非常重要的，其必要性“存在于学习类似设计的任务自身存在的矛盾性之中”[3]，因为，在实践初期，学生往往并

〔1〕 舍恩.培养反映的实践者——专业领域中关于教与学的一项全新设计[M].郝彩虹、张玉荣等，译.北京：教育科学出版社，2008.

〔2〕 同〔1〕。

〔3〕 同〔1〕。

不确定他们能从辅导老师那里学到什么，所以这样的学习往往带有强制性，也正因于此，这样的学习有着激起学生防御行为的危险，对于辅导教师而言，如何通过评价化解这种危险的影响也是至关重要的。

"共同实验"(joint experimentation)，是辅导老师将较大的任务分解为容易执行的具体问题，他们聚焦于学生的意图和困难，并且选择和学生共同尝试不同的解决方案，引导学生对结果进行评价，并给予学生自由选择解决方法的权利。"共同实验"的方式可以帮助学生认识到"可以自由确立自己的目标，同时也向学生展示了实现预期效果的多种方式，树立了通过一系列局部的实验来设计实践的观念，有助于提高他们对自己实践结果的认识"[1]。显然，对于"共同实验"来说，核心是辅导老师通过创立并维持一种合作探究的过程，逐步引导学生寻求获取预期目标的适当方法，但前提是学生能够表达他所期望的目标。

"镜道(hall of mirrors)"是舍恩与其合作伙伴阿吉里斯在他们开展的有关有效的人际实践技能的实践课的教学中总结出的又一种辅导模式。这一实践课基于舍恩和阿吉里斯所提出的行动理论，即人们的人际交往行为通常会受制于其所宣称的"信奉理论"和自发的"使用理论"。一方面，人们用"信奉理论"来公开宣称自己的行为；另一方面，这种行为往往陷入一种默会的，与信奉理论不吻合的"行为图式"中，这就是所谓的"使用理论"。而这种冲突往往是由于"第一型行为"导致的，这种行为以达到自己认为的目标为行动的支配变量，从而使行动者习惯于控制与我相关的变量，使自身的行为陷入一种非输即赢、非赢即输的对立中，从而铸就了一种以封闭和防守为主要特征的行为。而与之相反，所谓"第二型行为"，其支配变量是有效信息，即个人的内在义务和自由而广泛的选择。在"第二型行为"所支持的人际交往中，人们之间能够尽可能地互相交换信息、交流问题，甚至将一些个人的、不便讨论的负面归因进行公开检视。舍恩倡导的实践课正是致力于"第二型行为"的习得。但问题在于，当学生们以旁观者的视角来审视某种"第一型行为"时，他们都能明确地辨析和判断这种行为对于问题解决的无意义，但他们恰恰也正是以同样的行为方式才得出这样的结论，这就使得此时的学习陷入一种"失败的循环"。破解这一"失败的循环"的关键就在于要让学生意识到自己在习得"第二型行为"的学习中，却对"第二型行为"的基本要素实施着自动拦截，这就是 "镜道"之一：将自己的行为投射在镜中，挖掘隐藏在行为背后的曾经不为自己所识别的个体的、造成自动拦截行为的因素，其本质是学会用新的

[1] 舍恩. 培养反映的实践者——专业领域中关于教与学的一项全新设计[M]. 郝彩虹、张玉荣等，译. 北京：教育科学出版社，2008.

方式去发现人际情境中的含义。接下来,学习者需要尝试"创造新的行为策略,以及实行并评估他们所创造的策略"[1]。这里,舍恩和阿吉里斯开发的可行的策略是推动有意的模仿,这是"镜道"之二:将自己投射在示范"第二型行为"的主体——辅导教师身上,有意地模仿他的行为。这一投射带来的"角色"效应,为学习者带来了新的视角,并帮助他们尝试从新的视角出发,发现新的问题,倾听新的声音,以便对新的行为做出反馈与评价。由此可见,"镜道"之核心就在于无论是学生还是辅导教师都不断地去实践"通过镜子来看"。一方面是学生对自己的学习实践的审视,他们学会通过实践自身的反映,通过教师的反映,来帮助自己逐渐地学会用新的方式看待事物并重新理解事物;另一方面,辅导教师也在"反问"自己,他们拷问着自己对学生学习实践的反映,审视着学生对自己提供的"帮助"的反映,并以此决定自己进一步的教学。因此,就辅导老师和学生而言,在这样的"实践课"中,他们担任的角色"不仅仅是实践者而且是即时的(on-line)研究者,他们都多少有意识地探究他本人及其他人不断变化着的理解力"[2]。

在舍恩的"实践学徒"模式中,新手所参与的真实任务完成是在专家实践者的引导、监控中实施的。在这一过程中,专家以自己的实践为学习者提供范例,因此学习的关键在于培养新手对范例的理解力。情境学习此时的关键是用以提升新手理解力的发生在专家与新手之间的互动。这种互动在新手的不同学习阶段也表现出不同的特点。在新手学习的初期,主要的活动为专家示范与新手观察、新手模仿与专家指导。这时发生在专家与新手之间的互动聚焦于两个方面:① 专家如何将自己的实践性知识清晰表达。② 新手用何种方法主动挖掘专家的实践性知识。在新手具备了基本的实践能力后,新手的实践和专家指导则更具有了共同探究的意蕴。这时候,专家与新手把注意力相对聚焦于新手在解决具体任务时的意图与困难,并以探讨不同的问题解决方案为途径来培养新手。此时专家与新手的互动更是一种合作探究的互动。在整个学习过程中,反思贯穿其中,成为支撑所有学习活动的基础。

三、基于情境学习的学习方式转变

综合以上对三种情境学习范型的分析,结合职前教师学习的特点,我们认为,职前教师的学习如果能在一个与教师工作实践高度接近的情境中,用类似于职业教师的思维方式,凭借近似于职业教师的问题解决过程来进行学

〔1〕 舍恩.培养反映的实践者——专业领域中关于教与学的一项全新设计[M].郝彩虹、张玉荣等,译.北京:教育科学出版社,2008.

〔2〕 同〔1〕。

习，并且“生产出”类似职业教师工作实践的产品，无疑将大大提高职前教师的学习效果。对于此类学习，Wolff-Michael Routh 曾做过如下的界定：① 在具有定义不良问题(ill-defined problems)的情境中学习；② 体验科学工作和科学知识的不确定性、模糊性和社会性本质；③ 由调用学生当前知识水平的需要而驱动；④ 在共享知识、实践、资源和话语的探究共同体中，获得作为其中一员的经验；⑤ 从富有知识的人身上吸收知识，不管这些人是同辈还是指导老师。[1] 参照以上标准，我们认为，基于情境学习的职前教师学习方式变革要体现出以下要素：

（一）学习的情境化设计

职前教师的专业学习必须镶嵌在真实的教育情境中，也就是说参与情境是职前教师学习的根本路径。如何理解所谓的“情境”，如何对学习的情景化进行设计，这是我们首先要思考的问题。

从情境学习的内在机制来看，它是建立在对知识的工具性的定位上的。知识作为一种工具，其本身没有任何意义，只有为人所用，才能与人发生关系，并最终被人理解、建构。为人所用，指的就是人所面临的需要工具解决的问题情境。因此，情境化设计首先立足于将知识内嵌于其中的工具化教育教学情境，此类情境创设的目的是为学习(问题解决)提供相应的资源和线索。在具体设计中，要把握情境与内容(知识)的关联性，不仅应包含相应的领域知识，更应该内嵌专家在问题解决中所采用的策略知识。此类情境通常是基于叙事的结构，叙事的最大优势是有助于提升学习者的情节记忆，从而提高学习的意义性和记忆效果。那么，工具化的教育教学情境如何呈现？除了完全真实的田野实践中的自然呈现，心理学取向的情境认知理论还提出了创建“实习场”的方法，即将学习活动抛锚于真实应用的情境中。这样，就拓展了真实情境的呈现方法。例如，基于案例的真实情境再现，基于角色扮演的情境模拟，都可以成为职前教师学习情境的创设方法。

此外，从知识的社会建构机制来看，学习是在实践共同体的文化参与中发生的。因此，除了“工具性情境”的设计，情境学习还要特别重视学习发生的“文化情境”的设计。这一情境设计突出的是实践共同体的文化适应机制。所谓“文化适应”，指的就是人在其一生中，都有意无意地通过观察和实践接受着他所在的社会团体的信念、行动规则和价值取向的影响。从这个意义上来说，职前教师的情境学习就是准教师进入教师专业共同体的文化适应过程。因此，重视实践共同体的文化建构，帮助准教师进行身份认同，也是情境

---

〔1〕 赵健，裴新宁等. 适应性设计(AD)：面向真实性学习的教学设计模型研究与开发[J]. 中国电化教育，2011(10)：8.

设计的重要考量。例如，通过构建实践共同体（如师范生联盟、教师教育机构与中小学校的伙伴联盟等），帮助师范生形成良好的身份认同，并通过与共同体成员的交流互动，对共同体文化的耳濡目染，实现其由边缘的参与者到核心成员的发展过程。

（二）实现“参与式”学习

情境的创设并不能保证有效学习的发生。保证学习者对情境的真实“参与”是情境学习的核心。对职前教师而言，这意味着以教师的身份参与学习，以类似专家教师的思维和方法构建对教育实践的真实理解，从而建构意义，得到理解。如何激发学习者的参与式学习？其关键是与学习者个体高度相关的任务设计。Skehan(1999) 认为，任务是一种有意义的活动，而不是形式上的操练，任务必须是解决某个实际问题。学习者应当通过“做事情”来完成任务。[1] 这就意味着职前教师所面临的学习任务一定是教育实践中教师必然会去做的事情。它有着高度的复杂性，需要各种子技能和相关知识的综合应用。因此，对于初学者的任务设计，复杂性处理显得尤为重要。遵循“全局技能优于局部技能”的原则，教学中应首先呈现任务的全貌，以便帮助职前教师理解任务的整体结构，从而形成有关教学任务的清晰的全景图，并在此基础上强调子技能和个别知识的掌握。当然，全局任务在具体的安排上还是应该遵循复杂性递增的原则。例如，在教学技能的培养中，可以遵循“练习课”“讲授课”“探究课”的序列，不断增加师范生对复杂课型的把握能力。

此外，在任务设计中，还应包含一些体现教学方法的“人为任务”。例如，就实践性知识的学习而言，其本身和教师的教学思维密切关联在一起，就意味着在教学中需要强化师范生的思考过程。这就需要在实际任务完成的过程中，增加相关的思维可视化（清晰表达和反思）任务。麦克莱伦认为，清晰表达包括两个方面：把分项知识和技能分开，去更有效地学习它们；更普遍地表达或演示出知识和思维过程，以暴露或澄清它们。[2] 清晰表达的任务，是指在学习者完成任务的过程中，适时地暂停，表达自己的所思所想。因此，清晰表达可以帮助师范生将一些隐性的知识外显，有助于自己的重新审视，这样的表达也是共同体成员互动的基础。相比清晰表达，反思的任务更多和任务完成的成果相关联，通常是在任务阶段性完成后，在自己的行动产生相应的结果后，对自己行为的审视。它虽然和完成任务本身的活动不直接关联，但经过反思训练，将更有助于学习者将学习迁移至不同的学习情境中。

---

〔1〕 钟志贤，刘春燕. 论学习环境设计中的任务、情境与问题概念[J]. 电化教育研究，2006(3)：16—21.

〔2〕 高文. 学习科学的关键词[M]. 上海：华东师范大学出版社，2009.

（三）教师的指导作用

在职前教师的情境学习中，教师的角色更多是专家实践者、学习支持者。正如我们在前面所论述的，对于实践性知识的学习而言，“范例”的优先性始终是大于“规则”的。尤其是对于初学者而言，只有在对范例经验的基础上，才有可能更好地理解规则。因此，师傅，或者说专家实践者的实践性知识，是职前教师重要的学习来源。具体而言，在职前教师的情境学习中，教师的核心任务是为学习提供支持。这种支持是和学习者不同的学习阶段面临的不同问题结合在一起的，具有高度的针对性，如示范、指导。示范，是指专家呈现实作的完整过程，并且将内部的认知过程外显。本质上，它是专家实践者操作、解释自身实践的过程。示范所引发的是学习者的观察与倾听，虽然相对比较被动，但因为专家的示范与相应的任务联系在一起，因此，对学习者而言，更具意义。指导，体现的是对师范生学习过程的监管，需要教师及时地发现学习者学习过程的困难与不足，并以暗示、建议、示范等方式提供帮助。教师的指导重在适切性，即所谓的“扶”与“放”，在师范生尝试问题解决的过程中，既要给予直接的讲授，又要注意为他们的探究和尝试留出足够的空间。

（四）注重学习产品

在情境学习中，产品是学生任务完成的结果，同时也是学生知识建构的外在表现。就具体的教师情境学习而言，学习产品包括针对特定教育教学问题的解决方案、对教育现象所阐述的观点、对课程和教学单元的设计等。对于职前教师情境学习产品的强调，旨在通过创造产品，促进师范生建构、重构他们对教育教学的个人化的理解。在针对具体的教育问题解决的过程中，师范生尝试用相关的教育理论支持其对教育现象的分析，解释其对教育教学方案的活动规划，这些，都将有助于其在教育理论与教育实践中建立联系，促进其教育理解力的深化。另一方面，学习产品的构建，往往不是一蹴而就的。这个构建过程，也是产品不断完善的过程。在这一过程中，通过物化的产品，可以反映出师范生的思维逐渐成熟的过程。这也成为很好的学习评价的素材。最为重要的是，由于产品的物化和可视化，它可以成为师范生个体反思的直接素材和学习共同体讨论、评价的对象。正是借助于这一物化的对象，学习所必需的有针对性的反馈才得以发生，从而形成理解—物化—反馈—改进的良性循环，提高学习质量。

以情境学习变革师范生的学习方式，贯穿在教师教育的各项具体课程实施中。例如，前文中提及的设计导向课程所支持的基于设计任务的学习。而对于目前仍占大多数的学科课程形态的教师教育课程而言，案例教学是可行的促进情境学习的有效方法。此外，对于教师教育尤其重要的教育实习等实践类课程,也需要在促进情境学习的视野下予以重新审视。

综上,依据课程开发—课程实施(学习方式变革)的逻辑线索,我们也大致勾勒出了职前教师实践性知识发展的路线图:首先,需要开发更多基于问题解决的理论与实践互动的整合式课程,改造传统的基于学科逻辑线索的学科课程,构建丰富的、多种形式的课程形态;其次,在课程的实施中,注重为准教师的学习创设高度模拟真实教育实践的情境(如案例教学、设计性学习等),促进准教师形成专业的思维方式,帮助其建立起分析教育教学实践的基本概念框架。在此基础上,强化职前教师在教育实习中的"现场学习",通过真正的在实践中的学习,强化其实践性知识的形成。

本章小结

本章围绕如何促进职前教师实践性知识发展的核心问题,从课程建构和学习方式转变的视角,探讨了职前教师实践性知识发展的路径选择问题。在对职前教师教育课程进行历史梳理及对当前课程实施问题剖析的基础上,提出教师教育应重新审视理论与实践的关系,构建基于理论与实践互动的、设计导向的整合式教师教育课程,并探讨了设计导向的教师教育课程的开发关键。同时,提出在提升职前教师作为学习主体的前提下,以情境学习重新审视职前教师学习。通过对情境学习理论的梳理,以及对职前教师教育情境学习的三种范型——行为学徒、认知学徒和实践学徒的分析,总结了准教师情境学习的关键要素。

据此,结合当前的职前教师教育课程学习与现场学习相结合的基本操作模式,职前教师实践性知识的发展路径为:以理论与实践互动为基本原则,开发基于问题解决的综合课程;以情境学习为主线支持职前教师的"课程学习"和"现场学习",通过学习方式的变革,促进师范生实践性知识的习得与发展。

第六章　基于案例教学的职前教师实践性知识发展

基于职前教师实践性知识发展的目的，以情境学习变革学习方式成为职前教师教育课程教学中首先面临的问题。就实践性知识而言，其本质上是一种策略性的思维方式，它发生于教师为特定学科、特定学习者和特定的课堂情境进行计划、组织、实施与评价的过程中。因此，教师教育课程实施中重要的考量就是如何凸显这种“具体性”。而“情境学习”正是以学习者在具体的、接近真正实践的情境中的学习活动为中介，使学习者对课程传递的知识赋予自我建构的个体经验意义。因此，职前教师的“课程学习”需要将职前教师置于一个模拟教师真实教学实践的情境中，通过主动的探究活动，激发职前教师“像专家教师那样去思考”，从而体验专家教师在教育实践中的专业思维，收获解决类似问题的经验。那么，如何创建这样一个模拟真实的环境，如何引导其体验专家教师的思考和问题解决？出于对这些问题的思考，我们将视线投向了案例教学。

6.1　案例与实践性知识发展

一、教师实践性知识的表征

在谈及教师实践性知识培养的话题时，首先必须要厘清的是实践性知识究竟是如何表征的。因为这决定了我们如何为职前教师选择适合的学习资源形式。前文中曾经阐明，实践性知识之于理论性知识的差异就在于其不能用传统的基于概念分析的表征方式来表达。为此，学者们从不同的途径探讨了实践性知识的表征方式，研究大体可以分为两种范式：现象学范式和心理学范式。

现象学范式的研究，以艾尔贝兹、康纳利等人的研究为代表。他们将对教师实践性知识的研究置于一个更为宽泛的场景中，如康纳利所言，“直接研究教师生活的各个方面,如在课堂上、课堂外和个人生活中"[1],并且强调教师专业发展的不同阶段对其实践性知识生成的重要意义。因此,他们往往更多采用人种志的研究方法,通过教师的直接参与、对教师的教学实践乃至日常生活的现场观察、对教师的访谈等从第一手的实地考察记录入手,赋予其意义。作为研究成果,他们创造性地运用了一些术语来表征教师实践性知识。艾尔贝兹在1983年出版的《教师的思考:教师实践性知识研究》一书中指出:"为了能够概括实践性知识的内在结构特点,我们必须寻找能够恰当表述教师实践性知识的实践性、经验性和个体性三者关系的基本术语,它们是规则(Rules)、原则(Principles)和意象(Image)。"[2]在此基础上,康纳利、克兰迪宁和何敏芳(Connelly, Clandinin, & He Ming Fang)等人提出以意象(image)、规则(rules)、实践原则(practical principles)、个人哲学(personal philosophy)、隐喻(metaphor)、周期(cycles)和节奏(rhythms)以及叙事主题(narrative unities)作为教师实践性知识的表征形式。他们通过对几名教师进行数年的人种志观察,通过与教师共同构建的故事,去了解教师的实践性知识。例如,克兰迪宁在1982年对教师斯蒂芬妮(Stephany)进行多次访谈和课堂田野考察后,发现斯蒂芬妮的许多教学行为都围绕着一个家庭生活的理念来运作,比如她在课堂里摆放饼干,以增加课堂环境中的家庭感。克兰迪宁赋予她"教室就是家"(Classroom is home)的意象。她认为,"似家的教室"既反映了斯蒂芬妮如何看待作为教师的自己(孩子们的家长),同时也潜在地影响了她的教学实践(保持一种亲密、平等的师生关系)。可以说,这一"意象",是其教师实践性知识的核心,主宰着她的教育教学实践。在现象学的范式中,叙事成为一种基本的研究方法。这是因为实践性知识的情境性和个体性决定了其无法用我们熟悉的"理论术语"来表征,但它同样需要有一种"可以言明的语言",这是"一种接近经验的语言,一种情感的、道德的和审美的语言",这就是叙事的语言。

也许是现象学范式研究的独辟蹊径,其研究的方式和成果都让人眼前一亮,而不经意中让我们忽视了另一条关于教师实践性知识表征研究的范式——认知建模。显然,这是一条相对传统的心理学研究范式。如果说,康纳利将研究的视野扩展到了各个"专业知识的场景"的话,认知建模范式则将研究执着地定格在了"课堂"这个教师工作的核心舞台上。教师实践性知识,从根本上说是教师怎样做和为什么这样做的知识。因此,它和教师的实践行

〔1〕 康纳利,克兰迪宁.专业知识场景中的教师个人实践知识[J].华东师范大学学报:教育科学版,1996(2):5-16.

〔2〕 Elbaz. Teaching Thinking: a Study of Practical Knowledge [M]. London: Croom Helm,1983.

动是密切相连的。心理学范式的研究正是通过对视频课例(video of the lesson)的研究,围绕着“教师在课堂上做了什么,为什么这样做”这一核心问题,以教师的课堂实践为研究对象,试图通过关注教师如何理解他的教学行为、理解他的教学决策,以建构一种认知模型来解释教师的课堂行为。显然这样的认知模型在某种程度上就是教师实践性知识的表征方式。这一范式的代表人物是美国匹兹堡大学学习研究与发展中心的雷哈德(Leinhardt)及其团队。雷哈德等人的研究发现,影响教师教学的重要因素是教师如何组织自己的知识。这样他们将研究焦点置于教师的教学实践图式上,并且发现,实践图式是一系列由目标和相应行动构成的序列,它包含了一系列表征形式:课堂流程(classroom agendas)、课程脚本(curriculum scripts)和惯例(routines)。[1]所谓课堂流程,是课堂计划的另一种表现形式,它决定了课堂活动的整体流程,是一个活动和相应目标构成的序列。雷哈德认为,作为其他图式作用的结构基础,这是最上位的表征形式。而最下位的图式则是惯例。惯例实际上是教师的习以为常的行动脚本,其特点就在于行动的自动化,而具有最小的认知负荷。对于中位的图式表征,雷哈德引入了普特南(Putnam,1987)首创的一个术语,即课程脚本。课程脚本同样是目标和行为序列的集合,但通常描述的是熟悉的场景中惯常的行动所引发的熟悉的反应,且由于其与所教内容高度融合,所以它是围绕着一定的课程主题组织的,例如,如何向学生解释一个特定的概念,学生会有什么样的反应,教师又如何回应。雷哈德指出,正是课程脚本,在实践中充实了课堂流程的表征。如果说,课堂流程提供了课堂实践的骨架的话,那么正是课程脚本充实了这一骨架,使课堂变得有血有肉,充满生气。由此可见课程脚本在整个实践图式中的核心地位。事实上,在雷哈德之前,就有学者(Morine—Dershimer,1978)提出了与此课程脚本颇为类似的说法——课堂意象(lesson image)[2],用以说明教师在教学前对课堂实际运行的想象。很显然,“课堂意象”已超越了传统的“教案”(lesson plan)的内涵,它几乎涵盖了教师对课堂教学的所有场景的想象:教学的顺序、学生可能的不同反应、我的应对等。因此,课堂意象或课程脚本,在某种程度上,是教师对于特定教学片段的心理摹写,是教师实践性知识的视觉表征形式。雷哈德基于其表征模型对专家教师与新手教师的知识表征差异的研究也证实了这一点,他发现专家教师在课程脚本和课程流程表征上显

〔1〕 Miriam Gamoran Sherin. Exploring diverse accounts of teacher knowledge[J]. Journal of Mathematical Behavior,1999,18(3),357—375.

〔2〕 Alan H. Shoenfeld. Models of the teaching process[J]. Journal of Mathematical Behavior,1999,18(3):243—261.

示出更为精致的知识组织，比如专家教师在描述课堂时更关注教师和学生活动的细节，并且更关注对课堂进程的及时评价等。

以上研究虽属不同范式，但让人有“殊途同归”的感受。

首先，教师的实践性知识，就其内部表征而言，离不开一个核心，即意象(image)。作为最早研究的学者，艾尔贝兹将“意象”看作是构成教师实践性知识的核心部分，而教师在实践中表现出来的实践规则、原则都是由“意象”统摄的。“意象”结合了教师的感觉、价值、需求以及信念，是教师赋予自己和自己实践场景的一种极具个体化的形象。康纳利、克兰迪宁等人则更强调实践性知识的“个体性”，他们认为，教师的“个人实践性知识”本质上是“通过我们所参与的教学情境而反映出我们自己”，这是一种“道德、情感和审美维度的认识”[1]，因此，他们的意象更是一种带有情感、价值隐喻的形象，这就是教师意象(teacher image)。而沿着心理学路径对实践性知识问题的研究所揭示的课堂意象(lesson image)，则更细致地阐述了教师赋予自己和课堂实践场景的极具个体化的形象。显然，不同的研究丰富了“意象”所指，也毫无疑问地确立了“意象”在教师实践性知识中的核心地位。艾尔贝兹曾经指出，意象几乎容纳了教师对自己、课堂教学情境、教材和学校环境方面的多数体验，似乎起到了组织这些领域的体验的作用。[2]这里的包容不仅是一种容纳，更具有一个上位意义上的组织、统领的内涵。这种组织与统领，不仅表现在“它触及过去，并且综合处理对现在有意义的各种经验”，更体现在对教师未来行动的引导上，“它有目的地指向未来；并且在经历相关情境时，因为意象的作用，又创造出新的意义联系和新的情境”[3]。正是在这一意义上，克兰迪宁将“意象”定义为“教师实践性知识的一种个人的，元水平的组织概念，它体现了个人经历，表达了个体实践，也是产生未来经验的视角”[4]。在意象的统摄下，实践性知识还有一些其他的表征形式，如规则(rules)、常规(routine)等。这些在本质上是教师应对复杂的课堂场景的一种策略化的行为。借助于这些行为的程式化，教师得以用更多的认知负荷去应对教学的复杂信息处理。但同时我们也看到，情境的复杂性使得教师在具体的规则使用或是程式化行为的实施时，仍然存在着相当大的变数，而这则取决于教师的临场判断与决策。

其次，教师的实践性知识，就其外部表征而言，更多是依靠叙事的语言。

---

〔1〕 Clandinin, D. J. Classroom Practice: Teacher Images in Action[M]. London: Falmer Press, 1986.

〔2〕 姜美玲. 教师实践性知识研究. 华东师范大学博士学位论文. 2006.

〔3〕 F. 康纳利, D. 克兰迪宁. 教师成为课程研究者——经验叙事. 刘良华、邝红军等, 译. 杭州: 浙江教育出版社, 2004.

〔4〕 同〔1〕。

在现象学的研究范式中，与教师共同构建故事，成为核心的研究方法；而心理学范式中的视频课例(video of the lesson)何尝不是另一种叙事的形式？叙事(narrating)，或称“讲故事”(story－telling)，是人类最古老的意义感知方式。它涵盖了“个体层面和社会层面的基本结构性经验，是个体乃至人类的一种知识组织方式和基本思想模式”〔1〕。布鲁纳(Bruner，1986，1990)曾经提出过人类两种主要的认知方式——典范式和叙事式。典范式，即通常的科学的认知方式，是分析的、综合的、抽象的，去除了认知当中个人化因素和特定情境的因素的认知；而叙事式则正相反，是特定的、实地的、个人的与情境化的。自然科学对客观性的推崇使得逻辑阐述占据了绝对的认知话语权，成为认知的典范(这也许正是布鲁纳将其命名为“典范”的原因所在)样式。但是，毫无疑问，这种“宏大语言”，在不知不觉地抽干和掏空实践活动最鲜活的东西，而这些恰恰是人们意义理解不可或缺的。叙事的魅力就在于其鲜活性，“将意识元素组织到有意义的事件中去”〔2〕，成为人们“意义建构”的主要方式。因而在现实生活中，人们更多地运用叙事、故事来解释问题、解决问题。因此，有着情境依赖的教师实践性知识，也自然地以叙事作为主要的表征方式。

二、案例：教师实践性知识的承载

以上我们对教师实践性知识表征的分析恰恰诠释了在职前教师的实践性知识养成中选择案例作为学习资源的理由，即案例是承载教师实践性知识的最好媒介。

在详细分析之前，我们先简单回顾一下案例教学的历史。作为情境化学习的一种，案例教学起源于专业学院的建立，被认为是体现专业教育性质的核心方法。作为首创者，哈佛法学院第一任院长兰格德尔从倡导法学教育的科学化出发，主张通过以具体的判例为素材，系统地教授法学的原理与学说。其所说的“案例”，是以清晰体现法学原理与学说为目的而加以选择的法庭陈述与辩论。通过“案例教学”的最大目的，是求得对案例中所隐含的法学原理的理解。兰格德尔的案例教学与“苏格拉底教学法”相结合，形成以判例的解释和质疑为基础的法学教育的定型方法。但是，我们也看到，兰格德尔的案例分析，“不像法庭更像考古学会的专业”〔3〕。因为，在这里，案例仅仅是承载某种理论的载体，而忽视了实践问题的复杂性和语脉的依存性问题。出于

---

〔1〕 傅敏，田慧生. 教育叙事研究：本质、特征与方法[J]. 教育研究，2008(5)：37－40.

〔2〕 David H. Jonasson，J Hernandez-Serrano. Case-based reasoning and instructional design：using stories to support problem solving[J]. Educational Technology Research，2002，50(2)：65－77.

〔3〕 佐藤学. 课程与教师[M]. 钟启泉，译. 北京：教育科学出版社，2003.

对兰格德尔的案例教学的原理性批判，埃利奥特、艾姆斯等人提出，专业知识是作为个人知识发生作用，而专业实践是以复杂情境中的问题界定为中心的专业知识的运用。因此，“案例分析不是旨在科学原理与学说的教育，而是把科学原理与学说的实践性本身作为教育的目的”[1]。案例教学，作为一种教学方法，其目的是培养专业人士在解决实践问题时所运用的特有的思考方式。由此，我们看到了案例教学中对案例的要求：对真实实践的还原。我国台湾学者张民杰在对案例教学深入研究的基础上对案例作了以下的定义：“案例是对真实事件的叙述。这项叙述包含了事件中的人物、情节、困境和问题，以作为分析、讨论、做决定、问题解决等的基础。”[2]从这个定义中我们看出，案例就其本质而言，是对真实发生的事件的叙述。这样的叙述可以是文字的、语言的，甚至影像的，但必须包含对事件中的人物、情节、困境或问题的描述。案例的叙事表征呈现给学习者的就是真实的实践情境，也唯有情境，才是“意象”生成的源泉。由此，我们看到了案例与实践性知识的本质关联。为此，李·舒尔曼曾说：“从认识论的角度来出发，由于案例可以巩固教学或者其他领域的各种实践性知识，所以它可能更适合于实践性知识。”[3]

另外，实践性知识发展的客观规律也诠释着案例对于初学者的重要性。舍恩指出，对学生而言，完成任务意味着“她(学生)必须建立一种意象，树立起她与任务之间的关系意识，勾勒出一幅她从此地到她意欲到达的彼地的路线图”[4]。那么，学习者如何学习完成任务呢？事实上，新手情境学习的起点无一例外的都是从对专家实践者实践范例的观察开始的。观察所赋予新手的并不是条分缕析的概念、规则，而恰恰是一个个具体的“象”。在最初的学习阶段，这样的“象”只能是一种“表象”，随着新手对实践的理解和参与度的加深，随着在学习过程中由师生互动、反思所带来的对情境的理解的深入，新手的“象”的积累经历了量和质的变化，从而更具一定的抽象性，这也就是实践性知识表征研究中反复出现的“意象”。在“意象”的统摄下，新手在实践中逐渐发展出实践规则、实践原则，从而形成、发展他们的实践性知识。由此可见新手实践性知识的发展经历了“象”从模糊到逐渐清晰、丰富的过程。在新手的“象”逐渐生成与建构的过程中，“案例”成为其优先的学习来源。当然，案例的学习并不是要学习者记住案例的人物、情节，而是借助于案例提供

[1] 佐藤学. 课程与教师[M]. 钟启泉，译. 北京：教育科学出版社，2003.
[2] 张民杰. 案例教学法——理论与实务[M]. 北京：九州出版社，2006.
[3] 朱迪思·H·舒尔曼. 教师教育中的案例教学法[M]. 郅庭瑾，主译. 上海：华东师范大学出版社，2007.
[4] 舍恩. 培养反映的实践者——专业领域中关于教与学的一项全新设计[M]. 郝彩虹、张玉荣等，译. 北京：教育科学出版社，2008.

的真实情境，将其作为分析、决策、提出行动方案、检验理论的基础。综上，“对于大量不可预测、没有确定性和需要自己判断的观念和工作，案例是将新手引入其中的理想之选”〔1〕。

三、“课程学习”中的案例选择与实施

在具体的“课程学习”中，我们首先需要解决的问题是“案例从哪里来”。笔者认为，有以下路径可供选择。

第一，指导职前教师挖掘“学徒经验”形成案例。职前教师教育中，“课程学习”之目的在于促进学习者对作为教育公共知识的教育理论形成个体化的理解。按照建构主义的解释，学习是建立在学习者已有的经验基础之上的，所以，在教学中我们首先面临的是如何看待师范生多年的“学徒经验”。康纳利等人的研究表明，个人生活的这种经验无疑是其实践性知识的重要来源，但是，我们也应该看到，这样的经验是未经证实的，它需要其拥有者对其进行理性的审视。“课程学习”应该帮助学生更好地、深入地检视自己的经验，因此，将个人经验以案例的形式引入课堂，有助于师范生学会以理性的思考对待自己的经验，在此基础上，完成对理论知识的个体建构，甚至发生“概念转变”。

第二，整理专家教师的教学实践形成案例。作为“规则”的理论学习，是以足够的“范例”经验为基础的。一方面，规则本是从范例中抽象而来，但对规则的理解如果脱离了真实的范例，则很容易成为只存在于口中，而无法存在于行动中的“惰性知识”。另一方面，“范例”是专业实践者“经验库”的主要构成。舍恩认为，在错综复杂的专业情境中，实践者往往是依靠他们储存的大量熟悉的例子和主题即他所谓的“经验库”，通过“相似地看”和“相似地做”与情境进行互动，并从情境的反馈中对问题进行“重新框定”，以解决实践问题，进行实践行动的。师范生由于未曾亲身经历教育实践，“经验库”的匮乏成为其最大的缺陷。专家教师的教育实践，作为一种真实的实践范例的呈现，一方面承载着实践者的复杂的实践情境，另一方面展现了实践者面对这一情境的应对。对其进行深入的观察、分析，将帮助师范生最大限度地丰富自己的“经验库”。此外，结合认知学徒制对“专家示范”的要求，专家教师的教学实践(比如课例)还是一种专业思维方式的承载，通过案例教学，可以帮助师范生理解作为教师在面对教育实践时如何思考问题、解决问题，从而帮助他们操练专业思维，形成自己的专业思维方式。

〔1〕 朱迪思·H·舒尔曼. 教师教育中的案例教学法[M]. 郅庭瑾，译. 上海：华东师范大学出版社，2007.

第三,以“新手教师”的实践为案例。“新手教师”通常指刚刚入职的初任教师,这里也涵盖作为实习教师身份的师范生。作为“新手教师”,在最初面对真实的教育情境时,有着一些共同的关注和问题,比如他们更关注自身的教育生存,关注自己的实践表现等。以“新手教师”的教育实践为案例,可以帮助职前教师以其为自身的“镜像”,发现同为初级实践者可能遭遇的共同问题,并且借由对这些问题的反思,提升自己的反思能力。

按照真实性学习的要求,在案例教学的具体实施中应把握一个总的原则,即探究学习的取向。从“关照实践的理论学习”出发,教师教育引进案例教学的根本目的是引入真实的教学情境,从而引发职前教师以一定的理论为视角,对真实情境中的教学行动进行深入的思考。这是情境学习中“知识工具化”的体现,也使得基于案例的学习呈现出探究学习取向,佐藤学将其称为“教学的临床研究”。同为案例教学,法学教育中侧重学生对典型判例的熟悉,但对于教师而言,“重要的不是精通大量的案例,而在于精通诊断、评析案例的方式和方法”[1]。因此,对职前教师而言,案例在很大程度上虽然承载着大量的“教学范例”,但它不应该仅仅成为被模仿的对象,案例教学旨在引导职前教师运用相关理论知识,在对这些替代经验进行深入分析的基础上,丰富自己的教学体验,更好地实现从学生到教师的视角转变,从观察者到研究者的角色转变。其本质上是借助于“替代经验”去发展师范生进行教学研究的直接经验。

以上我们探讨了职前教师教育中,以发展实践性知识为旨向,实施案例教学的理由和一些总体原则。但如果围绕教师实践性知识的生成与建构,我们在案例教学中还有一些特别的关注。那就是,案例教学如何促进作为实践性知识核心表征的“意象”的生成与建构。

6.2 意象:案例教学的核心旨向

一、意象的哲学内涵解析

究竟什么是意象(image)?它和我们常说的形象、表象有什么样的关系?我国哲学史家、思维学家刘文英认为:“所谓意象,就是经过多次感觉、知觉之后,为人脑所摄取、所留存、所反映的客观事物的形象。它是不同于概念思维的一种思维方式,即意象思维的结果。”[2]她认为,意象和概念是“组成人的

〔1〕 佐藤学.课程与教师[M].钟启泉,译.北京:教育科学出版社,2003.
〔2〕 刘文英.漫长的历史源头[M].北京:中国社会科学出版社,1996.

思想和构成人的思维活动的独立的两个基本元素”。其共同的特点是，将外界物质的形态和特性、现象和本质，经过人脑的反映和加工，化作人脑内部的精神形态的东西，即观念。它们都经历了认识主体伴随着实践活动而产生的“感知”阶段，但与概念思维将“感知”进行逻辑的、分析的抽象加工并形成“概念”不同，意象思维对“感知”进行的是另一种完全不同路径的抽象，那是一种基于整体的，而且是动态整体、创生整体的抽象。由此可见，意象，源自表象而高于表象。正如哲学史家王树人先生所言：“作为思维发生过程，其起点或初级阶段，虽然与形象、表象相关联，但是，在象思维之思的活动中，其象则不仅与形象之象、与表象之象不同，而且是远远高于后两种象的‘原象’。”[1]所以，意象的关键就在于它是一种“意”的表达。与概念思维的对象化不同，意象思维的基本立足点是把握事物活生生的、有机的、变化发展的整体，这就是“意”——一种不使整体受到任何僵化的把握，是通过“象的流动与转化”，而展示的充满生命活力的整体性。

因此，“意象”是主客观的统一，“象”表达了其客观基础，即源于现实生活；“意”则是精神的创造，表现了人的本质力量。中国古典美学中的“意象”，指代的就是创作主体、欣赏主体的主观情意同外在物象相结合，并外化为艺术形象之情形。同样，正是在这个意义上，阿恩海姆从视觉心理的角度认为，意象是视觉思维对其认识对象的性质和关系进行积极主动的把握而生成的，因此，“这种特殊的意象，已经不能简单等同于一个客观真实的事物，而是代表着一种质的东西，说到底，就是心灵对某种事物本质的认识和解释的产物”。显然，在阿恩海姆看来，意象是经过抽象的形象。而这一抽象过程，体现在意象形成过程中对感觉之“象”的取与舍。由此可见，意象的生成始于“表象”，其形成是在充分的感觉的基础上，对感觉之象的一种抽象与概括。而这种概括，本质上“乃是科学家完善其概念，艺术家完善其意象的手段。它远远不是一种机械的手段，而是要求一种‘活动性’心灵特有的机灵和智慧”[2]。这样的“机灵与智慧”，在某种程度上就是对“感觉之表象”的一种默会、领悟能力，是主观心灵对感觉之象的融合。它的发展、成熟与意象的形成与发展是相辅相成的。

据此，我们认为，深入挖掘作为实践性知识表征的意象，有助于我们揭示教师实践性知识形成的思维中介：意象思维。

---

[1] 王树人. 中国象思维与西方概念思维之比较[J]. 学术研究，2004(10):5.

[2] 鲁道夫·阿恩海姆. 视觉思维——审美直觉心理学[M]. 滕守尧，译. 成都：四川人民出版社，1998.

二、意象思维的解读

如前所述,意象思维是不同于逻辑分析思维的,极具东方文化内涵的人类观察、理解世界的一种思维方式,其思维前提是对世界的一种整体性而非对象性地把握。因此,意象思维是主客一体的,它承载着作为个体的人的经历、体验和感受。其核心是人的主观心意与世界的融合。在这一过程中,象成为道的承载,而意才是道的核心。这里的"意"就是人作为一种存在的追求,是人与世界的一种关系。在中国传统文化的语境中,连接着"意"与"象"的就是"悟",这是不同于"认识",超越"认识"的一种生命的"体认""体验""体会"和"体悟"活动,是意象思维的核心活动。

作为一种思维活动,"悟"与"认识"的区别主要是人作为整体参与世界。这种整体性介入具体表现在:① 情感的参与。"悟"是生命存在的一种方式,它不是外在的、形式性的东西,而是一种内在的、个体的、发自内心的与生命、生存相联系的活动。正是有了作为生命的"我"对世界的参与,此时的"我"才拥有最强的感受力、最多的触角。因此,这样的活动是充满情感的。② 身体化的、直觉的参与。整体性的介入在很大程度上是依赖自己的身体和直觉进行的。在"悟"的活动中,人以自己的身体为工具和世界进行着互动,并在此基础上以身体对世界的直觉回应着世界。因此,此时人与世界是零距离的,表现出一种行动的自然对话本性。③ 智力的参与。"悟"的活动当然并不排斥以认识为主的智力活动。人之所悟,同样需要人对世界的观察与感知,并在此基础上通过辨别、比较、判断甚至是推理,明晰这样一种认识。由此可见,"悟"是一种智力在情感、身体的共同参与下,人作为一种生命的存在与世界的交互活动,也正因于此,"悟"所代表的意象思维在方法和表征上表现出不同。

中国传统的意象思维,往往通过隐喻的方式,即"以象说象"的方式来表示事物的本质属性和特征(即所谓"道"),其基本方法是"以象来观察、思考与表达世界"。正如老子所言:"孔德之荣,惟道是从,道之为物,惟恍惟惚,恍兮惚兮,其中有象。"可见,象既是道的承载,也是悟道的媒介。所谓隐喻,即"用一种事物来理解和经历另一种事物"。因此,"以象说象",其目的是形成"意象",这是一种既不同于对事物简单模仿而成的具体的形象、表象,也不同于概念思维中的对事物纯粹抽象的一种"形而上"的象。那么以什么样的"象",如何来说"意象"呢?对于这样的"象的流动与转化"过程,现代知识心理学提供了另一种解读思路。

在意象的形成中,表象建构是意象生成的起点。心理学认为,表象系统记录与保存人的多种感觉信息,构成个体独特的经验世界之结构功能情景图示,由此滋生个体基于具体经验的"过去时"情感反应模式。[1]因此,表象系统,既是一个有关事实、情景和原型记忆的资料库,同时也是人类情感、知识发展的基础和动力。可以说,"深广丰富的表象资源和深厚浓烈的情趣意向,乃是催发自由想象、直觉灵感和哲理洞察力的决定性心理动力和精神基础"[2]。

那么,表象又是如何转换成意象的呢?学者们对这一问题的思考似乎也没有达成一致。我国哲学史家刘文英坚持意象与概念独立性,他认为,意象和概念是在最初感知所获得的表象的基础上,沿着不同的路径抽象加工的结果,即在逻辑、分析的路径上进行抽象加工形成了概念;而基于动态整体、创生整体的抽象就形成了意象。王树人先生则更是将"充满生命活力的整体性"的表达视为意象生成之关键。问题在于,既然是一种整体的思维,为什么要排斥基于逻辑思维的合理诉求呢?从这一点看,将意象与概念二元对立显然是不合适的。学者丁峻认为,在表象向意象转换的过程中,存在着概念与表象选择性匹配的过程,其结果就是作为某种概念和特定表象有机结合的概象的生成。因此,作为概象,"既是对各种表象完形整合的知觉结果,又是使整体(概括性)表象同相应的概念名称发生符号链接、形成初级抽象认识的判断产物"[3]。它是知识形成中一种合理(逻辑性)又合情(旨趣性)的认知中介产物。作为整体思维的产物,概象的生成既需要基于逻辑实验的"推理",又需要基于表象实验的"想象"。在现代语境中,"想象"一方面指代着某种"图像形成"(image－forming),例如,心理学将想象定义为人在头脑中对已存储的表象进行加工改造形成新形象的心理过程;另一方面,"想象"意味着某种或是独特,或是奇异,或是新颖的观念的表达,它反映的是"图像"的性质与质量。而"注重图像的性质和质量的这种想象,强调一个人内心生活的丰富性和情感质量"[4]。所以,在学习中,想象与推理的共同作用,"意味着一个人不只是理性地理解,而且伴随着生动的图像和情感的联系,全面地和内在地理解"[5]。在意象生成的过程中,想象与推理的互动、呼应,并最终激发、重组而成的概象是重要的中介。它所承担的正是将以大脑右半球为主的"经验库"与以大脑左半球为主的"概念库"相衔接并整合贯通,促使经验与理论、情感与逻辑的联姻,从而实现经验的升华,推动理论的内化与体验。最终,思维主体在其情知意力量的推动下,对感性表象与知性概象进行完形重构,形

〔1〕 丁峻. 知识心理学[M]. 上海:上海三联书店,2006.

〔2〕 同〔1〕。

〔3〕 同〔1〕。

〔4〕 Kieran Egan 等. 走出"盒子"的教与学:在课程中激发想象力[M]. 王攀峰、张天宝,译. 上海:华东师范大学出版社,2010.

〔5〕 同〔4〕。

成了意象。

知识心理学以表象—概象—意象的发展过程对“象的流动与转化”进行了心理机制的探讨。同时也强调了思维主体的情知意对意象的形成和发展的动力作用。即意象经由表象、概象的发展，需要主体情感、身体、智力全方位的投入。可以说，意象是基于感性化的经验与情感推动，借助于逻辑的推演分析与创造性的想象合成，经由“悟”的支持而生成的，它是经验与知识、情感与思维贯通、互动的结果。这一分析为我们在教师教育中发展教师的实践性知识提供了明晰的思路。

三、基于案例教学的意象思维训练

我们认为，与技术取向的教师教育对教育知识、技能的训练不同，以发展教师的实践性知识为旨向的教师教育应更重视对教师意象思维的训练。因为意象思维是主客一体的，它更强调作为主体的教师的自主意向，强调对教学情境的一种体验、体悟，而不仅仅是对教学的解剖、分析。因此，意象思维的训练，借助于“悟”，以表象—概象—意象的路径帮助教师更好地完成在教育意义上自我与世界的互动，更容易进入教师的信念层面。教师通过此训练将自身的生活经验、自己的价值、信念统整起来，在与教学情境的充分互动中去真正理解教学，从而发展出适应于自我实践的知识。

（一）以表象建构和感性塑造为基础

发展教师实践性知识的前提是教师走进现场。这一现场就是教育教学的情境。而走进现场，目的就在于使教师在情境中经历一种教育性的理解世界的方式。通常我们对“情境”会做出这样的定义：“人必须对其作出行动的各种具体细节的总和。”[1]但对于“教育情境”而言，它并不是纯粹客观意义上的关于“位置、条件或环境”的总和，而是一种“作为教育关系的存在”。事实上，我们每一个人最早就是以孩子、学生的身份走进教育现场，通过观察父母、老师的教育行为，感受与父母、老师的关系而开始各自对教育的理解的。这样的理解大量以表象的形式，夹杂着浓厚的情感因素留存在我们的记忆中，这就是生活经历。因此，对教师而言，意象思维最初的起点就是这些夹杂着情感元素的表象。我国学者林一钢在其对职前教师的研究中发现，职前教师对于“好教师”的标准往往集中在人格方面[2]。例如，“关爱学生，注重学生的全面发展”“教师是凭良心做事情，对学生很负责的老师、敬业的老师都

〔1〕 马克斯·范梅南．教学机智——教育智慧的意蕴[M]．李树英，译．北京：教育科学出版社，2001．

〔2〕 林一钢．中国大陆学生教师实习期间教师知识发展的个案研究[M]．上海：学林出版社，2009．

是好老师”等。这些实际上就是职前教师在其学生经历中，以学生的视野对教育情境中教育关系的一种感知。但同时，林一钢的研究也表明，职前教师在“学徒观察”的经历中，习得的更多的是对当前学校教育讨厌的负面态度，比如等级化的师生关系、陈旧的教学方法等。因此，在职前教师教育中，当我们需要职前教师从教师的视角去理解教育情境时，首先应该关注职前教师记忆中的“表象”以及面临的对“表象”的强化与重构。当前教师教育对“实践体验”的强调，从某种意义上说，也是希望职前教师通过与真实教育情境身体性的互动，丰富其关于教育教学的表象。

教育情境作为一种教育关系的存在，还意味着对教师意象思维训练中的感性塑造的强调。教育，从最原始的意义上来理解，正如范梅南所言：“抚养孩子和教学均来自同样的教育学最基本的经验：保护和教导年轻一代如何生活，学会为自己、为他人和为世界的延续和幸福承担责任的这一神圣的人类职责。”〔1〕因此，作为教师，以教育意义所展开的对世界的理解本质上是建立在人与人的交往与互动关系之上的，而贯穿这一人际交往活动的就是教师作为生命存在的情感投入。其核心就是范梅南所说的“信任的同情心”(trustful sympathy)。“具备同情能力就是能够分辨孩子的声音、眼神、动作和神态的细微差异表征。带着同情心我们感受到孩子的体验是什么样的，他又是处在一种什么样的情绪之中——受挫、兴奋、伤心、厌烦、快乐、冒险、恐惧、忧郁、着迷。在对孩子保持一种同情心的同时，我们被同样的情绪、同样的感情感染。于是，我们和孩子形成了一种更为亲密的关系。”〔2〕因此，对教师而言，教育性的同情(sympathy)意味着以爱护和关心为中心，充分认可学生作为一个人的生活经历。以这样一种投入性的“理解”去开展教学也是作为教师意象思维之核心的“悟”所必需的。

（二）以想象与推理训练促进概象的形成

作为整体性的意象思维，智力性的介入也是其一个重要的组分，落实这一要求就是以想象和推理训练促进从表象到概象的发展。所以，意象思维训练并不排斥作为“规则”的教学理论的作用。而与以往的教学过于推崇对教学理论的逻辑推理的重视，使得职前教师对理论的掌握仅仅停留在“概念”上的认知不同，意象思维强调将知识概念与经验表象的选择性匹配，通过“经验库”与“概念库”的贯通，促进“概象”的形成。而概象的生成正是以想象和推理为主要方式的。

具体而言，在职前教师教育中应重视以下两点：

---

〔1〕 马克斯·范梅南. 教学机智——教育智慧的意蕴[M]. 李树英，译. 北京：教育科学出版社，2001.
〔2〕 同〔1〕。

1. 在具体的教育情境中培养职前教师对教与学的分析能力

对分析能力的强调,本质上是基于规则的教师学习的一种诉求。如果说最初的体验形成的表象是职前教师“看热闹”的结果,那么与情境结合的规则学习则是帮助职前教师“看门道”的训练。从情境认知的要求出发,在具体的教师学习中,案例成为一个很好的提供教育情境的载体。但是以往的职前教师教育中的案例应用,更为重视案例作为理论的一个实例,其核心思想是用案例的呈现使理论具体化,因此其主要方法是训练学生运用理论来解释案例中的实践活动。而基于情境认知的案例教学,更强调学习者以一个问题解决者的身份进入案例现场,通过对案例所呈现的问题或困境进行分析、判断、决策,结合相应的规则,提出行动方案。因此,在这样的案例学习中,规则是作为学习者的认知工具,在问题解决的过程中习得的。对于新手而言,规则的学习有助于其构建解决问题的“脚手架”,并且在大方向上保证问题解决的基本思路的正确。因此,培养职前教师对具体教育情境中教与学的分析能力,实际上是帮助职前教师利用理论知识所构建的分析框架,运用逻辑的、推理的思维,对案例所呈现的真实的课堂进行分析与探究。此时的分析与探究,强调的是一种在具体环境中的个人判断,即将抽象化的概念知识转换为与个人实践行为密切相关的具体知识。这样的分析成为一种意义建构的手段。显然,此时案例教学实施的关键是将探究一般性法则、对事物作抽象分析与解决特殊情境下的问题结合起来。

2. 重视教学设计中的课堂想象训练

White(1990)指出,一个“富有想象力的人是能够想象诸多可能性,通常伴随一些丰富细节的人”[1]。对职前教师进行课堂想象训练,其目的是训练师范生在利用规则预设教学活动的基础上,运用形象思维,对教学活动进行更具灵活性的阐释、理解和把握。我们知道,有效教学是对教学中的各种因素(教师、学习者、教学内容以及学习环境等)综合考量的结果。但以往职前教师教育的教学设计学习,往往是基于“理论”原点出发,介绍的是作为规则的教学设计一整套的概念体系和一套程序化的步骤,其结果就是所谓教学设计学习的“两张皮”现象:职前教师虽然习得了教学设计理论的知识(往往仅限于抽象的教学思路的设计与演绎),在实践中却还是倾向于依靠自己的经验和对别人范例的模仿进行教学设计。其症结就在于课堂想象的缺位。

所谓课堂想象,是教师在理性地规范教学活动的同时,运用图像生成和情感的联系,将课堂理解成一种可能的状态。这是一个运用形象来思维,赋

〔1〕 Kieran Egan 等. 走出“盒子”的教与学:在课程中激发想象力[M]. 王攀峰、张天宝,译. 上海:华东师范大学出版社,2010.

予教学活动以人的品质、感觉还有意图的重要心理活动[1]，也是教师主体对课堂教学的一种个体的、独特的理解的表达。Calderhead在研究中发现，经验教师在实践中对课程的设计往往采用"更为实际的方法，他们并不是首先思考目标，再去推断哪种课堂活动更为理想，而是首先在头脑中浮现具体的工作场景，并据此决定可以做什么"[2]。以往对专家教师的研究表明，这是专家教师的一个重要特征。"专家教师往往都在课前有一个模拟'实践情境'的脑中教案，在脑海里'排演'这节课或浮现上过的相似课中发生的种种情境，设想学生的表现、教室的布置、教学的流程到眼神、动作、光线等方方面面。"[3]因此课堂想象训练可以帮助教师在脑海中以虚拟情境的方式进行教学演练。通过对真实教学情境的想象，借助于角色扮演，帮助职前教师以现场实践者的身份构建更富细节性的、具体生动的课堂教学场景，这是一个将教学设计的"规范动作"赋予个体意义的方法。

就本质而言，课堂想象是帮助职前教师将经验建构的表象与知识概念建立起某种匹配的过程。正如前文所分析的，作为理论的教学设计本质上是一种演绎、分析的方法，将复杂的课堂教学系统中的各个影响因素进行分解，进而选择相应的策略与方法，完成对教学的问题解决方案的设计。而课堂想象的这种匹配，却是借助于想象的完形功能，将这些分解的因素，通过想象的情境的支持，将情感体验、价值取向、各种经验和感受融入的一个整合思维过程。因此，这样的想象过程是将特定教学活动作为一种师生之间的具体的交往互动而进行的心理摹写。在这个摹写的过程中，教学系统的各个要素在情境的支持下有效地组织起来，从而为教学的动态生成建立具体而富有弹性的图景。

6.3　职前教师案例教学应用实例

本节向大家展示笔者作为学科教学论教师，在教育技术（师范）专业的《信息技术课程与教学》课程中，以案例教学为依托，以情境学习为设计框架，对信息技术职前教师进行实践性知识发展训练的教学尝试。

一、案例教学设计框架

综合前文的论述，笔者认为职前教师教育中，以实践性知识发展为旨向

---

[1] 李建军．课堂想象：通向教学智慧的必由之路[J]．教育科学研究，2011(6)：28－44．

[2] Calderhead, J. Teacher's Classroom Decision－making. London: Holt, Rinehart and Winston, 1984.

[3] 刘徽．教学机智论[M]．上海：华东师范大学出版社，2009．

的案例教学，其基本的落脚点包含以下三个方面：第一，在案例所呈现的真实的教育情境的支持下，关注职前教师对情境的体验，促进其情感、态度、价值观的形成。实践性知识不同于单纯的操作性知识，其关键就在于它是一种“向善”的知识。教育作为一个培养人的活动，其根本的目的是促进人的发展。因此，发展职前教师的实践性知识，应该以他们对教育的德行品质的理解为基础。这应该成为贯穿职前教师教育始终的重要线索。第二，以真实的情境为依托，帮助职前教师形成对教育实践进行分析的基本概念框架，以提升其合情合理地进行课堂决策的能力。针对这一目的，案例教学以问题分析和问题解决为基本线索。第三，在真实的案例分析中，注意引导职前教师发掘自身的个人经验，以促进概念转变或重构，并帮助其养成反思习惯，形成基本的反思能力。

在具体案例教学设计中，为了提高学习的真实性，借鉴赵健等学者的研究成果，笔者主要从三个维度——知识维度、情境与活动维度以及社会关系维度对学习的真实性进行了“逼近设计”。

（一）知识维度

作为课程学习的主要内容，领域内容知识是实施案例教学设计的第一维度。例如，作为学科教学论课程，《信息技术课程与教学》主要涉及的是学科教学的基本知识和技能，内容涵盖课程目标、课程标准、课程主要内容、各种教学方法及信息技术教学设计与评价等。这些知识是教师实践性知识的重要来源。但是，在具体呈现这些知识时，从情境学习的要求出发，在设计时，我们追求的是这些知识在被建构的过程中逼近专家知识，即这些知识在真实的教学实践中是如何体现出来的。因此，领域内容知识往往是依托实践整体而呈现的。另外，在知识维度的设计上，还应重视学习者先前知识的深度挖掘，比如，由学习者撰写教育故事，反思自己从学生的视角对领域内容知识的理解。

（二）情境与活动维度

“在什么样的情境下怎样学习”是情境学习设计的核心。情境与活动维度的设计，旨在建立学习的场景和事件序列，使得学生的学习在任务和方法层面实现对实践的逼近。在《信息技术课程与教学》的教学中，笔者选择了以案例为情境设计的主要方法，并且依据复杂性渐增的原则，逐渐增强案例的复杂程度。最初的文本案例主要呈现课堂的某个局部，进而以视频课堂实录案例呈现完整的课堂教学，最终由职前教师尝试进行教学设计，并通过角色扮演模拟教学，自主设计案例。这一渐进的安排践行了教学设计的“序列”原则，为职前教师理解真实教学实践的复杂性提供了可能。

学习活动的设计则以“探究”为主要原则，将职前教师置于“教学研究者”的位置，对案例呈现的教育实践进行探究。对探究活动的支持设计主要体现在如何引导职前教师发现问题，并且以专业的思维方式来解决问题上。为此，笔者尝试了“脚手架”原则，即在案例研究的早期，为职前教师提供工作表单或研究路线图，为其探究建立“强支架”，随着课程的进展，逐渐弱化支架，培养学生从已有的概念冲突中自主发现问题，在随后的探究中分析、解决问题，从而提升其反思能力。

（三）社会关系维度

社会关系维度的设计重点在于使得情境学习在实践共同体知识产生过程这一层面上实现一种复演和模拟，其核心问题是如何在课堂教学中构建一个“职前教师发展共同体”。首先，得益于案例的情境导入，领域专家（即案例中的专家教师）在虚拟的层面上加入了由教师和学生构建的共同体中，使得职前教师有机会观察、分析专家的问题解决过程，从而赋予了其“合法的边缘参与者”的角色。在实践中，为了强化职前教师与专家教师的互动，笔者还尝试设计了“拷问专家教师”的网络交流活动，以网络为平台构建在线的、虚拟的“职前教师发展共同体”。社会关系维度的设计不仅仅体现在成员构成上，更为重要的是体现在对共同体成员的社会协商的逼近上。这种“社会协商”具体体现在师生、生生之间对案例的充分互动与交流即案例讨论的设计中。

二、案例教学实例

（一）融合案例的理论教学：《谁是嫌疑人》

本案例选自浙江省信息技术特级教师边楚女的一篇博文，文章短小精悍，以生动的语言向我们展示了专家教师运用自己的教学机智成功化解一次教学意外的过程。案例如下：

> 《数据库系统》课上，学生要在数据库系统平台上输入个人信息以形成一个数据库。在展示数据库信息时，我发现有位学生输了同班男同学小陈的信息，而且把小陈的性别改为了“女”。全班同学哈哈大笑，我瞄了一下陈同学，看他笑得有点尴尬。
>
> 我在数据库系统后台查看了一下 IP 地址后说：“同学们，我现在‘沉痛’地向大家宣布，这位恶搞陈同学的嫌疑人已经找到，他——就是小朱同学。但其实，这是我上课前与小朱同学达成的默契，目的是让同学们体会数据库系统背后的技术魅力。”
>
> 学生们知道这是我给小朱同学一个台阶下，都会意地笑了，小朱同学也很释然地在那里偷着乐。这时可爱的小陈同学大叫：“老师啊，请注意，我才是受害者。”
>
> 我说：“哈哈，男人嘛，有一些磨难，你才能练就一颗强大的内心。现在我给你恢复正身。”

> 我在服务器后台上把小陈的性别改了过来，同时也引出了技术是一把双刃剑这样一个道德命题。
>
> 下课时，我注意到，小陈和小朱说笑着离开了教室。

从发展职前教师的实践性知识出发，笔者在案例选择时有一个基本的思路：将课程呈现的理论知识与实践语境下教师以本土概念形式表现的实践知识结合起来。《谁是嫌疑人》的案例选择，其焦点就是“意外”，希望通过对具体的“如何处理课堂意外”这一问题的探究，使学生理解教学的预设与生成，对教学的复杂性产生更为深刻的理解与感知。

本案例的教学大致分为案例预习、课堂讨论和撰写案例分析报告三个过程。在具体实施时，笔者进行了如下的设计。

1. 为学生的探究提供支架

案例预习主要是帮助职前教师熟悉案例，在激发其已有经验的基础上，对案例所呈现的问题进行“预思考”。为此，笔者以批注的形式呈现了图 6-1 所示的工作表单，以问题列表的形式引导学生的思考，并为之提供支架。

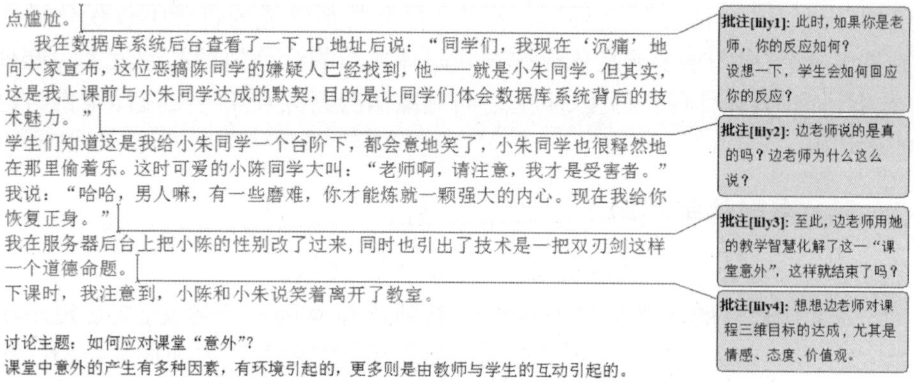
点尴尬。
我在数据库系统后台查看了一下 IP 地址后说：“同学们，我现在‘沉痛’地向大家宣布，这位恶搞陈同学的嫌疑人已经找到，他——就是小朱同学。但其实，这是我上课前与小朱同学达成的默契，目的是让同学们体会数据库系统背后的技术魅力。”
学生们知道这是我给小朱同学一个台阶下，都会意地笑了，小朱同学也很释然地在那里偷着乐。这时可爱的小陈同学大叫：“老师啊，请注意，我才是受害者。”我说：“哈哈，男人嘛，有一些磨难，你才能炼就一颗强大的内心。现在我给你恢复正身。”
我在服务器后台上把小陈的性别改了过来，同时也引出了技术是一把双刃剑这样一个道德命题。
下课时，我注意到，小陈和小朱说笑着离开了教室。
讨论主题：如何应对课堂“意外”？
课堂中意外的产生有多种因素，有环境引起的，更多则是由教师与学生的互动引起的。

批注[lily1]：此时，如果你是老师，你的反应如何？设想一下，学生会如何回应你的反应？
批注[lily2]：边老师说的是真的吗？边老师为什么这么说？
批注[lily3]：至此，边老师用她的教学智慧化解了这一“课堂意外”，这样就结束了吗？
批注[lily4]：想想边老师对课程三维目标的达成，尤其是情感、态度、价值观。

图 6-1　以批注形式呈现的工作表单

通过分析师范生所提交的案例预习，笔者发现真实的教学案例所呈现的情境极大程度地激发了师范生对诸如此类问题解决的思考。在情境的支持下，他们很自然地以教师的视角开启了自己对课堂意外的思考。但此时的思考，停留在对“事件本身”的应对处理上，且此时他们的“行动方案”由于带有明显的个体经验和个性色彩，呈现出极大的差异，大致可分为“杀鸡儆猴”派、“不闻不问”派和“巧妙引导”派。师范生小 S 认为：“边老师的处理太过柔性。我认为，小朱同学的行为主观上也许并无恶意，但客观上对课堂造成了干扰。这样的行为是必须被禁止的。但边老师善意的谎言，虽然给了小朱同学一个台阶，但也有可能向学生传递出错误的信号，那就是在课堂上调皮捣蛋也没啥，老师会帮我解围的。所以，对这样的行为，必须予以严肃的批评。”师范生小 Z 认为：“如果我是老师，我大概会将它视为一个小小的插曲，然后维持一下班级秩序，再按原先准备好的教学计划开始上课。但是，也许这样做，陈同学大概会继续懊恼，其他同学则会因为此事件而继续私下交流。这个被我置之不理的事件可能会影响此课堂的学习效率，甚至会对陈同学的人格发展产生不良影响。”而师范生小 P 的“行动方案”则显得有策略一点：“我心底里第一感觉这是在小孩子中再正常不过的事情了，但是陈同学的心理需要照顾。因此我会故意说一下：‘哦，原来是我们小陈同学的性别被改了呀，让我来看看是哪个家伙在捣乱。’然后看着小陈笑一笑，再说：‘你小子在班上人气挺高的呀，当年你老师我也是这么受人喜欢的。’前一句话明确了大家的笑点，同时也委婉地批评了恶作剧的同学。第二句话就是变相地安慰一下被恶作剧的同学。学生应该多半把笑点从小陈转到我的身上。接着，我会说：‘你们不知道吧，老师我这边是可以查看后台操作的，谁捣的乱子我一眼就看出来了，小朱同学你说是吧。’然后集中大家注意力：‘好，今天既然有人表现了一下自己的计算机能力，那么我想看看其他同学能不能达到同样的水平，谁来试试能不能把性别改回去。’这样既提醒了小朱，让他知道这个事情是不对的，同时也化解了这样的尴尬。这样同学们的注意力很快会转移到解答技术难题上面去了。”

显然，通过对案例的预思考，师范生的先前经验被充分激发，随后的教学则需要帮助师范生回溯自己的问题解决过程。借助于对规则的理解，通过对自己经验的思考，形成对此类教学问题分析的概念框架，以理性的思考提升其对教学的认识。因此，案例讨论课就是通过对边老师的教学行为的分析，为师范生呈现一个分析的范例。笔者设计了以下学案。

讨论主题：如何应对课堂意外？

导语：课堂中意外的产生有多种因素，有环境引起的，更多则是由教师与学生的互动引起的。所谓“意外”，即在我们的意料之外。之所以产生，是因为我们对教学有了一定的规划，这就是作为“设计”的教学。然而教学的复杂性就在于它不会简单地按照我们预设的轨道去运行，当教学偏离了我们的轨道，也就是“意外”产生的时候，我们首先要做的是对这样的“意外”做出迅速地诊断。

面对这样的课堂场景，你是如何诊断的？你为学生的行为如何定性？

选择 1：故意捣乱

选择 2：一个小玩笑

选择 3：不经意的错误

以上三种选择反映了你对师生关系的潜意识，联想自己的学习经历，有没有类似的体验？

针对以上不同的选择，你可能的行动方案是什么？

处理课堂意外，一个基本的原则是：让“意外”为“设计”的教学服务，让意外融入自己的“设计”，为教学目标的达成服务，这就是课堂的“生成”。

想一想：你如何看待边老师对这一课堂意外的处理，有什么优势和不足？

总结：假如今后你在遭遇课堂意外时，你的思考框架是什么？

进一步思考的问题：在师生互动时，哪些因素会导致“意外”的产生？

围绕着对边老师应对课堂意外的行为分析，在教师的引导下，师范生从课堂管理中如何做到“以人为本”、如何将课堂中的意外生成可利用的教学资源等视角对“如何应对课堂意外”的讨论主题进行了分析。

2. 理论知识的“工具性”安排

借助于本案例提供的生动的问题情境，学生很容易进入角色，尝试解决问题。但在教学中尤其要注意避免学生就事论事，单纯以经验思维来解决问题。因此，在案例预习中，笔者还设计了一个资料库，主要是一些有关课堂管理、课堂的预设与生成的相关文献和术语解读，要求学生在案例预习时，带着问题查看资料库，并且在课堂讨论时，学会引述相应的理论为论据，从而为学生学会理性分析问题提供工具，同时，也使得这些理论知识在学生解决问题的应用中得到更深的理解，并要求他们在课堂讨论的基础上，对相关的文献进行深入阅读理解，进而对自己直觉的“行动方案”进行分析、回溯，完成一个案例学习报告。

（二）基于案例的教学法学习：《不可能的任务》

《不可能的任务——Windows 综合练习》，是特级教师边楚女的获奖课例。[1]课堂教学以任务驱动：公安局卧底要找到国际毒品组织下一次交易的地点并将地点信息传送出去。为完成这个任务，学生需要根据组织头目对话中几个有价值的关键信息，在电脑中搜索出包含交易地点的图片文件，并将其压缩到最小，以最快速度传送出去。贯穿这一主任务，一系列的子任务层层推进，将其中包含的知识点的学习自然无痕地渗透其中。课堂中学生积极投入，教师适时引导。该课成为计算机课向信息技术课转型的典范之作。

1. 本案例教学设计

作为任务驱动法的教学实例，本案例以课堂实录的形式，为职前教师呈现了一个真实的教学实践情境。就最初的教学目的而言，本次案例教学旨在让职前教师以一个课堂观察者的视角，对课堂教学进行分析、理解，重点在于把握任务驱动教学法的设计策略与具体实施过程。但是考虑到其视频载体的呈现，对课堂教学复杂性的表现是最为全面的，学生对此类案例的深度挖

[1] 此课例荣获 2003 年浙江省信息技术优质课比赛第一名。

掘将有助于其对教学形成一个更具全景性的认识。因此,本次案例教学进行了两轮设计安排。第一轮的案例分析以随机进入教学模式为框架,并没有设计问题清单去规范职前教师的思考,而是要求学生自由观察,写下观课感想。第二轮的设计才将焦点置于任务驱动教学法,为学生提供工作表单,引导其对课堂教学方法进行深度探究与思考。

2. 教学片断分析

随机进入教学,是建构主义教学模式的一种。其核心思想是,在教学中注意对同一教学内容,在不同的时间、不同的情境下为不同的教学目的、用不同的方式加以呈现。换句话说,学习者可以随意通过不同途径、不同方式进入同样教学内容的学习,从而获得对同一事物或同一问题的多方面的认识与理解。这是应对具有高度复杂性教学内容的最好方法。显然,在课程学习中,发展职前教师的实践性知识的一个很重要的方面就是帮助师范生反思教学的复杂性和不确定性。在第一轮的自由观察中,职前教师基于各自经验,对课例中所反映出的教学的各个方面进行了挖掘。

(1) 挖掘"学徒经验",生成新的理解。

以下是信息技术职前教师小 Z 的感想:"我觉得边老师特别理解学生。在最后一个任务提交时,她注意到一些同学迟迟没有上传作业,就鼓励说,不管你完成的情况如何,只要提交上来,任务就算完成了。以前我们上课时,每每到老师要求交作业时,就蛮紧张的,感觉充满竞争,担心自己做得不好。这让我们上课的感觉非常不好。"我们看出,小 Z 对这一课堂细节的关注是基于自己"学生经历"的体验,正是基于此,才让她对边老师在课堂上所表现的"善解人意"有着充分的感知。而这里她所关注的正是在课堂情境中所蕴含的"教育关系"。这种关系常常是以教师对学生正在发生的事情的即时领悟形式表现出来的。在讨论中,笔者让师范生试着比较一下作为教师的另一种领悟形式:"还有五分钟的时间,请大家即时提交作业,如果不提交,本次作业记零分。"师范生普遍感受到:"也许最后学生都提交了作业,从结果来看,似乎这两种不同的领悟形式没什么不同。但很明显,从学生的感受来看,后者无疑是给学生带来巨大的压力的。"显然,通过比较,增强了职前教师对教育情境的"教育学理解"的能力。

(2) 自由观察:建立关于教与学的初步表象。

就教学设计而言,第一轮的自由观察是以帮助师范生建立起关于教与学的初步表象为目的的。

在讨论中,师范生们显然被这堂课中教师精心的教学设计、精彩的教学用语以及学生对学习活动的投入感染,表现出对这堂课的极大欣赏。小 A 认为:"我们初高中的信息技术课完全是为了应付考试,这堂课让我第一次发现原来信息技术课也可以这么上，也可以进行得这么生动。”小 B 则显然被边老师的课堂用语折服，他提出了这样一个观点：“边老师的语言很有特色，比如她的英语口语很棒，而且在课堂中的插入很自然到位，另外借用一些心灵鸡汤似的精彩语句，让她在讲台前的表现就像一个演员，充满气场。”小 C 认为：“边老师的课给我最深的印象是，非常注重与学生的互动，从而使学生随时保持注意力。我感觉课堂是师生的课堂，而非教师的‘独角戏’。”小 D 则就这种互动提出了自己的疑惑：“我感觉这堂课的开始有点假假的，像是排练过的。边老师说什么，同学们都接的那么顺。”

仔细分析这一段讨论，我们注意到师范生们在观察课堂情境时首先关注的是教学现场的表象元素，比如课堂气氛、教学的语言等。他们是将自己置于场外观众的角色，以“看热闹”的方式在感受着课堂。同时，也是不经意中，他们运用了一种“隐喻”表达对教学的看法(上述画线处)。课程教师及时抓住了这一“隐喻”，对此进行了进一步的讨论：“教师是演员吗?”

小 B 首先阐述了自己的隐喻：“我觉得边老师的语言很有感染力，是一般老师做不到的。这样使得她的教学很有激情，所以我说她像个演员。”

“但是，作为演员，可能更关注自己的表演，那么教师呢?”课程教师追问。

讨论开始激烈：

“我注意到边老师真正在讲台上讲的时间很少，大多数的时候是在课堂中巡视，这堂课学生是真正的主角。”

“学生这么积极地投入到这些活动中，是因为老师任务设计得好，教师首先是一个设计师。”

“边老师在课堂上和学生有很多的互动，善于引导学生投入学习。这种对互动的关注让教师更像一个主持人。”

在讨论中，我们能感受到师范生对教师角色的理解渐渐丰满起来。显然，视频课例中呈现的教学情境使得师范生们对“建构主义的师生教学关系”的理解有了一定的表象依托，而不再是“空中楼阁”。

在这一片段分析中，我们发现，师范生对教学情境的最初观察通常是整体的、表象的，即我们所说的“看热闹”式的。以往，这样的“看热闹”式的观察通常被认为是对师范生理解教学没有太多作用的。但是，我们看到，作为有效观察的第一步，这种“看热闹”式的观察恰恰是带有强烈的意象思维特征的。它首先是基于对情境的完形感知。其次，观察者在这种状态下通常是带有情感地去理解一些信息，比如在上述片段中，师范生对边老师的课堂评价感受最深的是她对学生的激励。与我们所谓“看门道”的观察不同，他们没有把注意力集中在评价的技术手段上。因此，此时的“看热闹”式的观察正是帮助职前教师进行情感体验和表象建构的基础。当然，我们也应该看到，这种

"看热闹"式的观察,毕竟只是意象思维的最初阶段。对于此时所获得的"表象",需要更进一步地去激发深入的思考与想象,以引发职前教师对情境更深层次的理解与领悟。

(3) 深度聚焦,体验专业教学思维。

在第一轮的教学观察的基础上,第二轮的教学聚焦于本案例中采用的教学方法:任务驱动法。针对第二轮的讨论主题,笔者设计了如下的工作单作为学习支持。

1. 结合教材,分析教学中所涵盖的知识点,并还原为教学设计稿。
2. 依据教学设计稿,分析知识点与任务设计的合理性。
3. 根据课堂教学实施现状,请对边老师的任务设计做出评价或改进。
4. 进一步阅读以下参考文献,根据你对任务驱动教学法的理解写出案例分析报告。(参考文献略)
5. 拓展:选择高中信息技术教材(必修)中的任一教学内容,以任务驱动法为主要的教学方法,设计一份教案。

以上教学活动的设计,以视频案例为师范生的探究起点,将关于任务驱动教法的学习融入具体的教学案例分析中,同时,结合一些相关理论文献的阅读,为师范生进行专业化的思维提供了支持。最后的设计作业,则可以帮助师范生在对范例的模仿中,在对理论知识的践行中,实践专业思维,建构属于自己的实践性知识。

(三) 基于案例的设计型学习

基于案例的设计学习是将案例教学与设计型学习结合,即让学生经历从看别人如何做,思考为什么这么做,到试试看我会如何做的过程。其目的是以设计任务为主线,通过分析、理解案例,在深入理解相关理论知识的基础上,尝试生成基于类似实际教学问题的行动方案,生成策略性知识。基于案例的设计型学习,以任务(问题)提出、案例呈现、案例分析、设计方法提示、完成设计任务、反思总结为基本线索。首先教师提出问题情境,给出设计任务;然后通过对相关案例的分析、讨论,使学生借助于案例的实践情境,深入地理解理论知识;进而指导具体的设计方法,由学生自主设计相应的行动方案,并进行评价、反思总结。

以下笔者以探究式信息化教学设计为例,探讨基于案例的设计型学习的实施过程。

学习步骤 1：给出设计情境——网络多媒体教学环境下，应该如何设计有效的课堂教学？

学习步骤 2：给出案例，围绕分析主题，结合相应教学理论对案例进行分析（见案例分析表）。

学习步骤 3：设计方法示范。

学习步骤 4：小组合作，完成设计任务，教师指导、建议。

学习步骤 5：作品评价，各小组将相关教学设计作品进行展示、交流，师生共同评价。

学习步骤 6：个人撰写教学设计反思。

对于师范生的教学设计学习而言，所建立的情境越具体，学习成功的可能性就越大。在以上学习的各个环节中，步骤 1 以问题的形式给出了具体的设计情境，其目的不仅是单纯的任务呈现，更重要的是以此引发学生对这一任务情境的深入思考。例如，网络环境可以为教学提供哪些支持？这些支持如何与教学任务融合在一起？这一环境适应于什么样的教学？这一环节中，鼓励学生提出困惑与问题是设计型学习中非常重要的起点，以此可以激发学生带着问题进入深度学习。步骤 2 和 3 是依托案例所呈现的具体情境而展开的，但这两个环节又各有侧重。步骤 2 的目的是帮助学生对案例中呈现的具体教学设计给出理论分析。案例呈现的真实方案有助于学生对当前的设计任务形成初步表象，在此基础上，教师基于案例分析表（表 6-1），帮助学生利用相关理论知识进行分析，发展其逻辑思维、推理能力，以此帮助学生实现对理论中的概念知识的主观建构。步骤 3 主要是教师作为专家示范案例所体现的教学设计的具体方法。在教学中，强调教师以叙事的方式，示范设计过程的思维路线和面对具体问题的解决策略，其实质是教师的实践性知识的清晰表达。步骤 4 则是学生以小组形式，完成设计任务。这一过程是教师指导下的学生合作学习。此时，作为指导者的教师，要引导学生聚焦于设计工作中的意图与困难，在促进学生清晰表达的同时，给予适时的指导与建议。步骤 5 和 6 是本次学习的评价阶段，前者以作品的分享与评价为中介，激发学习共同体成员间的互动交流，实现情境学习的社会性支持。后者则是帮助学习者通过自我的评价与反思，养成一定的反思力。实际教学中，应注意引导学习者将这一过程贯穿于步骤 4 的设计过程中。对于新手学习者而言，还可以为其提供一定的反思工具（表 6-2），引导其在进行教学方案设计的时候，结合反思表的引导性问题或要求进行思考，从而支持师范生厘清自己的设计思路，有效形成策略性知识。

表 6-1　案例分析表

<table>
<tr><th colspan="2">分析主题</th><th>理论依据</th><th>分析结果</th></tr>
<tr><td colspan="2">案例中围绕什么样的教学目的，设计了哪些教学活动？</td><td>探究式学习模式及其流程</td><td></td></tr>
<tr><td rowspan="4">计算机多媒体网络教室的教学支持</td><td>教学情境</td><td rowspan="4">信息化学习环境设计</td><td></td></tr>
<tr><td>学习资源</td><td></td></tr>
<tr><td>认知工具</td><td></td></tr>
<tr><td>教学评价</td><td></td></tr>
<tr><td colspan="2">案例中的教学组织形式</td><td colspan="2">小组合作学习理论</td></tr>
<tr><td colspan="2">案例中选择了什么样的教学评价方式？</td><td colspan="2">基于量规的教学评价</td></tr>
<tr><td colspan="2">对案例的总体认识</td><td colspan="2"></td></tr>
</table>

表 6-2　评价反思工具

教学目的	本设计能否促进学生下列能力的发展？ ——视觉和多媒体素养 ——批判性思维 ——理解多元观点 ——自我表达 ——反思/自我意识 ——应用
主题设计	本设计的主题选择 ——与学习者真实生活密切相关？ ——与课程内容相关？
任务设计	本设计中的任务设计 ——劣构的任务吗？ ——复杂的吗？ ——是否满足叙事的需要？ ——鼓励多元观点吗？ ——涉及认知冲突吗？ ——包括讨论/协作吗？ ——有学习者定义的部分么？
学习活动设计	本设计中学生活动 ——实现教学目的 ——需要学习者的认知能动性 ——与特定的知识相比更关注过程 ——促进学习者个人兴趣的发展 ——围绕叙事来组织 ——作品展示与评价不可缺少

续表

教师支持	本设计中教师 ——为学生搭建“脚手架” ——为学生提供相应的故事版、视频案例支持 ——以制片人的角色监控整个过程
评价设计	本设计中的量规评价 ——与教学目的相吻合，而不是一味强调技术 ——清晰地体现了质和量的要求

本章小结

本章主要探讨在职前教师的课程学习中，如何以案例为媒介，为学生提供一个模拟教师真实教学实践的情境，从而促进其“情境学习”，帮助其体验专业思考，初步构建实践性知识。首先，我们从以往对实践性知识表征的不同路径的研究中，发现作为实践性知识的内部核心表征，意象占据了重要的地位。而作为实践性知识的外部表征，案例以其强烈的情境依赖、鲜活的叙事方式，成为承载实践性知识的最好媒介。因此，案例成为职前教师“情境学习”的首选学习资源。同时，作为实践性知识的外部表征，案例教学中如何旨向作为内部表征的意象，也成为职前教师的案例教学中应特别关注的话题。在对意象思维进行哲学、心理学解析的基础上，我们提出基于案例教学的意象思维训练，旨在借助于对教学情境的体验、体悟，以表象—概象—意象的生成路径为线索帮助职前教师更好地完成教育意义上自我与世界的互动。具体包括：以表象建构和感性塑造为基础，以想象和推理训练促进表象经由概象向意象的生成。最后，展示了笔者在信息技术职前教师的教学法课程学习中，对案例教学中促进师范生实践性知识发展所做的行动研究。

第七章　基于教育实习的职前教师实践性知识发展

教育实习，对于准教师而言，是一个将“用文字表达的教学”转化为“用行动、情感和身体进行教学”的过程。实践性知识，正是在具体的教学情境中，在教师行为和学生行为的互动中，在一种身体化的过程中逐渐形成的。它存在于教师的头脑和身体之中，在某种意义上，它的存在是教师作为生命主体的生命经历所塑造的，因此也是独一无二的。这就决定了教师的实践性知识的生成对于教师作为主体所参与的教育实践的依赖。为此，联合国教科文组织曾经倡导“基于实践经验”的教师教育原则，教育实习可以说是职前教师教育对此最好的诠释。对职前教师而言，教育实习是一个从教学中学习教学的“做中学”的过程。在这样的行动学习中，职前教师以“实践学徒”的身份参与真实的教学实践，收获的不仅是教学实践的经验，并借由自我反思与教师共同体的合法参与，促进自身教师体认，进而支持其实践性知识养成。

7.1　潜在的经验学习与“实践感”的习得

一、“实践感”中的场域与习性

“实践感”是布迪厄的实践理论中的一个重要概念。在他看来，一方面，“实践活动是实践感的产物，是在社会中建构的游戏感的产物，”[1] 另一方面，实践感又源自于原始经验，是由实践的客观空间所决定的。因此，实践感是作为主体的实践者与实践情境相互作用的产物。类似于游戏者在游戏中获得“游戏感”，实践者也在社会实践中建构、获得一种“实践感”，这是“一种存在于实践情境之中、由这种情境所唤醒的同时又能够指导人娴熟驾驭这种情境的行为倾向和主观感受”[2]。因此，对于实践者而言，在特定的实践情

---

〔1〕 鲍建竹. 布尔迪厄的实践理论：对马克思的继承与偏离[J]. 同济大学学报：社会科学版，2011(6)：19.

〔2〕 石中英. 论教育实践的逻辑[J]. 教育研究. 2006，72(1)：3－9.

境下的实践历程,赋予了实践者一种潜在的行为倾向系统;同时,拥有实践感的实践者,由于对相应的"游戏规则"的掌握,可以帮助其对自己所从事的实践赋予意义和存在理由,以更好地实践。在这一意义上说,实践者既受制于也受惠于"实践感"。可以说,"实践感"的习得,将帮助实践者在内隐层面发展自我的实践性知识。

以"实践感"为核心,布迪厄通过对"场域"和"习性"之间的关系的梳理,提出了他的实践理论,也为我们分析职前教师"实践感"的获得和发展提供了工具。布迪厄对实践研究的基本思路是:"先建构各种客观结构(各种位置的空间),再引入行动者的直接体验,以揭示从内部构建其行动的各种知觉和评价(即各种性情倾向)的范畴。"[1]这就是"场域"和"习性"的由来。"场域",从表象上说,是一个特定空间内个体位置间的网络关系,即一种客观结构。实质上,它"由附着于某种权力或资本形式的各种位置间的一系列客观历史关系所构成"。显然,场域作为一种客观结构,构成了实践中的各种显性的和潜在的规则。而"习性","由'积淀'于个人身体内的一系列历史的关系所构成,其形式是知觉、评判和行动的各种身心图式"。因此,习性是个体通过实践体验而积累的一种与场域相协调的个体化的认知与行动原则。从场域和习性的关系来看,两者既表现为一种制约关系,同时也表现出一种生成与建构的关系。从习性的产生来看,它必然表现为受一定的场域所形塑,而同时,借助于个体的实践体验,它也是个体主观建构、生成的应付各种变动不居情境之策略的原则。而实践者的"实践感",正是在场域和习性的张力作用下,伴随着习性的生成而不断形成的。

二、职前教师之"实践感"分析

分析职前教师的"实践感",它始终和对教师的身份认同纠缠在一起。莱夫与温格认为,"你正在成为什么人,决定性地、根本性地形塑着'你所知道的'"[2]。对于实习教师而言,从参与到学校教育实践的第一天起,他们就从学校的教师共同体成员中感受到那些之所以成为教师的东西,他们逐步接受、认同、共享这一群体拥有的规范、价值观和游戏规则,开始他们对"教师"这一身份的体验与理解。正如小 S 在其实习总结中所写的:"到实习快要结束的时候,我才想通了一些道理,找到了做老师的感觉。"什么是做老师的感觉,本质上是教育实践者在教育情境中所产生的强烈的身份意识。身份,就

〔1〕 皮埃尔·布迪厄,华康德. 实践与反思——反思社会学导引[M]. 李猛等,译. 北京: 中央编译出版社, 1998.

〔2〕 赵健. 学习共同体——关于学习的社会文化分析[M]. 上海:华东师范大学出版社,2006.

客观而言，是一种社会区分的结果，一种社会文化系统中潜在的对某一类人的公共认识，因而也构成了教育实践中场域的组成部分。而个体的身份意识，却不是仅仅靠外在赋予的，更重要的是个体主观上接纳、认同这种公共认识，并自觉遵守的结果，是个体习性渐渐养成的表现。职前教师的实习过程，就本质而言，是他们逐渐丰富自己对教师的认识，并且依靠着这些认识，指导着自己的实践，并最终认同自己作为其中一员的过程。

教育实习赋予了职前教师“实习教师”的称号，但作为一个从未从事过教育实践的个体而言，在实习开始时，他们对这一身份缺乏内在规定性的理解，是完全“符号化”的。“第一次上课的效果不是很好，可能是有点紧张，当我说上课，同学们回答老师好的时候，我当时觉得很不真实，可能意识里还没有把自己当作一个老师，不知道该做些什么，所以愣了一下，才反应过来他们是向我问好。”“站在讲台前，还是缺乏气场，感觉在前面畏畏缩缩的，放不开，没有一种‘老师范’。”同样，作为教育实践的重要参与者，学生们对“实习老师”所赋予的也只是“符号化”的认同。于是，就有了这样的课堂。“到班上后，学生都比较闹，这个班是要教的三个班中纪律最不好的。有学生还没开始上课，就问我，‘老师，今天能不能上网啊’‘能不能给点时间我们玩游戏啊’，真是无语了。一不控制他们的屏幕，他们就只顾着自己玩，基本上只有少部分同学在练习，看得我很冒火。”“不是要学生怕我，只是希望能做到这样——老师不在的时候，学生能把我当成正式的老师，而不是实习老师。‘实习’二字，就是没经验、没水平的代名词。”由于缺乏经验，而且没有正式的“教师”身份，实习教师在学生眼里，会遭遇更多挑剔的目光，也会导致各种课堂问题行为的发生。究其原因，无论是实习教师，还是学生，都身处在教育实践的“场域”中，并为其所形塑着。

在我们习以为常的文化体系中，教师和学生处在一个控制与被控制的权力结构中。这就构成了教育场域的一种“潜规则”。作为曾经的学生，虽不曾身为教师，但十多年的学徒经历使得其对这种权力结构的认同早已被一种隐性的社会无意识决定。在实践中教师的评价和反思，最常见的一个本土词汇“气场”就是对这种权力结构的最好诠释。什么是“气场”？是人们对教师是否能够有效控制教学实践中各相关因素的一种感受。对教师而言，这是一种对教学现场能够自如驾驭的感受；对学生而言，则是一种主动投入教师所组织的学习活动的被征服感。因此，拥有气场，在一定意义上，就是社会文化所赋予教师身份的规则系统。正因此，“缺乏气场”使得实习教师觉得自己没有“教师范儿”。此时的情况是，身处在教育实践中的每个人，都“把过去的经验综合起来,每时每刻都作为知觉、欣赏和行为的母体发挥作用"[1]。每个人都以这样一种习性在维持着自己的行为。于是,一方面是实习教师竭力维持着自己的控制权,但苦于"实践感"的缺失而导致了场域的失衡;另一方面是学生因为感受到这种场域的失衡而表现出行为的失范。显然,对教师与学生应有的权力结构的默认,作为一种"场域",影响着实践共同体中每一个人的行为表现和心理感受。

在这样的"场域"中,对于"气场"的追求,成为实习教师不断建构习性的原动力。这是因为,"惯习(即习性)不是宿命","它是一个开放的性情倾向系统,不断地随经验而变,从而在这些经验的影响下,不断地强化、调整着自己的结构"。这正是"习性"与"场域"认知建构关系的体现,实践本身则毫无疑问地扮演着"中介"的角色。因此,从这个意义上说,教育实习的过程,就是凭借实践不断积累经验,促进自己以"习性"为主体的"实践感"不断生成、发展的经验学习的过程。

叙事 7.1 从"会上课"到"上好课"——来自小 J 的叙事

实习开始的一段日子里,通过听课和教学实践,我渐渐学会了一种上课流程,展示效果图,再稍作分析,就让学生自主操作。学生也好像习惯了这样的上课方式。时间长了,我也渐渐感觉上课无聊,太简单。有那么几节课,我在备课的时候,稍稍准备一下上课的素材,大致浏览一下知识点就去上课了。但是在上"目录制作"这一节内容时,我受挫了。由于准备不够充分,在向学生介绍目录的层级关系时讲得很不清楚。我记得学生一个个瞪着大眼睛看着我,那一刻,我很愧疚。我对教学的忽视,对他们不公平。那一刻,我真的担心从此他们再也不喜欢听我的课了。我决定尝试新的上课方式,备课也更用心。Excel 这一章,我尝试以学校前不久召开的运动会积分榜为素材,并且在上课环节中加入了比赛的形式,学生的兴趣很快被调动起来了。以后我精心设计了几堂课,上下来感觉到学生都能融入我的课堂中,而且渐渐地学生有了主人翁的意识,上课回答问题的积极性也很高,这正是我所寻找的教师和学生之间的默契!我想我的付出有回报了,真开心!

布迪厄认为:"条件制约与特定的一类生存条件相结合,生成习性。"[2]教育实习中,职前教师所经历的所有教育实践俨然成为他这一段时间内的日常实践,统领着此时他们几乎全部的生存。他们在学校、课堂这个完全真实的情境中,在与"场域"的互动的过程中,很快习得了一种"教学常规"。正如

〔1〕 皮埃尔·布迪厄,华康德.实践与反思——反思社会学导引[M].李猛等,译.北京:中央编译出版社,1998.

〔2〕 皮埃尔·布迪厄.实践感[M].蒋梓骅,译.南京:译林出版社,2003.

小J所言："实习开始的一段日子，通过听课和教学实践，我渐渐学会了一种上课流程。"这里的"上课流程"，实际上就是在场域中大家习惯的、公认的"关于信息技术课应该如何上"的一种潜规则。显然，最初对这种"常规教学模式"的学徒式观察与模仿，帮助职前教师获得了即时的、有效的知识，使他们得以很快地进入教师角色，完成基本的教学实践任务，这正是源自于对"教学习性"的认同与习得。"习性"，作为一种"有结构和促结构化的行为倾向系统"〔1〕，它是我们的行为得以沉淀的我们习以为常的习惯、常规、动觉记忆等。它对于我们的行为是"作为实践活动和表象的生成和组织原则起作用"，"而由其生成和组织的实践活动和表象活动能够客观地适应自身的意图，而不用设定有意识的目的和特地掌握达到这些目的所必需的程序"〔2〕。因此，习性所导致的行为常常不是深思熟虑的结果，而是一种"适得其所"的历史积淀和"合情合理"的经验潜在。〔3〕对职前教师而言，这种"适得其所"和"合情合理"表现在，在教育实习的历练中，他们的教学行为愈来愈符合教学常规的要求，从内心来讲，他们赋予了自己的教学行为"就该是这样"的很多理由，对教育实践产生了某种"自然"的熟识感和亲密感。从某种意义上来说，这种符合"教学常规"行为的自然流露，体现的是作为实践者的职前教师与学校、课堂情境中的某些相对确定因素的逐渐熟悉和熟练掌控的能力，比如，他们逐渐熟悉了如何驾驭一堂完整的课、如何引入课题、如何讲授教学内容、如何提问、如何评价等；他们也渐渐熟悉了作为学科教师的常规工作，如备课、上课、作业评价与反馈等。这就是我们所说的"教育习性"的习得，也是作为一种相对稳定层面的、公共知识层面的教师实践性知识的习得。

但同时，我们也注意到，人类的行为有时候会受制于习性。"当经验局限于往事，受习惯和常规支配的时候，就常常成为同理性和思考对抗的东西。"〔4〕正如以往的研究所指出的，教师（包括职前教师）的许多教学行为是由其内隐的"习性"所支持的，正是这种"习性"，使得教师的行为决策服从于权威、偏好、习惯或冲动，甚至在某种程度上造成了教师不想、不愿对自己的教学活动进行深入思考与调整的惰性。在前面的研究中，我们也发现，当职前教师对新的教学方法的尝试出现失败时，他是否意识到失败，并且能否对失败进行深入思考和归因就显得尤其重要，如果缺乏"深思熟虑"，这样的实

〔1〕 皮埃尔·布迪厄.实践感[M].蒋梓骅，译.南京：译林出版社，2003.
〔2〕 同〔1〕。
〔3〕 皮埃尔·布迪厄，华康德.实践与反思——反思社会学导引[M].李猛等，译.北京：中央编译出版社，1998.
〔4〕 杜威.我们怎样思维：经验与教育[M].姜文闵，译.北京：人民教育出版社，1991.

践可能更多地带来的是失败的经验,而对其日后的教学实践产生负面的影响。小J在实习中,一次失败的教学实践带给她的是一次失败的教学体验,同时也激发了她对自己的教学实践的“深思熟虑”。正是这次对自己“习性”的深度挖掘,帮助她突破了自己,也从新的教学实践中感受到了“教师和学生的默契”。这样的体验也进一步地丰富了她的“实践感”。由此可见,教育实习中,当职前教师以“研究”的态度来对待自己的教学实践,帮助自己从“例行”的或者是“冲动”的教学行为中解放出来,以“审慎”的方式行动时,这样的“深思熟虑”在某种程度上也就成为对自我“习性”深度挖掘的工具。“习性”被外显而得以更新、改进的过程无疑就是作为“实践感”的教师实践性知识不断生成、改进的过程。

7.2 “行动中反思”与实践性知识的发展

教育实习赋予了职前教师行动学习的机会,借此职前教师得以体验与实践真实的教育教学情境,获得了相应的田野经验,但经验的获取并不直接导致实践性知识的生成。所以,作为行动学习的教育实习,也需要对理论学习做出相应的回应,即以理性的思考支持实践,这就是行动学习对反思的要求。一些研究表明:“如果实习教师的学习教学的过程,被其内在需要所引导,并植根于其自身的经验或经历,且实习教师能够具体地反思这些经验,那么这种专业学习就会更加有效。”[1]行动与反思的互动意味着作为行动学习的教育实习,不仅仅是“做中学”的过程,更是“思中学”“边想边做”的过程;也意味着职前教师从一开始就不仅仅是一个单纯的“行为学徒”,而是一个带有些许“研究者”身份的“实践学徒”。作为实践的参与者,在教育实习的行动学习中,“实践学徒”需要聚焦于自己特定教育教学情境的经历、体验与感悟,发现自己在教育教学实践中所遭遇的问题、困惑,并尝试理解、诠释与解决教育问题。这一过程,不仅是一个探究学习的过程,本质上也是作为一个教师的生命个体,对自己生存、发展意义的探寻过程。

一、何为“行动中反思”

实践性知识作为一种“行动中的知识”,其“权衡”本质决定了反思在其生成中的重要作用。杜威在《我们怎样思维》一书中,对“反思”是这样界定的:“反思是思维的一种特殊形式,它不仅涉及一系列观念,也包含其结果,它是

〔1〕 杨秀玉.实践性中的学习:教师教育实习理念探析[J].首都师范大学学报:社会科学版,2009(5):57-61.

一个连贯的观念序列，其排列方式使每个观察将其后续的观念作为它决定下的结果，而其每一个结果又反过来依赖于它前面的观念。”由此可见，反思是将观念与行动不断联结的过程。在这个过程中，行动建立在“权衡”的基础上，而行动的反馈又不断促使着相关的观念的建构，并将其转换为信念。

“行动中反思”是舍恩在对专业实践者进行了大量的案例研究后提出的实践认识论的核心。其突出体现了专业实践的特点：实践者本着改善自己行动的目的，对自己的实践行动、内隐知识及观念进行反思。因此，和行动结合的反思与实践者的发展表现出了密切的关联，反思成为实践性知识的重要生成渠道。但值得关注的是，在对反思性实践的研究中，学者们对行动与反思的联系过度地关注了时间节点，即“行动中反思”和“行动后反思”。然而，这两种反思仅仅是关于时间的区分吗？舍恩对“行动中反思”的描述是，在纷繁复杂的专业实践情境中，实践者所进行的往往并不是以理论为起点的、富含逻辑推理的思考，而更多地依靠储藏在其头脑中的“案例库”对问题进行框定，以“相似地看待”与“相似地解决”来完成与情境的互动过程中进行的思考。因此，“行动中反思”更强调行动与情境互动的过程中的思考。通常在专业实践的紧迫感的限制下，这种思考更多凭借的是某种直觉和即时的反应。那么与“行动后反思”相比，两者的区别在哪里？舍恩本人做过如此的论述：“关于重新框定的反思形式，非常不同于我们更为熟悉的反思形式——对行动的反思。对行动的反思可以在我们的控制之中，有条理地、深思熟虑地运用逻辑对熟悉的资料进行思考，而行动中反思以相当不同的方式呈现资料，所以他们便以一种新颖的架构出现。”[1]可见，“行动中反思”与“对行动的反思”的区别并不在于表面上的时间节点，其真正的核心是与行动相关联的思考方式的不同。“行动中反思”注重的是与情境互动的反思，并经由行动的实施与情境的回应相适应，以达到改善行动的目的。这种适应的核心就在于“以基于情境的新颖的架构”呈现资料，框定问题，而不是基于理论的，以逻辑思考的方式对资料的架构。甚至，我们认为，在某种情境下(比如实践的紧迫感不强的情境)，行动中反思并不完全排斥对资料进行基于理论的逻辑架构，这本身也应成为“新颖建构”的一部分。由此，我们认为，舍恩在其“行动中反思”这个概念中所表达的真正要义是：“消除实证主义认识论的行动与思考的二分、研究者与实践者的二分以及理论与实践的二分。”[2]

通过以上分析，我们认为，以“行动中反思”促进实习教师实践性知识发展的关键就在于强化其在行动中以合适的架构呈现资料、框定问题，并付诸行动。

---

〔1〕 李莉春. 教师在行动中反思的层次与能力[J]. 北京大学教育评论，2008(1)：92.

〔2〕 陈向明等. 搭建实践与理论之桥——教师实践性知识研究[M]. 北京：教育科学出版社，2011.

二、"行动中反思"的过程分析

叙事 7.2 误打误撞的收获

7.2.1 灵机一动,填充课堂

今天是一个新的单元——Excel 数据处理模块的开始,小 J 的第一节课可以说有惊无险。按照教材中的安排,小 J 选择了数据录入与修改作为本节课的主要内容。课堂进展一切顺利,可是临下课还有五分钟的时间,同学们在完成了小 J 布置的校运会成绩录入的任务后有些无所事事,教室里显得有些混乱,这可怎么办?不能让这课就这么空着呀。听到有同学在小声讨论:"七(三)班的成绩好像比我们班好啊。"小 J 灵机一动,布置了一个自学任务:"大家都挺关心学校运动会到底哪个班的成绩最好,现在就请大家自学一下书上第 84 页的内容,看看你能不能把每个班的总分算出来。"同学们对这个任务显然很感兴趣,开始八仙过海各显神通,使出各种招数来计算总分。下课之前,小 J 提示大家把今天的作业保存、提交。

为什么会出现教学容量不足的问题?在课后的讨论中,指导老师的提问引发了小 J 的思考。在课后的反思中,小 J 写道:"这节课最失败的地方,就是没有针对学生的层次来设计教学内容,由于之前的一次 Word 综合作业,学生的完成情况并不是很好,所以错误地估计了学生们的水平。""还有,就是对教材的解读,在学校里课程学习时,学到对教材的把握不能局限于一个小节,而应该先宏观再微观,从多个角度把握好教材,可真正实践的时候,怎么就忘了呢?"

教师的教育实践,从本质上来说,是在一定目的引领下的教师与教学情境的互动,即对情境做出反应并付诸行动的过程。一般来说,在进入情境之前,教师会在既有的"经验库"的帮助下,对即将展开的教学实践进行一定的情境预设,而对于实习教师而言,其有限的"经验库"储备不可避免地限制了其对情境的预设能力。因此,小 J 老师遭遇了未曾预料的"课堂空白"。这就是真实的、多变的课程情境的呈现,如何应对,考验着实习教师。此时,小 J 老师需要与情境进行对话,建构问题,其关键是对情境进行"判断"。所谓判断,是"某种有意识思考的结果,代表了一种特殊的方式去行动或产生一个预期结果的意向"[1]。教师在教学中究竟是如何做出判断与决策的?杜威在他的经典的"面对情境—发现问题—提出假设—进行推断—行动检验"的"五步思维"中揭示了判断的核心要素:对特殊事实的认识、合理的概括,然后才是应用与证实。在教学实践中,判断能否发生,取决于教师对"当下"的教育情境的敏感度,即教师能否意识到此时的情境与预设情境的差异,能否体验到

〔1〕 江山野. 简明国际教育百科全书·课程. 北京:教育科学出版社,1991.

实际情境给自己带来的惊异、困惑和矛盾。判断的发生表现在行动上，往往是教师主动打破预设的情境设计，重新框定问题，采取相应的解决之道。面对稍显混乱的教室，许多实习老师会自然地将其归结于“纪律问题”。但偶然听到的同学们对各班成绩的关注成为小J对情境判断的重要依据，于是来自情境的学生的反应（对数据处理的兴趣）和来自教学实践的需求（有效地填充教学内容）即刻关联起来，建构了应对问题的方法（布置计算总分的任务）。当然，这一瞬间的思考，可能完全是出于某种直觉或即时反应。但毫无疑问，这样一个场景必将进入小J的“经验库”，丰富、扩展其实践性知识的表征。

如果说，这一课堂上的小插曲仅仅是一种直觉反应，那么小J在指导老师的问题追问中所激发的思考则更深入地触及了某种实践原则的固化，而这，对于深化小J的“经验库”无疑更为重要。在其教学反思中，小J对于课堂容量问题进行了问题框定，即本次教学实践的失败在于自己对教材的孤立解读和错误估计学生水平。至此，我们很关注的是，她对课堂实践情境重新框定结果，会对她的下一次实践产生何种影响，即我们所关注的行动中反思之核心，行动与反思的互动将如何演进。

7.2.2　教学设计，困惑与纠结

该准备下一次上课的教案了，小J老师很是纠结。是按照教材上的顺序，讲解工作表的修饰呢，还是延续上次课的任务，进入第三节数据处理与分析的教学呢？想了很久，小J决定重组教学内容，将上节课临时布置的任务进行到底，内容确定为数据处理与统计——公式法和函数法。

吸取了上节课的教训，小J决定，认真分析上次作业中学生们计算总分的各种招数，并以此为切入点，设计自己这堂课的教学。在课后的反思中，她写道：“我就逐个打开学生上节课的作业。第一感觉就是很多同学都会运用公式进行计算了，他们都很聪明。这值得欣慰也让我担心，他们都会了呀，那还要我教些什么啊？自我感觉水平不高，又遇到这样一帮‘高手’，压力甚大啊。”“当然也有不会的。我把他们的作业情况一个个记录下来，输公式时输的是具体的数字还是引用了单元格地址，或者是用了函数的方法，我都将这些详细记录下来。最后统计下来，还是有一半以上的同学上节课没有计算总分，计算总分的学生中有四个学生运用了函数法。”在清晰地把握了学生们对知识掌握的现状后，小J顿时觉得自己的教学设计来了灵感。“这份作业记录使我的教学设计顿生灵感，可能有点夸张，但它确实使我的课堂脉络一下清晰了起来，于是首先形成了一个上课的流程：回顾与评价作业—由学生演示公式法的两种输入方式—设计比赛环节（引出填充柄的自动填充）—‘高手’引出函数法—教师教授函数法—学生练习—上课总结 。”经历了“山穷水尽”的困惑后，一份学生作业的分析记录为小J迎来了教学设计的“柳暗花明”。

接下来的课堂教学颇为成功，小J小小地激动了一下。在反思中，她写道："每次上课都会有些或大或小的失误。不过现在找到了一种教学设计的路子，那就是一定要了解学生的情况。这样设计的教学才有针对性，而且通常教学思路也能清晰了。"

在舍恩看来，实践的最大特点就在于它需要行动者在不断地与情境的对话中厘清和重新框定问题，并实施相应的行为，直至最终解决问题。在经过了对上一节课的反思，即对课堂情境进行了问题的重新框定(对教材的孤立解读和错误估计学生水平)后，小J首先决定遵循教学的连续性，将后续内容提前。继而，小J将重点定位在如何了解学生的学习基础上。于是，她仔细分析了学生们上次作业的完成情况：全班一半以上的学生未完成，完成作业的学生中以简单的数字计算方法为主，有四位"高手"会简单的函数法。接下来，进一步的框定问题出现了：如何针对不同学生的基础设计教学？根据自己对教学内容的分析，小J选择了递进策略，并且在递进的教学环节通过相应基础的学生参与，将学生资源巧妙地融入教学活动。显然，此时小J在行动上表现出了与以往做教学设计时的差别：① 跳过教材中第二节的内容，以计算总分作为任务先导，直接进入数据处理与分析的教学。② 教学设计重视以学生原有水平为基础，并且尝试将其作为学习资源，融入教学进程。

上述的分析向我们展示了实习教师通过行动中反思，提升自己的教学实践性知识的过程。这是一个由问题情境激发的，在不断地框定问题与行动互动的进程中逐渐生成的过程。(图 7-1)

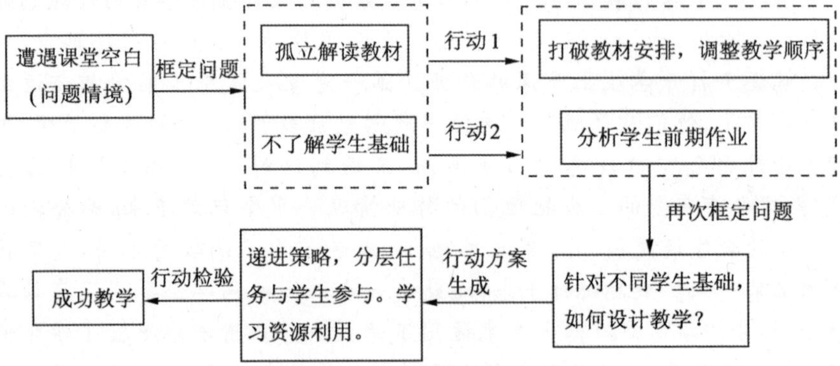

图 7-1 行动中反思分析

在经历了不断框定问题与行动的互动，并且在成功地完成了行动检验后，行动中反思出现的策略就呈现出一种固化。正如小J所说："找到了一种教学设计的路子，那就是一定要了解学生的情况。"无疑，这已经成为小J的实践性知识了。

三、如何促进职前教师有效的“行动中反思”

经过上述分析，我们发现，要促进职前教师有效的“行动中反思”，首要的一点就是培养其对情境的敏感、善于架构相关信息、框定问题的能力。在实习教师的教育实践中，每一次课堂都是“现场直播”，这无疑会对实习教师的内心产生巨大的冲击。在这种带有强烈“紧迫感”的时空中，实习教师需要一瞬间迅速完成大量而又短促的判断、推理和行动。正如舍恩所指出的，此时，行动中反思，更多的依托的是形象隐喻，而非逻辑言语。需要行动者基于当下的情境，在众多的实例、形象、认知和经验中提取元素，并瞬间组合形成行动方案。而且，这个提取的过程由于受到教师的信念、情感、生活经历、动机、经验等多种因素的共同作用而异常复杂。但由于实习教师“经验库”匮乏，以及对教育情境的不敏感等众多原因，实习教师往往无法从转瞬即逝的教育情境中捕捉到这一“存疑”的状态，或是无法正确地框定问题，从而与适合的“行动中反思”失之交臂。

叙事 7.3 “偶然”还是“必然”

这是实习生 H 的第一堂课，内容是初二 VB 程序设计导言。H 在讲解程序的定义，内容有些枯燥，课堂里有点小骚乱。H 有所感觉，不时停下来提醒“大家注意听讲”，声音显得有些严厉。按照教学设计，H 开始举例。她抛出了一个“登山”的问题。“一天早晨，在太阳升起的时候，一个和尚开始登山，山路很窄，只有一两只脚宽。和尚向着山顶上的庙宇走去，在太阳将近下落的时候，他到了山顶的庙中。经过几天斋戒反思之后，同样在太阳升起的时候他沿同一山道下山。他下山的速度自然快于上山的速度，但是，他在某一时刻，上山和下山的位置相同。你觉得这是‘巧合’还是‘必然’？”话音刚落，教室里愈发喧闹起来，甚至有人小声争论起来。这时候，一个男声冒了出来：“必然。”H 立刻回应道：“是谁说的必然，说必然的同学，请站起来。”（语气仍然颇为严厉）没人回应，H 又重复了一遍。这时候，在旁边同学的指认下，后排一个高高大大的男孩子站了起来，出乎意料，他改口说：“老师，我说的是偶然”。“哈哈……”同学们大笑起来。H 面对如此的场景，显得很无奈，只得自己做了解释。

课堂纪律是实习教师最头疼的问题，类似的场景在实习中多多少少地困扰着他们。然而，在反思中，我们看到的更多的是一种情绪的流露：“他们一点也不配合，就在那里吵。我说了几遍请大家安静，就是没有用。明明说的是必然，叫起来发言，又改口了，就是在捣乱。看来，对他们还是要严厉一点。”无疑，喧闹的课堂情境对于 H 的心理冲击是巨大的。正如 Furlong 和 Maynard 在其研究中所指出的，作为实习教师，此时 H 无疑更关注自己的“生存”,希望学生能够“配合”自己,顺利地完成课堂教学。正是出于这样的需求,H将这一问题情境框定为“学生故意捣乱”,于是相应对策的产生就是“对他们还是要严厉一点”。显然,这样的反思是缺乏深度的。事实上,H完全没有意识到,在一个缺乏秩序的课堂里,被老师以“说必然的同学,请站起来”这样的口吻要求回答问题,无疑是带有惩罚性质的,很容易被当事人理解为一种“杀鸡儆猴”。如果有了对这样的一种情境的敏感及自我反思,H就能够理解当事学生的这种应激反应了。

实践者“行动中反思”,是实践者通过“与情境的对话”,利用与其“经验库”比对进行问题解决的过程。显然,这个过程本质上是在个别事物之间寻找“家族相似性”,并且在此基础上注重同异比较,通过对“经验库”中范例的模仿来解决问题的思维过程。对H的这样一种课堂行为作更深入的剖析,便会发现,她的错误框定问题源自她作为学生的“经验库”。“对于这种纪律差的班级,只能凶一点,不然压不住的,老师都是这样的。”H正是通过对“经验库”中“严厉教师”的模仿来解决她所面临的问题,但问题焦点在于,她是否寻找到了合适的范例,她是否将其进行了深度的比较。

由此可见,培养实习教师“行动中反思”的能力,需要指导教师敏锐地抓住教育情境中的典型事件,并以此为契机,挖掘个人“经验库”中的范例,通过对当前情境与“范例”情境的比较,帮助其正确地框定问题,从而实现其“经验库”的更新与扩展。

有效的“行动中反思”,不仅仅体现在其独特的过程上,更体现在不同的反思层次上。从根本上来说,反思是以“好的行动”为旨向的,它不仅是一个客观的、理性的逻辑推理过程,也是一个与语境、审美求善密切相连的过程。正是在这个意义上,有学者基于哈贝马斯对人类认识兴趣的区分将教师的反思进行了层次上的区分。

哈贝马斯所指的兴趣是人类基本的生活兴趣,其中“劳动”和“语言”为基本要素,“权力”为衍生要素。[1]由此区分了三种认知兴趣:技术认知兴趣(technical cognitive interest)、实践认知兴趣(practical interest)和解放认知兴趣(emancipatory cognitive interest)。所谓技术认知兴趣,是指人们用工具改造自然时,对现象之规律性的关注或兴趣。因此,在技术认知兴趣的驱使下,技术性反思是以教师基于学科知识、学习理论以及学科教学理论等“规则”对教学实践的反思。实践认知兴趣,是人类相互了解和沟通的兴趣,它以语言为媒介,关涉人及其表现,关心人与人之间的理解。基于此,教师的实践性反思体现在教师对教学情境中的师生交往的敏感上,表现在对学生的学习

〔1〕 哈贝马斯.哈贝马斯精粹[M].曹卫东,译.南京:南京大学出版社,2004.

意向的关注上以及在此基础上对教学情境所做出的诠释,体现的是教师对真正的教育意义的追求。解放认知兴趣,反映出一种批判的视角。它以自我解放为目的,是对于克服无意识形态及僵化的权力关系的兴趣。表现在个体通过对自身及所处的社会情境的批判性反思,对自己的价值、兴趣和行动的深入挖掘与阐释。对教师而言,体现在通过对自身教育教学中的一种无意识的"习性"的审视与重构,不断突破自我的意识与能力。

以此为旨向,在职前教师的教育实习中,如何促进其有效的"行动中反思",关注的不仅是反思的方法,也应当在适当的情境下提升其反思的深度。

叙事 7.4　"空"反映了什么?

按照惯例,小 M 老师总是以上周的作业点评开始新的一课。小 M 打开 Moodle 平台,开始广播。"上节课,我们学习了控件及其属性,大家都基本了解了如何设置控件的属性。但是,也有同学还会有一些低级错误。看,这是××同学的作业,在开始状态下,文本的 caption 属性应该是——""空",同学们回答道。"空就是空,写什么空",小 M 指着一份作业随口说道。原来××同学在 caption 属性栏里赫然写下了汉字"空"。同学们哄堂大笑。

课后,指导老师与小 M 进行了这样的对话:

师:你觉得在学生作业点评的时候,有什么不合适的吗?

M:没感觉啊。

师:还记得你说的"空就是空,写什么空"吗?

M:学生的这个错误确实很低级。我只是出于纠错,随口说的。

师:试想一下,如果你坐在下面,听老师这样说,你是什么感觉?

M:呃,很伤自尊啊。

对于实习教师而言,由于初入课堂,他们将更多的关注放在关于教学设计、课堂讲授、教学方法是否适切等技术性层面上。因此,此时他们的反思更多是技术性的,关注的是解决具体教学问题的方法、技巧,追求的是"好的教学"。这也是作为初级实践者的他们必然经历的一个起始过程。但是,教学,说到底,是一种人与人之间的交往活动,课堂情境作为一种人际交往的情境,和谐的师生关系所创造出的"暖意的场"也是至关重要的。对师生关系的重视,对学生的尊重与理解,反映出教师对教育意义的追求和理解,追求的是"善的教育"。

7.3　实践共同体与实践性知识发展

情境学习理论告诉我们,学习和知识生成是一个合作性参与的实践过程。当师范生踏入实习学校,获得了实习教师的身份,他们就渐渐走进了一个作为教师的专业共同体。这一共同体对学习者学习的形塑作用也就成为职前教师实践性知识养成的一个重要影响因素。以下,我们要探讨的正是实践共同体对于实习教师实践性知识发展的作用。

一、“参与性实践”分析框架

成为一个共同体的参与者,对职前教师而言,是其自身发展的重要路径。作为一种工作场中的学习,教育实习正是促使职前教师通过“参与教育教学实践”,成为“教师共同体”的一员而习得专业知识的。在这一过程中,“参与”成为其学习的本质特征。所谓“参与”,在韦氏大学词典上的解释是:“(在某些活动、事业等中)拥有一部分、参加一部分或者与他人分享。”这里包含了两个维度的意义:即在行动上参加到一个进程中,并在这一行动中与他人发生关联。由此可见,参与性实践,是个体作为共同体成员对共同体实践的相互介入。这种“介入”并非是一种单向的行动,它由两个方面的力量构成:一方面是实践共同体对个体实践的营养供给;另一方面是个体的主观能动性,即如何甄选实践共同体的供给进行学习。显然,参与实践的学习取决于这两个方面的互动作用。这里,实践共同体的“供给”,通过个体的主观能动性,影响到个体的“参与性实践”,并最终影响个体的知识习得。

作为一个社会学、人类学研究中的核心概念,“共同体”一词源自德国学者滕尼斯(F. J. Tonnies)。作为区别于“社会”表征的人类群体的概念,滕尼斯赋予“共同体”概念的核心特征是人际间的密切关系。他认为:“用忠诚的关系和稳定的社会结构来指代共同体是最恰当不过了。”[1]对滕尼斯而言,他的“共同体”是一种建立在自然情感一致性基础上,紧密联系的社会关系和共同的生活方式所产生的一种“关系紧密、守望相助、富有人情味”[2]的生活群体。莱夫和温格(Lave & Wenger)在他们对“实践共同体”所下的定义中——“一群追求共同事业,一起从事着通过协商的实践活动,分享着共同信念和理解的个体的集合”[3]——也强调了对共同体“强社会性支持”的要求。这种“社会性”表现在追求共同的事业,以共同的利益或共同的价值为纽带的一种社会联系。杜威曾经说过:“任何社会安排,只要它保持重要的社会性,或充满活力为大家所分享,对于那些参加这个社会的人来说,就是有教育意义的。”[4]对于一个实践共同体而言,保持真正意义上的“社会性”是使其对新

〔1〕 郑葳. 学习共同体——文化生态学习环境的理想架构[M]. 北京:教育科学出版社,2007.
〔2〕 赵健. 学习共同体——关于学习的社会文化分析[M]. 上海:华东师范大学出版社,2006.
〔3〕 J. 莱夫等. 情景学习:合法的边缘性参与[M]. 王文静,译. 上海:华东师范大学出版社,2004.
〔4〕 杜威. 民主主义与教育[M]. 王承绪,译. 北京:人民教育出版社,2001.

手而言“富有教育意义”的关键所在。因此,共同体的“供给”首先就体现在作为实践共同体的“社会性”上。

对共同体而言,“社会性”的一个更重要的衍生意义就是共同体成员的身份意识。按照莱夫与温格的理解,新手参与实践共同体的学习,本质上就是“合法的边缘性参与”的过程。这里的“合法”,实质上就是在共同体中的身份问题。在实践共同体的学习中,合法参与者的身份对于学习成功往往是至关重要的。正如莱夫所说:“授予合法性的问题要比提供教学的问题更为重要。”〔1〕当前教育实习效果差强人意,一个很重要的原因就在于此。例如,指导老师出于对教学质量的担忧,不敢放权,限制了实习教师的课堂教学体验,在某种程度上就剥夺了实习教师的合法参与的身份,使得作为新手的实习教师始终处在“边缘”,而无法向核心发展,自然也就限制了实习教师的专业发展。因此,只有具有合法的身份,个体才有可能真正从行动上参与共同体实践,也“只有在一个参与者的行为与另一个参与者的行为产生相互影响和作用之后,学习活动的社会性才开始建立”〔2〕。这样一种相互的影响和作用,意味着实践共同体作为一种关系的存在,换句话说,实践共同体也是一个涉及相关权利的社会结构。不同社会结构的共同体,由于相互“介入”的关系不同,对参与者的“供给”是不同的。莱夫和温格定义中的“实践共同体”就是一种强互赖的共同体的存在,这种强互赖性表现在共同体成员之间的相互依赖与相互制约,即成员之间在意义相互理解基础上的相互调整与适应,共同体成员的行动是基于意义协商基础上的经过个体不断修正的结果。但实际上,因为不同的权利、义务、地位甚至性格等多种因素,共同体成员之间的这种相互依赖关系往往被淡化,从而使得原本“扁平状”的社会结构变得趋于立体化,而显示出更多的控制性。这样的“控制结构”,也就带来了“参与性实践”的异化,从而影响了实践共同体的营养供给。

参与结构的异化将直接导致共同体成员之间互动与交往的方式发生变化,使得“参与性实践”作为个体学习的重要途径最终呈现出不同的学习效果。以下,我们将通过对共同体参与结构的分析,挖掘其对共同体成员互动与交往方式的影响,从而进一步发现职前教师参与的共同体是如何影响其实践性知识的习得的。我们将重点关注由实习教师与指导教师构建的师徒共同体,并围绕以下两个问题进行分析:①“师徒共同体”中表现出怎样的“社会性”。② 在参与共同体的实践中,作为同为参与者的实习教师和指导教师存在着怎样的互动与交往,这样的交往又是如何影响实习教师的实践性知识形

〔1〕 J.莱夫等.情境学习:合法的边缘性参与[M].王文静,译.上海:华东师范大学出版社,2004.
〔2〕 郑太年.学校学习的反思与重构——知识意义的视角[M].上海:上海教育出版社,2006.

成的。

二、教育实习中的“师徒共同体”分析

“师徒共同体”是教育实习阶段最具核心意义的实践共同体。作为接受实习教师的学校，通常会为实习教师配备专门的熟练教师作为指导老师，这在微观上构建了一个基于师徒关系的共同体；从宏观上看，作为新手的实习教师在整个教育实习的参与过程中，融入了学校的整体教育教学生活，因此，他们与学校的各类教师群体也构成了宏观意义上的师徒共同体。

叙事 7.5　矛盾与妥协

实习开始了，头两周的主要任务是听课。小 D 所在的实习小组共有三位同学，学校为她们分别配备了三位指导老师。于是，小 D 她们决定听听三位老师的课，感受一下不同的教学风格。第一周的课听下来，小 D 心里泛起了嘀咕。原来，三位老师的风格着实太不一样。其他两位老师都采用了任务驱动教学，先布置给学生一个关于信息的任务，再由这个任务引出“信息”这个主题，课堂教学的氛围都不错。而自己的指导老师赵老师，就是让学生看书上的例子，然后就开始讲解，划重点，没什么特别的设计，课的大部分时间是讲解书上的知识点，让学生把重点划下来，针对比较难以理解的地方，就多举举例子。小 D 从内心觉得：“这样的教学不难，但是缺点很明显，不能激起学生的兴趣，整个课堂显得沉闷无力。”小 D 觉得很纠结：“赵老师的教学方法实在太简单，没什么需要我学习的。可是，这样的教学在我上课的时候该延续下去吗？继续，不利于学生，不继续，指导老师会不会对我有意见？我该怎么办？”

要上课了，该准备教案了。怎么开始呢？小 D 觉得有点茫然，于是找指导老师“划了一下重点”（这些重点都是会考涉及的考点）。交流中，赵老师又强调了下一节课的教学内容，一节课要涵盖 4.1 节的整个内容，好多啊。怎么办呢？小 D 决定延续周老师的教学风格，以讲授为主，按教材顺序进行知识点的讲授。当然，也要有点自己的设计，小 D 在课程导入和素材选择方面动了动脑筋，还加了一个小小的操练任务——电子东巴的输入法练习。整整两天的时间，教案和课件终于出炉了。小 D 自己感觉“就是在抄书啊”。没办法，硬着头皮交给了赵老师，没想到，赵老师认可了，“写得还可以，就看当场的表现了”。

第一堂课有点悲剧。先是遭遇机器故障，准备好的课件一播放就死机，精心准备的动画效果也放不出来；然后又是学生的纪律问题。小 D 在反思中写道：“他们基本不怎么听讲，我在上面讲，下面各干各的，我问问题，下面也没人回答，没人理我，这样的上课还有什么意思？”虽然是“独角戏”，小 D 对课

堂的纪律也很不满意，但小D对自己的讲授打了良好分。“第一次上课，感觉自己讲的还行吧。”唯一让她困惑的是，“好多学生都喜欢按着自己的想法来做事，都不听话，实践东巴文的时候，都提醒他们要去看我写给他们的注意点，但还是有好多人举手问，‘老师，这个怎么回事’，‘老师，我怎么打不出字啊’，在给他们准备的操作指南里面我都已经写给他们了，就是不去看，有些书上也有，是不是学生都喜欢和老师对着干呢？这对他们有什么好处？”

下课后，赵老师叫住了两名学生，训斥了一下他们，让他们下次注意保持课堂纪律。在对这堂课进行的讲评中，赵老师对小D的素材选择表示了满意，同时也提出了这堂课存在的问题：时间安排不够好，导致课堂漏空；适当放慢语速。

随后，小D又去听了实习小组其他两位同学的课。小D发现，老师们对教材内容的把握有很大的不同。自己的这堂课上了别人两堂课的内容，当一堂课包含了太多的内容时，所谓的重点也就不是什么重点了。小D觉得：“自己的教学设计确实有问题，可是，如果不按照指导老师的要求，把这些知识点讲完，岂不是耽误了老师的进度。”小D又一次地纠结了。在一次闲聊中，小D和赵老师谈到了关于教学设计的话题。赵老师的一句话让小D彻底妥协了：“设计归设计，真正上课的时候，就像学业水平测试那样，让他们直接做。”

对职前教师而言，教育实习是一个在工作场中的学习，因此，师徒共同体的交往主要是依托教师的核心工作——“课堂教学”展开的。从“备课”开始，在整个的工作进程中，我们发现，小D在赵老师的指导下，基本处在一个被动听命的状态。备课指导时，赵老师严格规定了按照自己的教学进度所必须讲完的内容和会考涉及的知识点，而对内容的组织、学习活动的设计全无考虑。这似乎给小D的教学设计留下了足够的空间，但事实上，最初的听课经历让小D感受到的指导老师的教学方法无疑为她的自主参与增添了一道紧箍咒，这让小D十分纠结：“这样的教学我在上课时该延续吗？”虽然不认同指导老师的教学方法，但出于对指导老师“会不会对我有意见”的担忧，小D最终还是选择了妥协。Bernhardt 指出，在共同体的环境中，个体“参与活动的直接目的是维持其固有的利益”[1]。可以推测，小D的妥协，无疑也是出于对自身利益的一种维持。因为指导老师把握着对实习教师实习成绩的评估权，当质疑指导老师可能导致的冲突直接影响到自身利益时，小D的妥协就可以被理解了。这样的“师徒关系”在职前教师的教育实习中并非鲜见，这似乎折射出一种普遍的观念，那就是在教育实习中的师徒共同体的交往中，共同体成

〔1〕 海伦·瑞恩博得等. 情境中的工作场所学习[M]. 匡瑛，译. 北京：外语教学与研究出版社，2011.

员过多地倚重了一种所谓“和谐”的成员关系，而忽视了看似不和谐的“矛盾与冲突”对共同体文化的推进作用。

然而，在这种对“和谐”的成员关系的追求中，“和谐”掩盖了共同体成员内心的想法，使得共同体丧失了对实践本身进行改进的重要途径，即成员间的意义协商。在上述案例中，小 D 在经历了“独角戏”的教学后，也面对着对教学效果的反思。她为自己打了“良好”，因为，从讲授的角度看，她觉得自己的教学还不错。不妨分析一下，小 D 在上课前后对待此种教学方法的微妙转变。在自己上课前，从一个听者的角度出发，小 D 认为，老师的“照本宣科”不能引起学生的兴趣，课堂因此而显得沉闷；而在用同样的方法进行了一次教学后，小 D 将课堂的纪律直接归因为学生的不配合。（“是不是学生都喜欢和老师对着干呢?”）如是，缺乏了共同体意义协商的支持，使小 D 的反思失去了改进实践的动力，而成为权衡自身利益得失的工具。所以，小 D 听了同组同学的课后，对自己的教学设计又一次感受冲突的时候，赵老师的解释又一次为她对共同体文化的理解提供了意义阐释的支持。（“设计归设计，真正上课的时候，就像学业水平测试那样，让他们直接做。”）这让她更坚定地接受了这一消极的共同体文化。显然，如此共同体文化给养对于职前教师的实践性知识成长无疑是消极的。

我们不禁追问，这样一种“师徒共同体”的“社会性”又是如何产生的呢？一个很重要的原因，就是实习教师仅仅拥有形式上的学徒身份，而并没有获得实质上的合法参与者的角色。同时，在师徒制的文化传统中，师徒之间往往具有严格的等级关系，而作为熟练教师，指导教师凭借着自身作为专业人员的合法身份所赋予的权利，占据了师徒关系的主导，控制着师徒共同体的话语权，这就造就了赵老师和小 D 在师徒共同体中的参与成了一种“控制与服从”。在这样的“控制式参与”中，小 D 的主观能动性发挥被限制到最小，这也就使得本应该是相互依赖、相互制约的交往与互动更多表现出师到徒的单向信息流动和徒对师的单向依赖。“控制式参与”必然导致作为新手的职前教师处在被动和边缘地位。因为对职前教师而言，参与教学实践让他们遭遇了很多的冲突，然而，“控制式的参与”使得冲突的消解不能依靠意义协商，而只能在被动接受中化解。因此在这样的共同体营养供给中，作为边缘参与者的新手，很容易将共同体文化作为一种定论接受，而丧失了反思的能力。这实质上也限制了共同体文化自身的推进。

三、作为实践共同体的“师徒共同体”创建

教师的成长离不开群体的背景，尤其对于职前实习教师而言，在其专业发展的起点，经验教师的引导、同伴学习者的互助都成为其参与教育教学实

践、获得多种知识的重要条件。这些都取决于一个真正的“实践共同体”的建立。所谓“实践共同体”，对照Gattiker(2000)等人的研究，共同体应该具有这样几个要素：个人关系构成的社会网络；感兴趣的团队，对共同体拥有简单开放的交流通道；私人会议以及相互理解；对话、反馈以及共享的体验；拥有一段共同的历史。这些要素隐含着共同体成员是通过实践而不是外部的规定聚集起来的。因此，温格认为，是“实践”本身，而非其他外部因素成为共同体的纽带。具体而言，“相互的介入(mutual engagement)、共同的事业(joint enterprise)和共享的技艺库(shared repertoire)构成了共同体的关键特征，是共同体内部一致性的重要来源。”[1]

叙事7.6　一波三折“磨”教案

实习一个多月来，小T和她的指导老师逐渐熟悉起来。小T是个交往能力颇强的人，用她自己的话来说，就是一“话痨”。她经常半天的时间都泡在指导老师周老师的办公室里，有机会就和周老师聊聊天。周老师似乎也喜欢这个小徒弟，从上大学的经历到从教八年来的故事，都会和小T交流交流。

临近实习的尾声，恰逢周老师要准备开一次市级公开课，而小T恰巧也要准备一节实习汇报课。于是，她们商量，一起来设计这堂课。按照进度，内容定在高一信息技术基础“文本的结构化与形象化表达”。在熟悉了大纲和教材的相应内容后，周老师和小T开始在网上寻找可以参考的教学案例。按照大纲的要求，这部分内容的教学目的不仅仅是要求学生习得相应的技能，更重要的是引导学生理解不同表达方式的适用性，学会合适的表达。这就需要有相应的“任务”做依托。在看到一个以《红楼梦》中“黛玉进贾府”的文本和路线图对比引入课题的案例后，周老师和小T眼前一亮。这是一个很好的引子，以此为参考，小T很快拿出了教学设计的第一稿。这一稿的设计依据教材的知识点展开，并辅之以相应的任务(如画出地球公转与自转的知识结构图)。周老师觉得任务设计有些散，但一时也没有特别好的解决办法。于是她决定，邀请信息技术教研组的其他老师一起“磨”教案：有老师提出形象化知识点可以通过两组比较同时进行；也有老师提出既然引子用了红楼梦，干脆整节课以此为线索，所有的内容都围绕这一主题……在听取了老师们的建议后，周老师和小T决定将教案推倒重来，以《红楼梦》文本的另类表达为主线，设计一个主题式教学。

思路确定了，难题也跟着来了。到哪里去找那些适合结构化和形象化的《红楼梦》文本材料呢？小T一筹莫展，可周老师却成竹在胸，原来周老师可是一个发烧级的“红迷”啊。在确定了相应的案例后，两人一起确定了这堂课

[1] 赵健. 学习共同体——关于学习的社会文化分析[M]. 上海：华东师范大学出版社，2006.

的雏形。“黛玉进贾府”作为引子，引起学生的兴趣，并且通过文本和平面图的对比，讲解形象化的表达；“冷子兴演说荣国府”作为任务，让学生自行制作贾府关系结构图，学习结构化的表达；再在图中的每个人物上加上剧照，学会形象化与结构化的结合；最后再设一个拓展环节，列举四段资料请学生选择表达方式，以此掌握根据环境选择合理的表达方式。这堂课的设计思路清晰，重点突出。作为对学生自主学习的支持，小T又提出，是否可以设计一份学案，以学习支架的形式将知识要点、课堂任务、拓展提高等一并纳入。周老师欣然同意。

开始试讲了，满以为设计很好的教案在实施时，却问题连连。作为引子的“黛玉进贾府”，同时涉及一个重要的知识点，如此的处理显得太过单薄；布置的任务“画人物关系图”，涉及十七个人物，学生在设置文本框、打字、画自选图形上花了大量的时间，完成这个任务就占据了大半堂课的时间；拓展提高的四段资料学生根本来不及看……

小T和周老师又进行了新一轮的修改。

经过了这次“磨课”的经历，小T对信息技术课的教学又有了新的认识：“没有最好的课，只有更好的课。我发现无论上课前设计得有多好，上完课你总能发现可改进的地方。只有不断地‘磨’，整堂课才会更完美。一个人的思维是有局限性的，多找一些人为你参谋，会碰撞出不一样的火花，找到不一样的灵感。”

这里，小T和指导老师周老师及信息技术教研组的其他老师们，围绕着公开课教学设计的一系列行动使得他们这一群体具备了基本的实践共同体的形态。温格指出：“一个实践社团是三个基本元素的独特组合，即定义一组问题的知识领域，关心这个领域的人们的社团，以及他们所发展的在这个领域内有效的共同实践。”〔1〕第一个要素——领域，是共同体个体成员间的共同交集，是共同体存在的基本原因，也是共同体成员对“共同的事业”的认同。上好一堂共同的公开课，成为此时小T和周老师的共同任务，这一明确的领域赋予了“师徒共同体”合理性，从而鼓励成员们做出贡献，积极参与。第二个要素——社团，创造着学习的社会结构，使共同体成为一组相互影响、共同学习、建立联系的人。温格这里用“社团”这个词，强调的正是共同体成员之间的“相互介入”的成员关系，即以共同任务为载体的一种互动关系。这种关系，是建立在相互的尊重与信任之上的一种知识共享。“这是一种混合的气

〔1〕 埃蒂纳·温格等.实践社团：学习型组织知识管理指南[M].边婧，译.北京：机械工业出版社，2003.

氛:人们之间有着亲密的关系,同时又互相坦陈开放地提出问题。”[1]在小 T 和周老师的“师徒共同体”中,这样一种关系的建立,既源于实习中建立的良好的人际关系,同样也源于周老师的“赋权”:“和我们相比,实习老师的教学理念比较新,在教学设计上有时候也很有创意,所以,放手让他们去做,他们的想法也会给我带来很好的启示。”显然,与前一案例中“控制式的参与”不同,这里小 T 的参与可以视为在周老师“引导下的参与”,其核心的区别就在于,小 T 和周老师在任务实践的过程中始终保持一种意义协商的互动关系,这大大激发了小 T 的主观能动性。也正是这样的“赋权”,赋予了小 T 真实的“教师”身份,成为她教师实践性知识形成的重要生长点。第三个要素——实践,“则是社团成员分享的一套构架、想法、工具、信息、风格、语言、故事和文件”[2],“是关于一个特定领域内做事方式的一组社会定义”,因而也是共同体开发、分享和保持特定知识的重要机制。对于小 T 而言,她正是通过对此次公开课全程的实践参与,通过在“做”的过程中分享共同体“如何做”的知识,分享了共同体的“共享技艺库”,从而促进了其自身实践性知识的生成。

以上的分析揭示了教育实习中构建真正的“实践共同体”对实习教师发展的重要性。但是,我们知道,实践共同体是不能够事先规定的,从某种意义上来说,它是具有生命体特征的、不断演化着的。我们可以做的是,通过好的设计,鼓励活力的产生,促进共同体的有机成长。按照这样的要求,现有的在组织层面上较为松散的实习教师、指导教师和大学督导教师的实习组合,首先应该构建在以大学督导和实习指导老师群体为核心的稳定的共同体基础上,即保持核心成员的相对稳定。核心成员是实践共同体相对成熟的文化的代表,在其引领下,实习教师参与共同体的各项活动才得以保证。其次,应该通过设计一系列的有意义的共同体活动,如观课、听评课、案例讨论、集体备课等,有效地促进包括实习教师在内的各类成员的积极参与。所谓“有意义”,强调的是活动对成员个体的价值及在此基础上的共同体价值,只有当活动显现出潜在价值时,个体对共同体活动的参与才是自愿的。这一点是共同体活动的核心特征。活动的共同体价值在信念层面上体现为共同的愿景。这一共同愿景源自于成员之间共同交集,即共享的知识领域——关于学科教育、教学的认识。只有在这一共同愿景的激发下,才有可能激发出实践共同体对于行动学习的营养供给——积极的人际关系,构建顺畅的沟通渠道,基于经验分享的文化等,并进而建立起成员之间的一种亲密的文化心理关系,

---

〔1〕 埃蒂纳·温格等.实践社团——学习型组织知识管理指南[M].边婧,译.北京:机械工业出版社,2003.

〔2〕 同〔1〕。

以实现真正的共同体文化实践。

通过以上分析,我们认为,作为职前教师实践性知识发展的重要环节,教育实习为职前教师提供了丰富的"临床体验"。正是通过这样的体验,实习教师隐性地习得了某种"教育习性",发展了自己的教学"实践感"。但是,这样的体验也必须在理性反思、实践共同体的支持下才能更好地转化为实践性知识。

本章小结

本章以叙事的形式,聚焦于对教育实习情境下的职前教师实践性知识发展路径的分析。作为一种行动学习,教育实习对实践性知识发展的重要性毋庸置疑。通过参与教育实践,教育实习首先赋予了职前教师实地的教学经验,对大多数职前教师而言,这是一种潜在的经验学习。实习教师在与真实实践场域的互动中,体验并且积累着与"学校场域"协调的认知与行动原则,同时,在场域与习性的张力作用下,收获了某种"实践感"——内隐层面的实践性知识。其次,作为行动学习的教育实习,必须对理论学习做出相应的回应。这就是以"行动与反思"互动支持的教育实习对实践性知识发展的重要作用,具体体现在强化实习教师在具体的教学行动中以合适的架构呈现资料、框定问题,并在相应的实践反馈中进行行动检验,以有效的反思支持自己的实践性知识发展。最后,从行动学习的社会文化属性视角,本章对教育实习中的"师徒共同体"对于实习教师实践性知识的发展的作用进行了分析。研究发现,"师徒共同体"中由于相互"介入"的关系不同,导致了作为师徒关系的"指导教师和实习教师"互动与交往方式的变化,并因此影响了共同体对于个体的营养供给。相对于"控制式的参与","引导下的参与"更能够激发"师徒共同体"成员的活力,从而更好地促进成员各方在实践性知识发展上的进步。

结 语

作为一个专业,拥有专业知识,成为人们对教师的一个基本要求。然而,究竟什么才是教师所应有的专业知识?伴随着实践性知识概念的提出,实践性知识成为教师专业发展的知识基础已成为共识。正是基于这一共识,教师教育的范式也发生了转变。以往,人们习惯于从外部为教师的学习做出某种规定,并试图通过职前教育、在职培训等,使教师拥有这些知识。但是,实然状态的教师实践性知识的提出,使人们认识到,教师不再是所谓“规定知识”的消费者,作为知识的生产者,他们拥有的是真正主导其教育实践的核心知识——实践性知识。早期的研究者多是从实然的状态分析教师所拥有的这一知识,也揭示了这一知识的自然产生机制,诸如受个体生活经验、个体教育实践等因素的影响。更进一步,对教师实践性知识是什么的揭示,也使我们思考一个问题:教师实践性知识不能仅仅停留在自在的发展,作为教师发展的外部干预,教师教育如何帮助教师实践性知识的发展走上一条更为理性的、自为的发展之路?正是基于对这一问题的思考,笔者开始了对职前教师实践性知识发展路径的探讨。

本研究遵循了理论研究的逻辑线索,以对实践性知识概念的解读为起点,确立了实践性知识的知识品性,并通过对其形成机制的梳理,为寻找发展职前教师实践性知识的具体路径奠定了理论基础。从第四章开始,研究以问题解决为基本框架,从基于实证研究所发现的职前教师实践性知识现状出发,以发现问题、寻找工具、解决问题为基本思路,以情境学习为切入,初步探讨了职前教师实践性知识发展的基于案例教学的课程学习路径和基于现场学习的教育实习路径。作为研究的核心结论,我们认为,教师教育,作为促进教师专业发展的外部干预,必须经由教师个体化的理解为中介,而这一过程必须在实践中进行,如此,教师的实践性知识才有可能在感性经验与理性思考的共同支持下,走上一条自为发展之路。具体的研究结论包括:① 教师实践性知识的形成是一个由教学实践所激发的教师主体建构的过程。这就决定了教师教育面临的核心问题——如何促进教育公共知识的个体化生成。② 情境学习是支持教师实践性知识发展的最好学习方式。③ 职前教师的课程学习,应当以案例学习的形式,强化职前教师的意象思维,从而促进其实践性知识的发展。④ 作为现场学习的教育实习,要重视借助于共同体的支持,发展实习教师的"实践感"及行动中反思的能力。

在此基础上,笔者尝试对我国当下的职前教师教育改革提出以下思考。作为一个复杂系统,职前教师教育的任何单一或者个别要素的修正,其力量都是有限的。关键在于,如何在教师教育完整的项目设计、实施、评价的过程中保持始终如一地对"什么是好的教学"之核心教育概念和行为一致性的关注。正如浩雷和齐默菲尔在其对美国职前教师教育的研究报告中所指出的:"有力的教师教育项目拥有基于理论和实践的框架,即围绕关键功能性概念(例如:教师角色、教与学的本质、学校在民主社会中的使命等等)进行说明、论证和建构共识,这些框架清楚地确立了项目的核心概念和优先性行为,并通过重复的结构化经验来保证和督促项目在这些概念和行为上的一致性。"[1]因此,职前教师教育并不是单一地强调理论知识或是实践知识的学习,关键是通过课程与教学的系统化运作,帮助师范生将来自学徒经验的、来自课程理论的以及来自实践领域的关于教与学的核心概念进行"无缝连接"。这就要求在教师教育课程之间、课程学习与现场学习之间、理论呈现与实践应用之间应始终保持一种连贯性。这,也许才是解决问题的关键所在。

围绕着发展职前教师实践性知识的核心问题,本研究在以下方面有所创新:

① 从哲学认识论的角度对教师实践性知识的形成机制进行了深入的挖掘。尤其是对实践性知识生成中范例和规则之关系的梳理,具有一定的创新性。

② 以实践性知识发展为旨向,对职前教师教育中的案例教学进行了更深入的研究。

③ 突破了以往对实践性知识的研究停留在一般意义上的局限,将职前教师的实践性知识发展研究与具体的学科结合,凸显了实践性知识的学科性。

本研究的不足在于:限于客观条件、时间和能力等各种因素,对职前教师实践性知识发展路径的探索仍以理论构建为主,一些具体的教学实践仅是在教学实验性质上的尝试,还需要严格的多样化研究予以佐证。

教师实践性知识发展伴随着教师专业发展的全过程。作为起点,职前阶段的教师教育如何为师范生的整个职业发展提供良好的、可持续的专业发展基础,是每一个关心教师教育的学者们共同思考的话题。以发展实践性知识为切入点,既是对教师教育的实践范式的一种回应,也是从课程与教学的视角对职前教师教育的可持续性发展所做的求解。

---

[1] 鞠玉翠.论争与建构——西方教师教育变革关键词及启示[M].济南:山东教育出版社,2011.

参考文献

一、中文文献

1. 白益民.教师的自我更新:背景、机制与建议[J].华东师范大学学报:教育科学版,2002(4):28—38.

2. 鲍建竹.布尔迪厄的实践理论:对马克思的继承与偏离[J].同济大学学报:社会科学版,2011(6):19.

3. 鲍嵘. 论教师教学实践知识及其养成[J].高等师范教育研究,2002(3):7—10.

4. 蔡亚平. 论教师实践性知识的失语与建构[J]. 教育理论与实践,2005,(11):16.

5. 陈静静. 教师实践性知识论:中日比较研究[M].上海:华东师范大学出版社,2011.

6. 陈向明. 对教师实践性知识构成要素的探讨[J]. 教育研究,2009(10):66—73.

7. 陈向明. 教师实践性知识研究的知识论基础[J]. 教育学报.2009(2):47—55.

8. 陈向明. 实践性知识:教师专业发展的知识基础[J].北京大学教育评论,2003,1(1):104—112.

9. 陈向明等. 搭建实践与理论之桥——教师实践性知识研究[M]. 北京:教育科学出版社,2011.

10. 陈向明,林小英. 如何成为质的研究者:质的研究方法的教与学[M].北京:教育科学出版社,2004.

11. 丁钢. 声音与经验:教育叙事探究[M]. 北京:教育科学出版社. 2008.

12. 丁峻. 知识心理学[M]. 上海:上海三联书店,2006.

13. 傅敏,田慧生. 教育叙事研究:本质、特征与方法[J].教育研究,2008(5):37—40.

14. 高文. 学习创新与课程教学改革[M].广州:广东教育出版社, 2007.

15. 高文. 以认知学徒模式改造现行学校教育——迎接人类有史以来的

第二次教育革命[J].外国教育资料,2000,29(6):71－77.

16. 高文. 学习科学的关键词[M]. 上海:华东师范大学出版社,2009.

17. 洪汉鼎. 论实践智慧[J].北京社会科学, 1997(3):4－12.

18. 郝志军. 教学理论的实践品格[M]. 北京:教育科学出版社,2008.

19. 何晓芳,张贵新. 解析教师实践性知识:内涵及其特性的考察[J].教师教育研究,2006(5):40－41.

20. 胡军. 知识论[M]. 北京:北京大学出版社,2006.

21. 江山野. 简明国际教育百科全书·课程.北京:教育科学出版社,1991.

22. 姜美玲. 教师实践性知识研究[D]. 华东师范大学博士学位论文. 2006.

23. 鞠玉翠. 教师个人实践理论的叙事探究[D]. 华东师范大学博士学位论文.2003.

24. 鞠玉翠. 论争与建构——西方教师教育变革关键词及启示[M]. 济南:山东教育出版社,2011.

25. 金忠明. 教师教育的历史、理论与实践[M]. 上海:上海教育出版社,2008.

26. 阚赤兵. 职前教师教育实践性知识的构建[J]. 东北师范大学学报:哲学社会科学版, 2011(4):232－235.

27. 李丹. 幼儿教师实践性知识发展研究[D]. 西南大学博士学位论文. 2011.

28. 李佳琳. 初任教师与经验教师实践性知识比较个案研究[D].东北师范大学硕士学位论文.2008.

29. 李建军. 课堂想象:通向教学智慧的必由之路[J].教育科学研究,2011(6):28－44.

30. 李莉春. 教师在行动中反思的层次与能力[J]. 北京大学教育评论.2008(1):92.

31. 李晓阳. 教师经验及其生成[D]. 华中师范大学博士学位论文,2009.

32. 梁深. 美国教师教育中的专业主义与解制主义之争[J]. 上海教育科研,2010(1):16－19.

33. 林默彪. 认识论问题域的现代转向[J]. 哲学研究,2005(8):69－74.

34. 林一钢. 中国大陆学生教师实习期间教师知识发展的个案研究[M].上海:学林出版社,2009.

35. 刘冬岩. 实践智慧:一种可能的教学价值[M]. 南京:南京师范大学出版社.2009.

36. 刘徽. 教学机智论[M]. 上海:华东师范大学出版社,2009.

37. 刘静. 20 世纪美国教师教育思想的历史分析[M]. 北京:北京师范大学出版社,2009.

38. 刘文英. 漫长的历史源头[M]. 北京:中国社会科学出版社,1996.

39. 刘云杉. 教师与中国现代国家的关系的研究[R]// 陈桂生. 到中小学去研究教育[M]. 上海:华东师范大学出版社,2000.

40. 倪小敏. 实践取向:职前教师教育模式的重构[J]. 教师教育研究,2010(1):22—27.

41. 施良方,崔允漷. 教学理论:课堂教学的原理、策略与研究[M]. 上海:华东师范大学出版社,1999.

42. 石中英. 缄默知识与师范教育[J]. 高等师范教育研究,2001,13(3):36—40.

43. 石中英. 论教育实践的逻辑[J]. 教育研究,2006,27(1):3—9.

44. 石中英. 知识转型与教育改革[M]. 北京:教育科学出版社,2001.

45. 时伟. 实践知识与教师教育教学改革[J]. 教师教育研究,2009(2):7—11.

46. 宋秋前. 行动研究:教育理论与实践相结合的实践性中介[J]. 教育研究,2000,21(7):42—46.

47. 万文涛. 教师实践性知识论纲[J]. 中小学教师培训,2006(6):7—11.

48. 汪子嵩. 希腊哲学史:1[M]. 北京: 人民出版社, 1997.

49. 王芳,马云鹏. “教师学习”研究的发展及其对职前教师教育的启示[J]. 外国教育研究,2010(4):5—9.

50. 王慧霞. 实践体验研究——教师教育的新视阈[J]. 教育科学研究,2009(10):74—76.

51. 王树人. 中国象思维与西方概念思维之比较[J]. 学术研究,2004(10):5.

52. 王坍等. 教师发展:从自在走向自为[M]. 桂林:广西师范大学出版社,2007.

53. 王艳玲. 近 20 年来教师知识研究的回顾与反思[J]. 全球教育展望. 2007,36(2):39—43.

54. 吴泠. 教师实践性知识的涵义[J]. 现代教育论丛,2006(6):41—43.

55. 徐长福. 论亚里士多德的实践概念——兼及与马克思实践思想的关联[J]. 吉林大学社会科学学报,2004(1):56—63.

56. 许苏. 基于默会认识论的体悟学习研究[D]. 华东师范大学博士学位论文. 2006.

57. 杨斌. 库恩的“范式”概念及其借用中的误区[J]. 东北大学学报: 社

会科学版,2010,12(6):471—475.

58. 杨秀玉. 实践中的学习:教师教育实习理念探析[J]. 首都师范大学学报: 社会科学版,2009(5):57—61.

59. 叶澜. 教师角色与教师发展新探[M]. 北京:教育科学出版社,2001.

60. 俞吾金. 从传统知识论到生存实践论[J]. 文史哲,2004(2):13.

61. 郁振华. 波兰尼的默会认识论[J]. 自然辩证法研究, 2001,17(8):5—10.

62. 郁振华. 从表达问题看默会知识[J]. 哲学研究. 2003(5):51—57.

63. 郁振华. 对西方传统主流知识观的挑战——从默会知识论看 phronesis[J]. 学术月刊. 2003(12):17—25.

64. 郁振华. 范例、规则和默会认识[J]. 华东师范大学学报: 哲学社会科学版,2008(4):47—54.

65. 张建伟,孙燕青. 建构性学习——学习科学的整合性探索[M]. 上海:上海教育出版社,2005.

66. 张莉. 从自在到自为——走向自为的教师实践性知识研究[D]. 首都师范大学硕士学位论文. 2011.

67. 张立新. 教师实践性知识形成机制研究——基于教师生活史的视角[D]. 上海师范大学博士学位论文. 2008.

68. 张立忠,熊梅. 论教师实践性知识的内涵与结构[J]. 课程·教材·教法,2010(4):89—95.

69. 张民杰. 案例教学法——理论与实务[M]. 北京:九州出版社,2006.

70. 赵健,裴新宁等. 适应性设计(AD):面向真实性学习的教学设计模型研究与开发[J]. 中国电化教育,2011(10):8.

71. 赵健. 学习共同体——关于学习的社会文化分析[M]. 上海:华东师范大学出版社,2006.

72. 赵彦俊. "实习支教生"实践性知识生成研究[D]. 西南大学博士学位论文. 2009.

73. 郑太年. 学校学习的反思与重构——知识意义的视角[M]. 上海:上海教育出版社,2006.

74. 郑葳. 学习共同体——文化生态学习环境的理想架构[M]. 北京:教育科学出版社. 2007.

75. 郑毓信. 建构主义之慎思[J]. 数学通报. 2004(9):18—22.

76. 周成海. 教师教育范式论[M]. 长春:东北师范大学出版社. 2009.

77. 钟启泉. "实践性知识"问答录[J]. 全球教育展望,2004,33(4):3—6.

78. 钟启泉. 教师“专业化”:理念、制度、课题[J]. 教育研究,2001(12):12－16.

79. 朱小曼,严开宏. 论个人化教育知识及其建构[J]. 南京晓庄师范学院学报,2009(4):40－46.

80. 朱元春. 对教师教育中教育实践的重新审视[J]. 教师教育研究. 2007,19(5):35－39.

二、外文译著

1. D. 克兰迪宁, F. 康纳利. 叙事探究:质的研究中的经验与故事[M]. 张园,译. 北京:北京大学出版社,2008.

2. F. 康纳利,D. 克兰迪宁. 教师成为课程研究者——经验叙事[M]. 刘良华、邝红军等,译. 杭州:浙江教育出版社,2004.

3. J. 莱夫等. 情景学习:合法的边缘性参与[M]. 王文静,译. 上海:华东师范大学出版社,2004.

4. Kieran Egan 等. 走出“盒子”的教与学:在课程中激发想象力[M]. 王攀峰、张天宝,译. 上海:华东师范大学出版社,2010.

5. Linda Darling－Hammond. 有力的教师教育:来自杰出项目的经验[M]. 鞠玉翠等,译. 上海:华东师范大学出版社,2009.

6. Stenve Herne. John Jessel. Jenny Griffiths. 学会教学——教师专业发展导引[M]. 丰继平、徐爱英,译. 上海:华东师范大学出版社,2009.

7. 阿瑟·阿萨·伯格. 通俗文化、媒介和日常生活中的叙事[M]. 姚媛,译. 南京:南京大学出版社,2001.

8. 埃蒂纳·温格等. 实践社团——学习型组织知识管理指南[M]. 边婧,译. 北京:机械工业出版社,2003.

9. 艾米亚·利布里奇. 叙事研究:阅读、分析和诠释[M]. 王红艳,主译. 重庆:重庆大学出版社,2008.

10. 伯恩斯坦. 超越客观主义和相对主义[M]. 郭小平,等译. 北京:光明日报出版社. 1992.

11. 布朗,杜奎德. 信息的社会层面[M]. 王铁生、葛立成,译. 北京:商务印书馆,2003.

12. 杜威. 杜威教育论著选[M]. 赵祥麟、王承绪,编译. 上海:华东师范大学出版社,1981.

13. 杜威. 民主主义与教育[M]. 王承绪,译. 北京:人民教育出版社,2001.

14. 杜威. 评价理论[M] . 冯平等,译. 上海:上海译文出版社,2007.

15. 杜威. 我们怎样思维:经验与教育[M]. 姜文闽,译. 北京:人民教育出版社,1991.

16. 迦达默尔.真理与方法——哲学诠释学的基本特征:下卷[M]. 洪汉鼎,译. 上海:上海译文出版社,1999.

17. 康纳利,克兰迪宁.专业知识场景中的教师个人实践知识[J].华东师范大学学报:教育科学版,1996(2):5—16.

18. 克里斯・阿吉里斯,唐纳德・舍恩. 实践理论——提高专业效能[M].邢清清、赵宁宁,译. 北京:教育科学出版社,2008.

19. 鲁道夫・阿恩海姆.视觉思维——审美直觉心理学[M].滕守尧,译.成都:四川人民出版社,1998.

20. 马克斯・范梅南. 教学机智——教育智慧的意蕴[M].李树英,译.北京:教育科学出版社,2001.

21. 迈克尔・波兰尼. 个人知识:迈向后批判哲学[M].许泽明,译. 贵阳:贵州人民出版社,2000.

22. 米德. 心灵、自我与社会[M]. 上海:上海译文出版社,1992.

23. 尼克・温鲁普,简・范德瑞尔,鲍林・梅杰. 教师知识和教学的知识基础[J].北京大学教育评论,2008,6(1):21—38.

24. 皮埃尔・布迪厄. 实践感[M].蒋梓骅,译. 南京:译林出版社,2003.

25. 乔纳森.学习环境的理论基础[M]. 郑太年、任友群,译.上海:华东师范大学出版社,2002.

26. 舍恩.培养反映的实践者——专业领域中关于教与学的一项全新设计[M].郝彩虹、张玉荣等,译. 北京:教育科学出版社,2008.

27. 舍恩.反映的实践者——专业工作者如何在行动中思考[M].夏林清,译.北京:教育科学出版社,2006.

28. 托马斯・库恩. 必要的张力——科学的传统和变革论文选[M]. 范岱年、纪树立,译.北京:北京大学出版社,2004.

29. 托马斯・库恩. 科学革命的结构[M].金吾伦、胡新和,译.北京:北京大学出版社,2003.

30. 亚里士多德. 尼各马可伦理学[A]//亚里士多德全集:第8卷[C].苗力田,译.北京:中国人民大学出版社,1994.

31. 尤尔根・哈贝马斯. 理论与实践[M].郭官义、李黎,译.北京:社会科学文献出版社,2004.

32. 约翰・杜威. 确定性的寻求——关于知行关系的研究[M].傅统先,译. 上海:世纪出版集团,2004

33. 朱迪思・H・舒尔曼. 教师教育中的案例教学法[M].郅庭瑾,译.上海:华东师范大学出版社,2007.

34. 佐藤学. 课程与教师[M]. 钟启泉,译. 北京:教育科学出版社,2003.

三、外文文献

1. Alan H. Shoenfeld. Models of the teaching process[J]. Journal of Mathematical Behavior, 1999,18(3):243—261.

2. Anneke Zanting, Nico Verloop, Jan D. Vermunt. Explicating practical knowledge: an extension of mentor teacher's roles[J]. European Journal of Teacher Education,1998,21,11—28.

3. Beijaard,D. Teacher's prior experience and actual perceptions of professional identity[J]. Teachers and Teaching,1995,1(2):281—294.

4. Britzman,D. P. Practice Makes Practice: a Critical Study of Learning to Teach[M]. Albany: State University of New York Press,1991.

5. Brown J. S. , Collins A. , &Duguid, P. Situated cognition and the culture of learning[J]. Educational Researcher,1989,18(1),32—42.

6. Burr,Vivien. Social Constructionism(2nd edition)[M]. London and New York: Rounledge, 2003.

7. Calderhead,J. Teacher's Classroom Decision-making[M]. London: Holt, Rinehart and Winston,1984.

8. Clandinin, D. J. Classroom Practice:Teacher Images in Action[M]. London: Falmer Press,1986.

9. Connelly, F. Michael,Clandinin,D. Jean(1982). Practical knowledge at bay street school. Eric[EB/OL]. [2011-12-25]http://eric. ed. gov/pdfs/ED222978. pdf.

10. Dan C. Lortie. School Teacher: a Sociological Study[M]. Chicago and London: the University of Chicago Press,1975.

11. David H. Jonasson, J Hernandez-Serrano. Case-based reasoning and instructional design:using stories to support problem solving[J]. Educational Technology Research,2002,50(2):65—77.

12. Elbaz. Teaching Thinking: a Study of Practical Knowledge[M]. London: Croom Helm,1983.

13. F. A. J. Korthagen, J. Kessels, B. Koster, B. Lagerwerf &T. Wubbels. Linking a Practice and Theory: The Pedagogy of Realisic Teacher Education[M]. London: Lawrence Erlbaum Associates, 2001.

14. Fred. A. J. Korthagen. Situated learning theory and the pedagogy of teacher education: towards an integrative view of teacher behavior and teacher learning[J]. Teaching and teacher education, 2010(26): 98—106.

15. Furlong, J. & Maynard, T. Menoring Student Teachers: the Growth of Professional Knowledge[M]. London: Rouledge, 1995.

16. Johnston, S. Images: a way of understanding the practical knowledge of student teachers[J]. Teaching and Teacher Education, 1992, 8(2): 123—136.

17. Kessels, J. P. A. M. & Korthagen, F. A. J. The relationship between theory and practice: back to the classics[J]. Educational Researcher, 1996, 25(3): 17—22.

18. Miriam Gamoran Sherin. Exploring diverse accounts of teacher knowledge[J]. Journal of Mathematical Behavior, 1999, 18(3): 357—375.

19. Paulien C. Meijer, Nico Verloop, Douwe Beijaard. Exploring langugae teachers' practical knowledge about teaching reading comprehension[J]. Teaching and Teacher Education, 1999, 15, 59—84.

20. Richard Bernstein. Beyond Objectivism and Relativism[M]. Pennsylvaria: University of Press, 1983.

21. Shulman, L. S. Knowledge and teaching: foundations of the new reform[J]. Harvard Educational Review, 1987, 57: 1—22.

22. Young, A. Higher-order learning and thinking: what is it and how is it taught? [J]. Educational Technology, 1997, 37(7—8): 40—41.

附 录

现场文本节选(1):

在 XG 学校实习的小 J 老师上的是初一年级关于 Excel 的第一课,课题是《数据收集与录入》。这个内容在学校参加师范生技能大赛的时候就上过,不过和这次真刀真枪的实战相比,真实的课堂所带来的挑战是不可同日而语的。

这次的设计颇有亮点:

① 在情境导入部分直接引入了学校刚刚所开的运动会的一份得分汇总表。显然,同学们都很关心自己的班级的比赛战绩,这张表格引起了大家的兴趣。

② 在初识 Excel 的环节,小 J 借鉴了一个视频案例中的方法,即让学生两人一组,通过讨论比较 Excel 和 Word 的异同来认识 Excel。这个设计的关键在于把握两者相同的地方,让学生顺利迁移;同时又要有意识地提出 Excel 的不同之处,尤其是编辑栏等。

③ 在引导学生理解单元格地址的表示时,通过与学生座位表的关联,设计了一个小游戏。即教师点击工作表中的某一个单元格,相对应的学生迅速站起来。这一设计的目的是通过做的经验达到对抽象经验的理解。

感受最深的是对教学设计与教学生成的关系,实习老师的把握确实还显稚嫩。

片段 1: 小 J 要求大家两人一组比较 Word 和 Excel 的异同,几分钟后,询问:"有成果的同学举一下手示意。"同学们三三两两地举手,其中一个男孩子特别踊跃,始终把手高高举着。然而,小 J 却未加以理会,结束了讨论,切入广播,开始教学。

课后访谈:"为什么不让那个表现积极的男生回答呢?"

小 J:"我原本只是让他们举手示意我一下,就没想让他们回答。"

课后访谈:"为什么不让他们回答呢?"

小 J:"我在下面巡视的时候,问了一组女生,想知道她们的答案,可她们支吾不知该怎么回答。于是我觉得她们可能不知道一些术语,而且,当时我觉得学生说得不一定对。还有就是我做了张 PPT 要讲的，为避免重复，所以在结束讨论之后，我就向学生说了：‘可能大家不知道一些术语，那么我们一起来看吧。’”

究竟该不该让学生回答呢？怕他们说不清楚就不让他们说？

片段 2：在讲解工作簿和工作表的关系时，小 J 请大家举一个例子做类比。一个男生说：“就像文件夹。”小 J 顺手拿起讲台上的文件夹，讲解了文件夹和里面的文件，以及工作簿和工作表的关系。应该说，这个讲解已经清楚了。可不知为什么，小 J 老师又冒出了一个令人费解的问题：“那么，如果把它比成一本方格簿，那么他们该如何对应呢？”本已说清楚的问题，为何又提一个类似的问题呢？

课后访谈：“为什么要再用类似的例子再提问一次呢？”

小 J：“再举一个例子，当时是为了让学生会‘迁移’知识吧，算是起巩固的作用的。当时没有意识到一个例子足以。我潜意识里把这个概念性知识当作技能型知识了。”

片段 3：“行、列相交之处，就是单元格，我们如何区分它呢？”一个男生举手，回答：“在数学上我们已经学过用行、列标识表示来定位，看这个格子所在列的字母号再加上所在行的数字号。”这个回答堪称完美。也许是出乎意料，(小 J 事后说：“当时我把学生回答的答案理解为数学中的二维坐标系，所以我后面就问大家是不是学过二维坐标系。”)小 J 问了一句：“大家是不是已经学过二维坐标系了？”同学们回答“没有”。于是，小 J 转移话题：“假设我们班同学就是一张工作表，每一位同学就是一个单元格，每个同学的位置如何表示呢？”接下来就是原先设计的游戏活动。

在课后讨论中，我提出了两个问题：① 对于学生的回答，为什么没有追问呢？这时候如果随意点击一个单元格，让学生用他刚才说的方法给这个单元格命名，是一个很好的对学生回答的整理。这样的理答，既回应了学生所回答的命名方法，又可以通过具体的实例考察学生的掌握情况，可以说是顺手拈来，水到渠成的啊。② 游戏设计的目的是什么？这个游戏是用大家熟悉的座位表来帮助学生理解单元格，如果学生对这个知识点已经很好地理解了，再进行这一活动，其意义恐怕就只有练习了。教师在这一环节的处理显得有些生硬，过渡不够自然、顺畅。

我的感受：教学设计是课堂的规范，新手教师总是努力地试图让自己的课堂沿着规范走，却往往忽视了或者说无法应对课堂中自然生成的学生资源。这是新手教师在自身的成长过程中尤其需要关注和反思的地方。

现场文本节选(2):

今天去听了三位实习老师的课。在不同指导老师的指导下,三位实习老师的教学也呈现出迥然不同的风格。课程的内容是高一信息技术第四章第一节文本信息加工。感受颇深的是关于“汉字的编码”这一知识点的处理。

小 L 老师将这一知识点作为本堂课的重点。教学从学生的体验活动开始:安装电子东巴,用东巴文写一句关于感恩节的感恩话语。在体验活动之初,老师设置了两个思考题:① 你是如何找到东巴输入法的? ② 你的电脑里还有哪些其他输入法? 看得出,学生们对“东巴”这一古老的象形文字很感兴趣,但很快,同学们发现,有一些他们想说的话,在东巴文里无法找到相应的文字。这怎么办呢? 小 L 老师引导学生启动造字程序,并且利用事先准备好的学案自己造字。在活动结束后,L 老师回到广播状态,开始针对刚才布置的思考题进行提问。但是也许是学生们还沉浸在自己造字的乐趣中,对于老师刚才布置的思考题早已抛到脑后,小 L 老师也明显地感觉到学生们对这一问题回答得不顺畅。教学继续进行,小 L 老师引导学生思考用搜狗拼音和五笔输入分别输入汉字“一”的不同代码,从而引出“输入码”,并进而讲解了“机内码”。接着,小 L 老师又给出了第三个思考题:象形文字是怎么呈现在屏幕上的? 并且用教材上“春”字的图片进行了讲解。最后要求学生以“秋”字为例,说说计算机是如何进行汉字的编码的。这是小 L 老师的设计。

……

我认为小 L 老师的设计是有可取之处的。当然在活动设计与知识点的结合上还存在着问题,比如造字程序可以和输出码的学习结合起来。而东巴文输入的体验则可以和输入码的教学结合得更紧密一些。关于这一点,小 L 老师课后也很有感受:“感觉这个问题提问的时候,好像距离有点远,学生反应不是太好。”忽然想起程序教学中有一条原则叫“及时反应”,看来放在这里也一样契合啊。

最后和小 L 老师重新梳理了本堂课的教学思路:

体验东巴文的计算机处理(给出思考题 1、2)→引入输入码知识点,并进而讲解机内码→体验造字程序(给出思考题 3)→讲解输出码→教师小结(提问,以作课堂评价)

还想说一下关于教材处理的问题。事实上,学校老师在当前信息技术课课时不能保证的困境下,确实存在着教材处理的难题,时间紧,知识点多。怎样处理? 小 T 和小 D 的课堂基本上是按照教材的顺序在走。小 T 在课堂的前 10 分钟都在讲解汉字的发展历史,从甲骨文到金文等,恍若置身历史课堂。小 D 的课堂更是几乎照搬教材的安排,一节课涵盖了整个 4.1 节的所有内容。教室也早已成了开小会的现场。无奈，小 D 提高嗓门，也无力应对……新课程实际上强调了教师对课程的自主权。但是，很多老师在观念上仍然抱着以教材为本的思想。想起一个指导老师的话："只要是课本上印在那里的，我总是要带一下的。"但问题是，当一堂课成为各个知识点的大杂烩的时候，这样的大餐恐怕是没什么营养的，适当的取舍还是必要的。

后 记

师范毕业,我如愿进入一所大学,从事的也是培养教师的工作。这么多年来,一直浸润在我国教师教育的现场中,我觉得自己有话要说。也许,正是因为这一背景,所以,最初看到陈向明老师的《实践性知识:教师专业发展的知识基础》这篇文章时,我一下子被吸引了。从我自身的求学和身为教师的实践来看,我和大多数的教师都有着同样的感受:师范教育留给我们的东西太少了。当我们把教师作为自己的职业时,我们感受到的更多是实践给我们的历练。刚毕业的时候,我记得我在讲台上说:"教师,就像一名舞者,是一个需要激情的工作。"那时候,把自己想象成一名在讲台上的舞者,把每一次的讲课当成一次全心出演的演出,眼中完全没有了学生,或者说他们已成了我演出的旁观者。尽管这样,我却还醉心于自己的"演出"。渐渐发现,自己的教学观发生了变化。此时的我,更注重在课堂上与学生互动,每每与学生有过教学相长的互动之后,那份满足与欣喜远胜过身为"舞者"的快乐!所以,当现在的我从事着培养教师的教学工作时,我希望我的学生们不再有和我同样的困惑。我决定将职前教师实践性知识发展作为自己的博士研究课题。

五年的博士学习,可以说是真正意义上的一次完整的"科研经历"。其间的甘与苦恐怕真是只有亲身经历,才能切实体会。然而,努力必有回报,我的收获又岂止"一篇论文"。当我把自己的 QQ 签名改为"坚持必有收获"时,我告诉自己,选择这一段旅程,就是选择了坚持。它需要我克服急功近利,克服浮躁,沉下心来坚持去做。于是,所有的工作时间都被上课、备课和论文充斥。幸运的是,这一课题的选择让我有机会把研究和教学无缝地连接了起来。一方面,研究不断地给我的教学以灵感,让我尝试用全新的方法去进行课堂教学;另一方面,教学工作,尤其是对两届学生实习的倾力参与,给了我更多的机会深入我的课题实践,践行着自己的行动研究。所以,在此,首先要感谢我的学生——苏州大学教育学院教育技术(师范)专业 2007、2008 级的同学们,特别是胡洁、徐洁、潘启青、汤颖、沈丽娟。遗憾的是,由于遭遇教师选拔中的制度问题,这些"潜在的老师"可能终究未有机会实现他们的梦想,但我相信,在这个过程中,他们所收获的东西必将帮助他们在未来的发展之路上走得更远。愿他们工作顺利!

我一直以为,自己从来都不是一个善于给自己做规划的人,尤其是在自己的专业成长中。一路走来,或多或少都有一些随性、随缘。幸运的是,缘分让我在这五年的人生之路中,多了一个给我督促、支持和引导我的可敬的师长,那就是我的博士生导师许庆豫老师。有着浓浓学者气质的许老师,成为我在遭遇困境时的第一求助者。而他每每都能通过言简意赅的表述让我茅塞顿开。他的宽容给了我足够的研究空间,他的严格又让我丝毫不敢懈怠自己的研究。真心地感谢你,许老师!

感谢我所在的苏州大学教育学院的师长、同事们:周川老师、母小勇老师、赵蒙成老师、宋维红老师,还有和汇老师带领下的我们教育技术系年轻的、充满友好和活力的团队。

特别感谢我的家人。父母亲在他们古稀之年,仍以他们的人生智慧给予我启迪;先生则一如既往地以他的宽容包容着我的坏脾气;而五年的时光,已经让我的儿子从一个小男孩成长为一个翩翩少年郎。每每想到自己拥有的这一切,心中的幸福感便荡漾开来……

一段值得纪念的岁月,是为记!

在键盘上敲击下面的文字时,时间又过去了两年。两年中,得益于江苏省高校哲学社会科学研究基金的资助,关于职前教师实践性知识发展的研究得以继续,使得我有机会对博士论文中自己不甚满意的部分进行了进一步的研究和修改,并且最终以现在的面貌呈现出来。我是一个追求完美的人,面对可以称得上我学术生涯的第一个"孩子"的这本书,我竭尽全力,希望让它以更好的面貌示人。但我知道,她一定还很幼稚,不够成熟。留有的遗憾,希望在今后的学术生涯中慢慢去弥补!

感谢为本书的出版付出心血的苏州大学教育科学研究院院长周川老师,感谢时刻给我鼓励和督促的导师许庆豫老师,感谢细心周到的苏州大学出版社的刘一霖编辑!

李 利

2014 年 9 月于苏州书香苑